Vertragsvermittler und opportunistisches Verhalten

ÖKONOMISCHE ANALYSE DES RECHTS

SCHRIFTENREIHE

LAW AND ECONOMICS

Herausgegeben von Michael Adams

Band 7

PETER LANG

Frankfurt am Main · Berlin · Bern · Bruxelles · New York · Oxford · Wien

Henning Curti

Vertragsvermittler und opportunistisches Verhalten

Ein Lösungsvorschlag aus Sicht der ökonomischen Analyse des Rechts

PETER LANG
Europäischer Verlag der Wissenschaften

Bibliografische Information Der Deutschen Bibliothek
Die Deutsche Bibliothek verzeichnet diese Publikation in der Deutschen Nationalbibliografie; detaillierte bibliografische Daten sind im Internet über <http://dnb.ddb.de> abrufbar.

Zugl.: Hamburg, Univ., Habil., 2005

D 18
ISSN 1619-053X
ISBN 3-631-54378-6

www.peterlang.de

Vorwort

Makler und andere Vertragsvermittler sind aus dem Wirtschaftsleben nicht wegzudenken. Sie helfen Parteien nicht nur miteinander in Kontakt zu kommen, sondern auch Verträge abzuschließen. Ihre wichtige Aufgabe ist aber in der öffentlichen Diskussion nicht immer anerkannt. Vielmehr hatten und haben einige Vertragsvermittler unter schlechter Reputation und geringer Sympathie zu leiden. Es wird vor allem die Befürchtung laut, von ihnen übervorteilt zu werden und für schlechte Leistung zu viel zu bezahlen.

Auch außerhalb der öffentlichen Diskussion findet eine Beschäftigung mit Maklern und anderen Vertragsvermittlern statt. Gerade in den Rechtswissenschaften ist der Reformbedarf des Maklerrechts anerkannt. Seit Ende der siebziger Jahre des 20. Jahrhunderts gibt es Bestrebungen, das bürgerlich-rechtliche Maklerrecht dem durch die Rechtsprechung fortentwickelten Ist-Zustand anzugleichen. Allerdings sind die vorgeschlagenen Reformen bis jetzt nicht in der Gesetzgebung umgesetzt worden. In den Wirtschaftswissenschaften werden vor allem Finanz-, Kapitalmarkt-, Versicherungs- und Immobilienmaklern analysiert. Andere Intermediäre spielen in der allgemeinen wirtschaftswissenschaftlichen Diskussion lediglich eine untergeordnete Rolle. Stets wird jedoch auf das Opportunismusproblem zwischen Vertragsvermittlern und ihren Auftraggebern und die sich daraus ergebenden Schwierigkeiten hingewiesen.

Reichen diese Erkenntnisse aus, um die Tätigkeiten der Vertragsvermittler ausreichend zu verstehen? Bedarf es geeigneter rechtlicher Regeln um mögliche Probleme auf dem Markt für Vertragsvermittler zu lösen? Welche Ziele sollte eine Reform tatsächlich erfüllen? Wie müssten ihre Grundzüge aussehen? Die Beschäftigung mit diesen Fragen bedarf einer umfassenden Analyse, die nur mit einer interdisziplinären Herangehensweise gelingen kann. Aus diesem Grund wurden in dieser Arbeit sowohl die juristischen als auch die wirtschaftswissenschaftlichen Argumente breiter dargestellt als es in einer spezielleren Abhandlung notwendig gewesen wäre. Ich bitte deshalb die entsprechend vorgebildeten Leser um Nachsicht, wenn die Erklärung des einen oder anderen Konzepts für sie lang und somit ermüdend erscheint.

Diese Arbeit wurde von der Fakultät Wirtschafts- und Sozialwissenschaften, Department Wirtschaftswissenschaften der Universität Hamburg als Habilitationsschrift angenommen. Meinem akademischen Lehrer, Herrn Professor Dr. Michael Adams, danke ich für die mir während der Anfertigung gegebene Freiheit und vor allem für die umfassende wissenschaftliche Förderung und stete Motivation. Herrn Professor Dr. Dr. h.c. Theodor Baums danke ich für seine Ermutigungen und konstruktive Kritik. Herr Dr. Christian Eilinghoff hatte für all meine ökonomischen Fragestellungen stets ein offenes Ohr und war ständig bereit, als intellektueller Sparringspartner zu dienen. Herr ass. iur. Carsten Merten beantwortete geduldig all meine juristischen Fragen. Beide gaben wertvolle

Kommentare und Hinweise und halfen mir damit, manchen Umweg zu ersparen. Mein abschließender Dank geht an meine Familie, die mich gerade in den schweren Zeiten immer unterstützt und meine Abwesenheit geduldig ertragen hat. Ihr ist diese Arbeit gewidmet.

Hamburg, im Juni 2005 *Henning Curti*

Inhaltsverzeichnis

1. Einführung **13**

1.1. Die Bedeutung von Intermediären 14

1.2. Vertragsvermittler in Rechts- und Wirtschaftswissenschaften 16

1.3. Vertragsvermittler und opportunistisches Verhalten 17

1.4. Gegenstand und Gang der Untersuchung 18

2. Intermediäre und Vertragsvermittler **21**

2.1. Das neoklassische Marktkonzept 21

2.2. Die Aufgaben von Intermediären 22

2.3. Transaktionskostensenkung 26

2.3.1. Such- und Informationskostenvorteile 28

2.3.2. Verhandlungs- und Durchsetzungskosten 30

2.3.3. Größen- und Verbundvorteile 31

2.4. Makler, Agenten und asymmetrische Informationen 33

2.4.1. Prinzipal-Agenten-Probleme 35

2.4.2. Die Anreizwirkung verschiedener Entlohnungssysteme 37

2.4.2.1. Provisionszahlungen 39

2.4.2.2. Das Konzept der „Reverse Commission“ 44

2.4.2.3. Provisionszahlungen bei doppelter Agentenstellung 45

2.4.2.4. Transaktionsgebühren 47

2.4.3. Wiederholte Transaktionen als Lösung der Prinzipal-Agenten-Problematik 48

2.4.4. Reputation 51

2.4.5. Lizensierungen 53

2.4.6. Provisionszahlungen, Transaktionsgebühren und das Ergebnis des Matching-Prozesses 54

2.5. Zusammenfassung 55

3. Wohnungs- und Immobilienmakler **59**

3.1. Aufgaben und Tätigkeiten der Wohnungs- und Immobilienmakler 60

3.2. Marktstruktur 66

3.2.1. Die Nachfrage nach Maklerdienstleistungen 66
3.2.2. Die Anbieter von Maklerleistungen 68
3.2.2.1. Marktstruktur 68
3.2.2.2. Maklerverbünde 72
3.2.2.3. Franchising 77
3.3. Rechtlicher Rahmen der Immobilienmaklertätigkeit 79

3.3.1. Öffentliches Recht 79
3.3.2. Bürgerliches Recht 81
3.4. Prinzipal-Agenten-Probleme in Maklerbeziehungen 85

3.4.1. Marktbasierte Lösungsansätze 87
3.4.1.1. Provisionszahlungen 87
3.4.1.2. Reputation und wiederholte Transaktionen 91
3.4.2. Zivilrechtliche Regelungen 93
3.5. Lizensierungen 97

3.6. Drittwirkungen 102

3.7. Zusammenfassung 106

4. Reisemittler **109**

4.1. Aufgaben und Tätigkeiten der Reisemittler 111

4.1.1. Linienflugvermittlung 112
4.1.2. Pauschalreisevermittlung 116
4.2. Marktstruktur 117

4.2.1. Die Nachfragerseite 117
4.2.2. Die Anbieterseite 118

4.3. Rechtlicher Rahmen der Reisemittlertätigkeit 126
4.3.1. Die rechtliche Stellung gegenüber dem vertretenen Unternehmen 126
4.3.1.1. Das Agenturreisebüro 126
4.3.1.2. Der freie Reisemittler 128
4.3.2. Das Eigengeschäft des Reisemittlers 129
4.3.3. Die rechtliche Stellung gegenüber dem Reisenden 129
4.4. Reisemittler und das Prinzipal-Agenten-Problem 131
4.4.1. Marktbasierte Lösungsansätze 134
4.4.1.1. Wertabhängige Bezahlungsformen 134
4.4.1.1.1. Lineare Provisionszahlungen 134
4.4.1.1.2. Progressive Provisionszahlungen 135
4.4.1.2. Wertunabhängige Bezahlungen 136
4.4.1.3. Reputation und wiederholte Transaktionen 140
4.4.2. Vertragliche Pflichten und Haftung 142
4.4.2.1. Haftung des Reisemittlers gegenüber dem Reisenden 143
4.4.2.1.1. Haftung bei Vermittlung eines Reisevertrages 143
4.4.2.1.2. Haftung bei Vermittlung eines Dienst- oder Werkvertrages 145
4.4.2.2. Haftung des Reisemittlers gegenüber dem Leistungsträger 146
4.4.2.3. Die Wirksamkeit der Haftungsregeln 147
4.5. Zusammenfassung 148
5. Schiffs- und Ladungsmakler 151
5.1. Die Aufgaben der Schiffs- und Ladungsmakler 152
5.2. Marktstruktur 155
5.2.1. Die Nachfrage nach Schiffsmaklerleistungen 156
5.2.1.1. Reeder und Schiffseigner 156
5.2.1.2. Die Verladerseite 160
5.2.2. Die Anbieterseite: Schiffsmakler 164

5.3. Die rechtliche Stellung des Schiffsmaklers 165
5.3.1. Der Schiffsmakler als Handelsvertreter 165
5.3.2. Der Schiffsmakler als Handelsmakler 167
5.3.3. Ein Vergleich von Handelsmakler und Handelsvertreter 171
5.4. Schiffsmakler und das Prinzipal-Agenten-Problem 172
5.4.1. Anreizbezahlungen 174
5.4.1.1. Der Schiffsmakler als Interessenvertreter des Reeders 174
5.4.1.2. Der Schiffsmakler als Interessenvertreter des Verladers 176
5.4.1.3. Der Schiffsmakler als Interessenvertreter beider Hauptvertragsparteien 177
5.4.2. Reputation 179
5.4.3. Vertragliche Pflichten und Haftung 181
5.4.3.1. Handelsmakler 181
5.4.3.2. Handelsvertreter 182
5.4.3.3. Anwendung auf Schiffsmakler 183
5.4.4. Wirksamkeit der Haftungsregeln 187
5.5. Zusammenfassung 189
6. Die Regulierung von Vertragsmittlern: Rechtspolitische Empfehlungen 191
6.1. Reformbedarf und bisherige Reformbestrebungen 194
6.1.1. Zivilmakler 194
6.1.2. Handelsmakler und Handelsvertreter 198
6.2. Anforderungen an eine gesetzliche Regelung 198
6.2.1. Die Informationsfunktion 199
6.2.2. Die Vermeidung opportunistischen Verhaltens 201
6.3. Rechtspolitische Empfehlungen 202
6.3.1. Anwendungsbereich 203
6.3.2. Die Stellung des Mittlers 203
6.3.3. Wertunabhängige Bezahlung 205

6.3.4. Die Pflichten des Mittlers 208
6.3.4.1. Tätigkeitspflicht 208
6.3.4.2. Die Informationspflichten des Mittlers 209
6.3.4.3. Die Sorgfaltspflichten des Mittlers 211
6.3.4.4. Folgen der Pflichtverletzung 212
6.4. Zusammenfassung 212

7. Resümee 215

Literaturverzeichnis 219

1. Einführung

Die Diskussion über die Qualität von Vertragsvermittlern ist gerade in letzter Zeit wieder verstärkt in die Öffentlichkeit getragen worden. Vor allem die von New Yorks Generalstaatsanwalt Eliot Spitzer durchgeführten Ermittlungen gegen den Versicherungsmakler Marsh&McLennan und die hierbei geäußerten Vorwürfe, dass Marsh&McLennan Geschäfte stets nach der Höhe der Provision an die Versicherer geleitet habe, statt die Interessen der Kunden zu vertreten und das beste Angebot zu vermitteln[1] untermauert weit verbreitete Befürchtungen, dass Makler nicht so unparteiisch sind wie sie vorgeben zu sein. Dieses Misstrauen gegen Makler und andere Vertragsvermittler schlägt sich auch in einer geringen Glaubwürdigkeit nieder: nur 50 Prozent aller im Jahr 1992 in einer repräsentativen Umfrage befragten Deutschen glaubten beispielsweise den Aussagen von Immobilienmaklern, während immerhin 53 Prozent den Aussagen von Autohändlern und 67 Prozent den von Politikern glaubten. Insgesamt ist das Image des Maklers wenig vorteilhaft. So ist es eine weit verbreitete Meinung, dass Makler für wenig Arbeit viel Geld verdienten und auch sonst nicht unbedingt zuverlässig seien[2]. Die negative Stimmung gegenüber den Maklern ging sogar soweit, dass auf dem Bundesparteitag der SPD 1973 die Abschaffung der Immobilienmaklertätigkeit und die Einführung eines kommunalen Wohnraumvermittlungsmonopols gefordert wurde[3].

Es wird jedoch leicht vergessen, dass Makler als Intermediäre eine wichtige wirtschaftliche Funktion haben. Während in der traditionellen mikroökonomischen Theorie Tauschbeziehungen im Allgemeinen direkt zwischen zwei Wirtschaftssubjekten stattfinden[4] und Verhandlungen über die Transaktion unmittelbar zwischen den beiden Parteien abgewickelt werden, ist diese in der neoklassischen wirtschaftswissenschaftlichen Theorie so oft angenommene Situation in der Wirklichkeit eher selten anzutreffen. Sehr viel öfter findet Tausch über dritte Parteien statt. Die meisten PKW werden in der Bundesrepublik von den Konsumenten bei Autohändlern bestellt, nicht direkt bei den Herstellern. Kein Konsument kauft den Zucker direkt bei der Raffinerie sondern im Supermarkt. Der weitaus meiste Teil von Flugtickets wird trotz zunehmender Internetakzeptanz und dem vermehrten Auftreten von *Airline Call Centern* bei Reisebüros und

---

1 Vgl. Tobias Beyer: Gewinn von Marsh bricht drastisch ein, Financial Times Deutschland vom 10.11.04.

2 Vgl. Holger Bonus und Heribert Pauk: Der Immobilienmakler in der Dienstleistungsgesellschaft: Gedanken zum Berufsbild des Maklers, Münster 1997, S. 3.

3 Vgl. Klaus Tonner: Zur Neuordnung des Maklerrechts im BGB, Zeitschrift für Miet- und Raumrecht, Januar 1979, S. 1.

4 Vgl. etwa Andreu Mas-Colell, Michael D. Whinston und Jerry R. Green: Microeconomic Theory, New York 1995, S. 515 ff.

nicht direkt bei den Fluggesellschaften gekauft. Immobilienverkäufe und Immobilienvermietungen finden in der Regel über einen Makler statt. Intermediärsgestützte Transaktionen sind in der Realität die Regel.

1.1. Die Bedeutung von Intermediären

Allgemein werden unter Intermediären all jene Marktteilnehmer verstanden, die entweder als Händler Güter zwecks Weiterverkaufs erwerben oder anderen Marktteilnehmern helfen, miteinander in Kontakt zu treten und Transaktionen durchzuführen[5]. Ihr Anteil am Bruttoinlandsprodukt eines Staates ist recht schwer zu erfassen. Dies liegt vor allem an der problematischen Abgrenzung des Sektors sowie an der Schwierigkeit, den durch Intermediärstätigkeit erzielten Mehrwert am Bruttoinlandsprodukt abzuschätzen. *Spulber*[6] versucht den Anteil des Intermediärssektors am gesamten Bruttoinlandsprodukt der USA näherungsweise zu erfassen, indem der Groß- und Einzelhandel, der Finanz- und Versicherungssektor sowie einige Dienstleistungen betrachtet werden. Folgende Tabelle liefert einen Überblick:

	Wertschöpfung in Mrd $	Anteil am BIP	Anzahl der Firmen
Einzelhandel	592,4	9,33 %	1066358
Großhandel	413,1	6,51 %	386609
Finanzdienstleistungen und Versicherungen	462,1	7,28 %	404243
Ausgewählte Dienstleistungen	220,0	1,89 %	142095
Gesamt	1687,6	25,01 %	1999305

Tabelle 1: Intermediärssektor in den USA[7]

Selbst wenn die außerhalb der betrachteten Gruppen anfallenden Intermediärstätigkeiten nicht berücksichtigt werden, waren Intermediäre in den USA im Jahre 1995 an der Entstehung von rund 25 Prozent des Bruttoinlandsproduktes beteiligt.

---

5 Vgl. zu dieser Definition Daniel F. Spulber: Market Microstructure: Intermediaries and the Theory of the Firm, Cambridge 1999, S. 3.

6 Vgl. Daniel F. Spulber: Market Microstructure and Intermediation, in: Journal of Economic Perspectives, Vol. 10 (3), Summer 1996, S. 136 ff.

7 Vgl. Daniel F. Spulber: Market Microstructure and Intermediation, in: Journal of Economic Perspectives, Vol. 10 (3), Summer 1996, S. 138.

Auch in anderen Ländern spielen Intermediäre eine bedeutende Rolle. In Österreich liegt der Anteil des Intermediärssektors an der Wertschöpfung des gesamten Produktions- und Dienstleistungsgewerbes bei gut 26 Prozent. Folgende Tabelle verdeutlicht seine Bedeutung.

	Unternehmen	Beschäftigte	Umsatzerlöse in 1000€	Produktionswert in 1000 €	Bruttowertschöpfung zu Faktorkosten in 1000 €
Gesamtes Produktions- und Dienstleistungsgewerbe	213983	2331718	427651435	262361040	120489578
Handelsvermittlung und Großhandel	19669	200927	88712723	25807927	11883584
Einzelhandel	36594	279865	37331560	12698451	7388594
Kreditwesen	969	77544	36726493	15313085	10088798
Versicherungswesen	128	29538	14850520	7042137	2720205

Tabelle 2: Intermediärssektor Österreich, Kennzahlen Stand 31.12.2001[8]

In der Bundesrepublik Deutschland ist der Intermediärssektor weniger stark ausgebildet. Sein Anteil an der gesamten Bruttowertschöpfung liegt bei gut 14 Prozent.

	Unternehmen	Beschäftigte in 1000	Umsätze in Mill. €	Produktionswert in Mrd. €	Bruttowertschöpfung in jeweiligen Preisen in Mrd. €
Alle Wirtschaftsbereiche	2926570	38081		3650,46	1889,41
Gesamtes Produktions- und Dienstleistungsgewerbe		37786		3603,12	1867,36
Handelsvermittlung und Großhandel	184174	1710	603508	143,47	98,64
Einzelhandel	418122	3441	320146	137,66	86,68
Kredit- und Versicherungswesen inkl. Hilfsgewerbe	2912	1278		182,89	85,78

Tabelle 3: Intermediärssektor in der Bundesrepublik Deutschland, Stand 31.12.2000[9]

---

8 Vgl. Statistik Austria: Statistisches Jahrbuch Österreichs 2004, S. 326.

9 Vgl. Statistisches Bundesamt: Statistisches Jahrbuch 2003 für die Bundesrepublik Deutschland, Wiesbaden 2003, S. 111 f., S. 260, S. 663.

Ein geschichtlicher Abriss der Entwicklung des gesamten Intermediärssektors kann hier nicht gegeben werden. Exemplarisch sei deshalb auf einen wichtigen Teil hingewiesen, nämlich die als Maklertätigkeit bekannte Form der Vertragsvermittlung. Maklertätigkeit lässt sich bereits seit der Frühzeit der wirtschaftlichen Entwicklung nachweisen. Die reisenden Händler des Mittelmeerraums und des Vorderen Orients bedienten sich schon im Altertum der Hilfe ortsansässiger Mittler. Ihre Bedeutung spiegelte sich in den sie betreffenden Regeln wider. So war in Griechenland der Makler eine Person in amtlicher Stellung. Das alte römische Recht enthielt explizite, den Maklervertrag betreffende Abschnitte. Mit der Auflösung des Römischen Reiches verschwanden auch die kodifizierten Regelungen der Maklertätigkeit. Obwohl dieser Beruf auch in der Folgezeit ausgeübt wurde, lassen sich Erwähnungen hierzu erst im Mittelalter wieder nachweisen[10]. In Hamburg wurde eine Maklertätigkeit nachweislich erstmals 1288 erwähnt, eine vollständige, in sich geschlossene Hamburgische Maklerordnung datiert aus dem Jahr 1653. In dieser sind die zu erfüllenden persönlichen Voraussetzungen der Makler, ihre Pflichten, die makelbaren Güter und auch die Provisionen geregelt[11]. Die Makler hatten einen Eid zu leisten und wurden als Zeichen ihrer Stellung mit dem Maklerstab ausgestattet. Auch im übrigen deutschen Rechtsraum war die Struktur der Regelungen für Makler grundsätzlich mit den Hamburger Regelungen vergleichbar.

1.2. Vertragsvermittler in Rechts- und Wirtschaftswissenschaften

Vertragsvermittler sind eine Untergruppe der Intermediäre. Im Gegensatz zu Händlern halten Vertragsvermittler kein eigenes Lager. Sie sind Interessenvertreter und bereiten für die von ihnen vertretene Partei den Abschluss eines so genannten Hauptvertrages[12] vor. Obwohl solche Mittler ein wichtiges Instrument sind um das Funktionieren von Märkten zu gewährleisten, finden sie in der wirtschaftswissenschaftlichen Forschung nur teilweise Beachtung. Während etwa die Analyse von Finanz-, Kapitalmarkt-, Versicherungs- und Immobilienmaklern in der Literatur recht ausgeprägt ist, spielen andere Intermediäre in der allgemeinen wirtschaftswissenschaftlichen Diskussion lediglich eine untergeordnete Rolle. Man bekommt deshalb den Eindruck, dass sektorale Untersuchungen

---

10 Vgl. Ulrich Wegener, Erwin Sailer, Stephan W. Raab: Der Makler und sein Auftraggeber, 5. Auflage, Stuttgart 1997, S. 21 f.

11 Vgl. Ernst von der Halle: Zur Geschichte des Maklerwesens in Hamburg, Hamburg 1897, S. 7 ff.

12 Der Hauptvertrag ist der vom Vertragsvermittler vermittelte Vertrag, der zwischen dem Auftraggeber des Mittlers und seinem Vertragspartner abgeschlossen wird. Vgl. Hartwig Sprau, in: Palandt: Bürgerliches Gesetzbuch, 63. Auflage, München 2004, Einführung vor § 652, Rn. 8.

durchgeführt, die Gemeinsamkeiten der Intermediärstätigkeiten auf realen Märkten aber vergessen werden[13].

In den Rechtswissenschaften finden Intermediäre, und hier besonders Makler, sehr viel mehr Aufmerksamkeit. So ist gerade in der Bundesrepublik Deutschland eine umfassende Maklerliteratur, die sich sowohl mit den Zivilmaklern als auch mit den Handelsmaklern beschäftigt, entstanden[14]. Sie analysiert und systematisiert die Entscheidungen der Gerichte und versucht, das Maklerrecht weiter zu entwickeln. Das Maklerrecht dient vor allem dazu, die grundlegenden Rechte und Pflichten des Maklers und seines Auftraggebers festzulegen. Einzelne Maklergruppen werden darüber hinaus durch Spezialgesetzgebungen berührt. Dies betrifft etwa Versicherungsvermittler, Börsenmakler, Anlagevermittler oder auch Immobilienmakler. In den sie betreffenden Gesetzen werden besondere Anforderungen, Pflichten und Aufgaben definiert, die über die für alle Makler geltenden Regelungen hinausgehen. Auch die Aufgaben und Pflichten der Handelsvertreter sind gesetzlich geregelt.

1.3. Vertragsvermittler und opportunistisches Verhalten

Makler und Handelsvertreter sind die Teilgruppe der Intermediäre, die sich ausschließlich mit Vertragsvermittlung beschäftigen. Dies bedeutet, dass beide anderen Parteien helfen, miteinander in Kontakt zu treten und Verträge abzuschließen. Vertragsvermittler werden in Transaktionen eingeschaltet, da sie regelmäßig als Spezialisten über bessere Marktinformationen verfügen als ihre Auftraggeber. Aufgrund dieses Informationsvorsprungs können sie sich opportunistisch verhalten, also ihren eigenen Nutzen durch strategische Falsch- oder Nichtdarstellung von Informationen zum Nachteil ihrer Kunden mehren[15]. Denn der Kunde kann nicht zuverlässig erkennen, ob die vom Vertragsmittler vorgeschlagene Vertragsabschlussmöglichkeit tatsächlich die beste Wahl ist. Er kann folglich nicht sicherstellen, dass seine Interessen wirklich vollkommen durch den Vertragsvermittler vertreten werden. Die Beziehung zwischen Vertragsver-

---

13 Eine Ausnahme stellt die Analyse von Daniel F. Spulber: Market Microstructure: Intermediaries and the Theory of the Firm, Cambridge 1998, dar.

14 Vgl. beispielsweise Ulrich Wegener, Erwin Sailer und Stephan W. Raab: Der Makler und sein Auftraggeber: Rechte – Pflichten – Risiken, 5. Auflage, Stuttgart 1997. Siehe auch Uwe Bethge: Maklerrecht in der Praxis, 2. Auflage, Bonn 1999, jeweils mit weiteren Nachweisen. Spezielle Abhandlungen sind etwa Michael Rozijn: Der Unternehmensmaklervertrag, Frankfurt 2001 oder Kyra Seidenberg: Die notwendige Neuordnung des Wohnungs- und Immobilienmaklerrechts und seine Integration in das BGB, Frankfurt 2000.

15 Vgl. etwa Oliver E. Williamson: Markets and Hierarchies: Analysis and Antitrust Implications, New York 1975, S. 26 f.

mittler und Kunden ist somit durch ein Prinzipal-Agenten-Problem gekennzeichnet.

Anreizbezahlungen werden in den Wirtschaftswissenschaften regelmäßig als geeignete Instrumente gesehen, um opportunistisches Verhalten eines Agenten beschränken zu können. Es wird davon ausgegangen, dass ein Vergütungsschema entwickeln werden kann, welches die Interessen des Agenten denen des Prinzipals angleicht. Der Agent wird nun versuchen, seinen Nutzen zu maximieren, dies führt auch gleichzeitig zur Maximierung des Prinzipalsnutzen. Reputation wird als ein weiteres geeignetes Instrument zur Begrenzung opportunistischen Verhaltens gesehen. Denn wenn Prinzipale die Qualität eines Vertragsmittlers nicht umfassend bewerten können, verlassen sie sich auch auf den Ruf, also die Reputation des Mittlers. Ist von einem Mittler bekannt, dass er seine Kunden stets korrekt und für sie zufrieden stellend bedient, wird ein Auftraggeber eher bereit sein eine Geschäftsbeziehung einzugehen.

Durch die spezielle Struktur der Mittler-Kunden-Beziehung wirken die klassischen ökonomischen Instrumente der Anreizbezahlung und Reputationsbildung nur begrenzt. Auftraggebern fehlt oft sowohl das Wissen, eine sinnvolle Anreizbezahlung zu entwickeln, als auch die Möglichkeit, sich zuverlässig über die Reputation eines Vertragsvermittlers zu informieren. Eine Unterbindung des opportunistischen Verhaltens durch die erwähnten Instrumente ist deshalb nur eingeschränkt möglich. Es bietet sich deswegen an, ergänzend auf rechtliche Regeln zurückzugreifen. Von zentraler Bedeutung für die Effizienz der Transaktion ist die konkrete rechtliche Ausgestaltung der das Verhältnis zwischen Vertragsvermittler und ihren Kunden betreffenden Regeln. Denn der Vertrag zwischen dem Mittler und seinem Kunden dient nicht nur dazu, Kooperation zwischen beiden zu ermöglichen, sondern auch die vertraglichen Risiken so zwischen den Parteien zu verteilen, dass die Risikotragungskosten minimiert werden.

1.4. Gegenstand und Gang der Untersuchung

In der rechtswissenschaftlichen Literatur wird seit langem auf die Reformbedürftigkeit des Maklerrechts hingewiesen[16]. Allgemein wird beklagt, dass die seit der Einführung des Bürgerlichen Gesetzbuches im Jahr 1900 unveränderten Regeln die Maklertätigkeit nur lückenhaft erfassen und viele Aspekte ungeregelt lassen. Ein Großteil der gesetzlichen Regeln befasst sich dabei mit der Entstehung des Provisionsanspruchs, eine genaue Festlegung der aus dem Maklervertrag resultierenden Pflichten unterbleibt. Maklertätigkeit über Gegenstände des

[16] Vgl. etwa Klaus Tonner: Zur Neuordnung des Maklerrechts im BGB, Zeitschrift für Miet- und Raumrecht 1979, S. 1 ff. Siehe auch Kyra Seidenberg: Die notwendige Neuordnung des Wohnungs- und Immobilienmaklerrechts und seine Integration in das BGB, Frankfurt 2000, S. 25 ff.

Handelsverkehrs fällt zusätzlich unter die Regelungen des Handelsrechts. Hier ist die Festlegung der Maklerpflichten ausgeprägter. Die aus wirtschaftswissenschaftlicher Sicht der Maklertätigkeit ähnliche Vertragsvermittlung durch Handelsvertreter fällt nicht unter das Maklerrecht, sondern unter das Recht der Handelsvertreter.

Es ist erstaunlich, dass es trotz der gleichartigen Probleme der Vertragsvermittlertätigkeit und der bekannten Mängel in den gegenwärtig geltenden Regeln versäumt wurde, ein einheitliches System von wirkungsvollen Rechtsregeln zu entwickeln. Erkannte Schwächen wurden durch Spezialgesetzgebung zu heilen versucht. In allgemeinen Fragen verliert sich die Rechtsprechung in Einzelfallentscheidungen, so dass eine einheitliche Richtschnur fehlt. Hier setzt die vorliegende Arbeit an. In ihr soll untersucht werden, wie die Regeln, die das Verhältnis zwischen Vertragsvermittlern, ihren Auftraggebern und Dritten betreffen, strukturiert sein sollen. Das Augenmerk wird hierbei bewusst nicht auf die bereits vielfach untersuchten Börsen- und Versicherungsmakler gelegt. Vielmehr geht es darum, für eine große Spannbreite von Vertragsvermittlern allgemeingültige Regeln abzuleiten. Hierzu ist es notwendig, die Gemeinsamkeiten vertragsvermittelnder Tätigkeiten zu erkennen. Am Beispiel von Wohnungs- und Immobilienmakler, Reisemittler und Schiffsmakler zeigt sich, dass die grundlegenden Tätigkeiten unabhängig von der rechtlichen Klassifizierung identisch sind: alle betrachteten Mittler, unabhängig von ihrer rechtlichen Stellung als Zivilmakler, Handelsvertreter oder Handelsmakler, geben ihren Kunden letztendlich diejenigen Informationen, die diese brauchen, um einen Vertrag mit Dritten über Güter und Dienstleistungen abzuschließen. Sowohl Wohnungs- und Immobilienmakler als auch Reisemittler und Schiffsmakler können deshalb im weiteren Sinne als Vertragsvermittler betrachtet werden. Diese Sichtweise ermöglicht, etwaige Konfliktpotentiale zwischen Vertragsvermittlern, ihren Auftraggebern und dritten Parteien zu verstehen, Lösungsmöglichkeiten aufzuzeigen und rechtliche Regelungen abzuleiten, die opportunistisches Verhalten der Vertragsvermittler wirkungsvoll beschränken.

Diese Überlegungen und die in dieser Untersuchung angewandte Arbeitsmethode der ökonomischen Analyse des Rechts[17] bestimmen auch den Aufbau der Arbeit: nach dieser Einführung in das Thema wird im folgenden Kapitel die ökonomische Funktion der Mittler herausgearbeitet. Es wird dargestellt, welche Vorteile die an einer Transaktion beteiligten Parteien aus dem Einschalten eines spezialisierten Vertragsvermittlers ziehen können. Ebenso wird gezeigt, dass Mittler auch nachteilig sein können, falls sie durch opportunistisches Verhalten

---

17 Die Methodik der ökonomischen Analyse des Rechts wird etwa in den Standardwerken von Robert Cooter und Thomas Ulen: Law and Economics, 4th Edition, Boston 2004 oder Steven Shavell: Foundations of Economic Analysis of Law, Cambridge 2004 ausführlich dargelegt.

ihren Nutzen zum Nachteil der Transaktionsparteien mehren. Vor diesem Hintergrund werden in den dann folgenden Kapiteln Wohnungs- und Immobilienmakler, Reisemittler und Schiffsmakler genauer untersucht, ihre jeweiligen Vor- und Nachteile analysiert und ihr opportunistisches Verhaltenspotential herausgearbeitet. Hierbei wird auch auf die unterschiedliche rechtliche Situation der verschiedenen Mittler eingegangen. Es zeigt sich, dass opportunistisches Verhalten aufgrund der asymmetrischen Informationsverteilung zwischen Mittlern und Transaktionsparteien grundsätzlich möglich ist. Durch die unterschiedlichen Transaktionshäufigkeiten und verschieden stark ausgeprägte Informationsasymmetrien gibt es jedoch einen deutlichen Unterschied: Märkte, deren Teilnehmer häufige Transaktionen durchführen und über ein größeres Fachwissen verfügen, sind weniger anfällig für opportunistisches Verhalten als Märkte, die durch geringe Transaktionsfrequenzen und sehr ungleich verteiltes Fachwissen gekennzeichnet sind. Aufbauend auf diesen Erkenntnissen werden schließlich die Grundzüge einer Neuregelung des Rechts der Vertragsmittler vorgeschlagen. Mit ihr sollen sowohl die grundlegenden Aufgaben der Vertragsvermittler sichergestellt als auch opportunistisches Verhalten unterbunden werden. Hierzu wird besonders auf die rechtliche Stellung der Mittler eingegangen, eine Abkehr von der transaktionswertabhängigen Provision vorgeschlagen sowie Sorgfalts- und Informationspflichten festgelegt. Die Ausformulierung konkreter rechtlicher Regeln auf Basis der in dieser Arbeit gewonnen Erkenntnisse soll den Rechtswissenschaften überlassen bleiben. In einem letzten Kapitel werden abschließend die Ergebnisse nochmals kurz zusammengefasst.

2. Intermediäre und Vertragsvermittler

2.1. Das neoklassische Marktkonzept

Die neoklassische Wohlfahrtstheorie setzt sich grundlegend mit den Eigenschaften von Märkten auseinander und betrachtet in idealisierter Form die Ergebnisse von Markttransaktionen[18]. Auf Märkten bilden sich für Güter Preise. Die Konsumenten als individuelle Nutzenmaximierer versuchen, innerhalb der Budgetrestriktion ihren Nutzen zu maximieren. Ein walrasianisches Gleichgewicht wird dann erreicht, wenn für gegebene Preise p alle Individuen ihren Nutzen maximieren und gleichzeitig eine vollkommene Markträumung stattfindet. Hieraus kann man das erste Wohlfahrtstheorem ableiten: Eine Ressourcenallokation ist dann pareto-optimal, wenn sie unter vollkommenem Wettbewerb, der Abwesenheit von technologischen Externalitäten und ohne Marktversagen aufgrund von Informationsproblemen zustande gekommen ist. Das zweite Optimalitätstheorem sagt aus, dass jede technisch mögliche pareto-optimale Ressourcenallokation durch Wettbewerbsmärkte erreicht werden kann, wenn diese nicht infolge technologischer Externalitäten, zunehmender Skalenerträge oder aufgrund von Informationsproblemen versagen.

Betrachtet man Transaktionen auf realen Märkten, so sind nicht zwingend die Voraussetzungen für ein walrasianisches Gleichgewicht gegeben. Denn eine erste wichtige Voraussetzung hierfür ist die Kenntnis eines jeden Konsumenten über die markträumenden Preise für alle Güter. Zweitens muss es für die Konsumenten jederzeit möglich sein, jede gewollte Menge eines Gutes zu tauschen, ohne dadurch den Gleichgewichtspreis zu beeinflussen. Beide Kriterien sind problematisch: gerade die vollkommene Kenntnis der Preise ist unwahrscheinlich, denn Konsumenten haben in der Regel keine vollkommenen Informationen. Somit könnte gefolgert werden, dass schon deshalb kein walrasianisches Gleichgewicht erreicht werden kann. *Smith*[19] zeigt jedoch anhand kontrollierter Experimente, dass Individuen durch Lerneffekte bereits nach wenigen Wiederholungen Ergebnisse realisieren, die recht nah an dem theoretisch zu erwartenden Wert liegen. Informationsdefizite scheinen also nur dann problematisch zu sein, wenn weder individuelle Lerneffekte zwischen verschiedenen Perioden, noch Lerneffekte zwischen unterschiedlichen Individuen möglich sind.

Auch die Annahme, dass Konsumenten jede gewünschte Menge eines Gutes tauschen können ist fraglich, denn neben möglichen Versorgungsengpässen können Konsumenten auch einfach nicht wissen, wo geeignete Tauschpartner zu finden sind.

---

[18] Für eine Lehrbuchdarstellung vgl. David M. Kreps: A Course in Microeconomic Theory, New York 1990, S. 185 ff.

[19] Vgl. Vernon Smith: Rational Choice: The Contrast between Economics and Psychology, Journal of Political Economy, Vol. 99 (4), August 1991, S. 877ff.

Eine grundlegende Schwachstelle des Konzepts des walrasianischen Gleichgewichts ist die fehlende Aussage über die Wirkungsweise von Märkten[20]. Um dies zu beseitigen wurde das Konzept des walrasianischen Auktionators eingeführt, der als zentrale, allen Marktteilnehmern bekannte Institution den Abgleich von Angebot und Nachfrage bei gegebenen Preisen wahrnimmt und bei Übereinstimmung dafür sorgt, dass die Transaktionen durchgeführt werden. Dieses Konzept ist jedoch wirklichkeitsfremd, denn es ist schlicht unvorstellbar, dass eine einzige Institution alle Informationen verarbeiten und daraus den markträumenden Preis bestimmen kann. Experimentelle Untersuchungen haben zwar gezeigt, dass der von Walras ausgearbeitete *tâtonnement*-Prozess eine Möglichkeit darstellt, die Preise einem Gleichgewicht anzunähern[21], allerdings wurde dort nur der Preisfindungsprozess selbst, nicht aber die Institution des Auktionators untersucht.

Zusammenfassend lässt sich sagen, dass das Konzept des walrasianischen Gleichgewichts der neoklassischen mikroökonomischen Theorie zwar Aussagen über die Effizienz von Märkten ermöglicht, aber nutzlos bei der Erklärung ihrer Funktionsweise ist. Gerade der Preisfindungsprozess, der durch den walrasianischen Auktionator dargestellt wird, ist unbefriedigend und nicht überzeugend[22].

Können solche Lerneffekte, etwa bei einmaligen Transaktionen oder der Nichtbeobachtbarkeit von Transaktionen anderer Individuen, nicht eintreten, ist zu überlegen, ob andere Instrumente als Ersatz herangezogen werden können. Genau hier ist das Konzept des Intermediärs Erfolg versprechend. Im folgenden sollen deshalb seine Aufgaben und Eigenschaften untersucht werden.

2.2. Die Aufgaben von Intermediären

Spulber definiert Intermediäre als diejenigen Marktteilnehmer, die entweder von Anbietern eines Gutes dieses zum Zweck des Weiterverkaufs erwerben (Händler) oder Käufern und Verkäufern von Gütern und Dienstleistungen helfen, miteinander in Kontakt zu treten und Transaktionen durchzuführen (Makler und Agenten im engeren Sinne)[23]. Die Abgrenzung zwischen Händlern und Maklern bzw. Agenten wird allgemein darin gesehen, dass Makler und Agenten keinerlei

---

20 Vgl. David M. Kreps: A Course in Microeconomic Theory, New York 1990, S. 195 f.

21 Vgl. etwa Corrine Brofman, Kevin McCabe, David Porter, Stephen Rassenti und Vernon Smith: An Experimental Examination of the Walrasian Tâtonnement Mechanism, Rand Journal of Economics, Vol. 27 (4), Winter 1996, S. 681 ff.

22 Vgl. für eine fundierte Bewertung etwa Joseph E. Stiglitz: Market Socialism and Neoclassical Economics, in: Pranab K. Bardham (Hrsg.): Market Socialism: The Current Debate, New York 1993, S. 21 ff.

23 Vgl. Daniel F. Spulber: Market Microstructure: Intermediaries and the Theory of the Firm, Cambridge 1999, S. 3.

Lager halten und ihre Bezahlung durch eine von dem Transaktionswert abhängende Provision erfolgt[24]. Der Unterschied zwischen Maklern und Agenten liegt in der Art der Interessenvertretung. Für die folgenden Ausführungen sollen Makler als diejenigen Vermittler definiert werden, die nicht im ausschließlichen Interesse einer Partei, sondern im Interesse *aller* an der Transaktion beteiligten Parteien handeln. Im Gegensatz dazu ist ein Agent ausschließlich dem Interesse *einer* Partei verpflichtet. Diese hier benutzte Definition von Maklern und Agenten weicht von der in den Rechtswissenschaften verwendeten ab. Dort wird der Unterschied zwischen beiden nur darin gesehen, ob die Interessenvertretung einmalig oder dauernd erfolgt. Unter einem Agenten wird derjenige Interessenvertreter verstanden, der von seinem Prinzipal dauernd mit dessen Interessenvertretung beauftragt ist. Ein Makler hingegen wird jeweils nur für eine einzelne Transaktion beauftragt[25]. Die Abgrenzung zwischen Makler und Agent wird also über den Zeitraum der Interessenvertretung vorgenommen, während in dieser Untersuchung einseitige versus zweiseitige Interessenvertretung als das unterscheidende Merkmal zwischen Agent und Makler angesehen wird. Sowohl Makler, als auch Agenten bereiten für die von ihnen vertretene Partei beziehungsweise die von ihnen vertretene Parteien den Abschluss eines so genannten Hauptvertrags vor. Sie werden deswegen auch Vertrags- oder Abschlussvermittler genannt[26].

Allgemein erfüllen Intermediäre verschiedene Aufgaben, die sich in vier große Gruppen einteilen lassen, nämlich Preisfestsetzung, Sicherstellung liquider Märkte, Suche von Transaktionspartnern sowie Überwachungs- und Garantiefunktionen[27]. Klassische, lagerhaltende Intermediäre sind vor allem für Preis-

---

24 Vgl. Steven C. Hackett: A Comparative Analysis of Merchant and Broker Intermediation, Journal of Economic Behavior and Institutions, Vol. 18 (3), August 1992, S. 301. Das Hauptmerkmal der reinen Vermittlungstätigkeit ohne eigene Lagerhaltung ist deutlich stärker zu gewichten als die transaktionswertabhängige Bezahlung.

25 Vgl. Karsten Schmidt: Handelsrecht, 5. Auflage, Köln 1999, S. 710 ff.

26 Nach bundesdeutschem Recht sind weder Makler, noch Agenten Vertreter im Sinne des § 164 BGB, da sie nur den Abschluss des Hauptvertrags vorbereiten, nicht aber selbst rechtsgeschäftlich tätig werden. Vgl. Helmut Heinrichs, in: Palandt: Bürgerliches Gesetzbuch, 63. Auflage, München 2004, Einführung vor § 164, Rn. 15. Vgl. auch Heinrich Dörner, in: Bürgerliches Gesetzbuch – Handkommentar, 2. Auflage, Baden-Baden 2002, Vorbemerkung zu §§ 164-181, Rn. 12. Dies bedeutet, dass sie nicht im Namen der vertretenen Parteien handeln. Mit dem von ihnen vorbereiteten Rechtsgeschäft haben sie deshalb nichts zu tun, es sei denn, dass sie von der vertretenen Partei ausdrücklich ermächtigt wurden, Willenserklärungen in deren Namen abzugeben. Vertragsvermittler sind deshalb keine Hauptvertragspartei.

27 Vgl. Daniel F. Spulber: Market Microstructure and Intermediation, Journal of Economic Perspectives, Vol. 10 (3), Summer 1996, S. 136. Dieser Einteilung soll im weiteren gefolgt werden.

festsetzung und die Sicherstellung liquider Märkte verantwortlich. Die Suche nach Transaktionspartnern sowie Überwachungsfunktionen werden auch von Maklern und Agenten wahrgenommen.

Im grundlegenden Modell des vollkommenen Wettbewerbs haben weder Produzenten, noch Konsumenten Marktmacht und agieren stets als Preisnehmer. In der Realität ist aber gerade bei Produzenten von Gütern und Dienstleistungen häufig Marktmacht zu beobachten. Diese kann aus positiven Wechselkosten von Konsumenten, räumlichen Grenzen aufgrund von Transportkosten oder etwa Marktzutrittsschranken in Form von Zöllen oder Standards resultieren. Intermediäre können die Marktmacht brechen, da sie aufgrund ihrer Größe und Expertise auch Transaktionen durchführen können, die für einzelne Konsumenten nicht darstellbar wären. Intermediäre betreiben also nicht nur Arbitrage zwischen Käufern und Verkäufern, managen Bestände und liefern Informationen sondern koordinieren auch Transaktionen durch Preise[28] und führen so zur Markträumung.

Eine weitere typische Intermediärsaufgabe ist die Sicherung liquider Märkte. Zwischenhändler halten ein Lager, so dass sie Angebots- und Nachfrageschwankungen ausgleichen können. Außerdem lösen sie durch ihre Lagerhaltung das grundlegende Problem, welches bei zeitlich nicht übereinstimmenden Willenserklärungen auftritt. Denn ohne lagerhaltende Intermediäre müssten Käufer und Verkäufer zeitgleich Transaktionen ausführen wollen. Kommt es aber zu einer zeitlichen Diskrepanz, finden keine Transaktionen statt. Der Markt ist dann illiquide[29]Dies ist vor allem für den Börsenhandel von großer Bedeutung. Ein so genannter *Market Maker* ist eine Institution, die sowohl einen Kauf- als auch einen Verkaufspreis für ein bestimmtes Gut bekannt gibt und auch in der Lage ist, zu den bekannt gegebenen Preisen die Transaktion tatsächlich durchzuführen[30]. Bei einem *Market Maker* handelt es sich also weniger um einen reinen Makler oder Agenten, sondern vielmehr um einen Zwischenhändler.

---

[28] Vgl. Daniel F. Spulber: Market Microstructure and Intermediation, Journal of Economic Perspectives, Vol. 10 (3), Summer 1996, S. 141. Dies gilt allerdings nicht für die klassischen Makler, da diese selbst keine Preise setzen und dadurch die beschriebene Markträumung nicht stattfindet.

[29] Vgl. Daniel F. Spulber: Market Microstructure and Intermediation, Journal of Economic Perspectives, Vol. 10 (3), Summer 1996, S. 135 ff. Vgl. auch Yiting Li: Money and Middlemen in an Economy with Private Information, Economic Inquiry, Vol. 37 (1), January 1999, S. 1 ff.

[30] Vgl. hierzu etwa das Beispiel eines *Market Makers* in John C. Hull: Options, Futures and other Derivatives, 3rd Edition, Upper Saddle River 1997, S. 146. *Market Making* basiert stets auf Eigenhandel, da nur dadurch Angebots- und Nachfrageüberhänge ausgeglichen werden können, Liquidität auf dem Markt gewährleistet wird und das eigentliche *Market Making* stattfindet.

Die Suche nach geeigneten Vertrags- und Transaktionspartnern ist selbst für wohlinformierte Käufer und Verkäufer manchmal so schwierig, dass Intermediäre, und zwar sowohl Zwischenhändler, die kaufen und verkaufen als auch Makler und Agenten, die ausschließlich Koordinierungsfunktion übernehmen, ohne selbst zu kaufen oder zu verkaufen, der einzige Weg sind, Transaktionen zustande kommen zu lassen[31]. Intermediäre stehen dabei im Wettbewerb zum dezentralisierten Markt, das heißt einem Markt, auf dem Käufer und Verkäufer direkt miteinander in Kontakt treten. Intermediäre werden nur dann langfristig auftreten, wenn sie Aufgaben *ceteris paribus* billiger erledigen als dezentrale Märkte.

Ein grundlegender Unterschied zwischen dezentralen Märkten und dem intermediärsunterstützten Tausch ist darin zu sehen, dass auf direkten Märkten die *Zahlungen* des Käufers den Einnahmen des Verkäufers entsprechen. Intermediäre hingegen können auf der einen Seite Transaktionen besteuern indem sie einen gewissen Aufschlag für sich selbst nehmen, oder auch bezuschussen. Beides führt dazu, dass die daraus resultierenden Transaktionen in dieser Art nicht auf Märkten stattgefunden hätten: besteuert ein Intermediär eine Transaktion, so erhält der Verkäufer eine geringere Zahlung als wenn diese Transaktion auf einem direkten Markt stattgefunden hätte. Bezuschusst der Intermediär hingegen die Transaktion, so ist die Einnahme für den Verkäufer höher als sie bei einer reinen Markttransaktion gewesen wäre.

Käufer und Verkäufer haben im Regelfall unterschiedliche Informationen. Verkäufer kennen meist nicht alle Charakteristika des Käufers (Zahlungsbereitschaft etc.) und Käufer sind unsicher, was die Produktcharakteristika angeht. Intermediäre können diese Informationsasymmetrie überwinden helfen, indem sie Informationen sammeln und diese Informationen an Käufer und Verkäufer, oftmals mit weiteren Produkten gekoppelt, weiterleiten. Intermediäre können somit Überwachungsaufgaben während der Transaktion übernehmen.

Von den aufgeführten Eigenschaften sind für Makler und Agenten sowohl das Finden und Vermitteln von Transaktionspartnern als auch die Überwachungs- und Garantiefunktionen von besonderer Wichtigkeit in der Praxis. Im folgenden soll deshalb beleuchtet werden, welche Faktoren Makler und Agenten erfolgreich in die Lage versetzen, diese Aufgaben zu erfüllen[32].

---

31 Vgl. Daniel F. Spulber: Market Microstructure and Intermediation, Journal of Economic Perspectives, Vol. 10 (3), Summer 1996, S. 145. Man denke hierbei etwa an Parteien mit geringem Handelsvolumen und seltenen Transaktionen, die zwar beide genau über das zu tauschende Produkt Bescheid wissen, aber nicht in der Lage sind, eigenständig nach geeigneten Transaktionspartnern zu suchen.

32 Um die Darstellung einfach zu halten, werden Makler und Agenten teilweise unter dem Oberbegriff *Intermediäre* erfasst. Die folgende Diskussion beschränkt sich aber nur auf diese Vertragsvermittler, andere Intermediäre, wie etwa Händler, werden nicht betrachtet.

2.3. Transaktionskostensenkung

Freiwillige Transaktionen zwischen Wirtschaftssubjekten finden statt, da sich jede Partei dadurch besser stellt. Der bei der Transaktion entstehende Gewinn S kann zwischen den Transaktionspartnern aufgeteilt werden und erhöht somit beidseitig den Nutzen. In einer idealen *coaseanischen* Welt mit wohlinformierten Vertragsparteien, kostenlosen Transaktionen und klar definierten Handlungsrechten bedeutet dies, dass bereits geringste Gewinne zu einer erfolgreichen Transaktion führen. In der Abwesenheit strategischen Verhaltens und identischer Verhandlungsmacht wird der Gewinn zwischen beiden Parteien gleich aufgeteilt werden. Jede Partei erhält demnach $\frac{S}{2}$.

Die in der Realität stets positiven Transaktionskosten verändern die Situation. Es gibt nur Nettotauschgewinne, wenn $S > T$. Wird auch hier der Einfachheit halber davon ausgegangen, dass der Gewinn zwischen den an der Transaktion beteiligten Parteien gleich aufgeteilt wird, erhält jede Seite $\frac{S-T}{2}$. Wird nun eine dritte Partei in die Transaktion eingeführt, und wird auch hier wieder von einer Gleichverteilung der Kooperationsgewinne ausgegangen, so erhält jede Transaktionspartei $\frac{S-T}{3}$. Wird zudem berücksichtigt, dass die Transaktionskosten *ceteris paribus* mit der Anzahl der Transaktionsparteien steigen, so wird im zweiten Fall ein geringerer Gewinn auf mehr Parteien aufgeteilt. Geht man also davon aus, dass die Einschaltung einer dritten Partei ausschließlich zu einer Transaktionskostenerhöhung führt, scheint die Einschaltung eines Intermediärs nicht sinnvoll zu sein.

Die Annahme exogener Transaktionskosten, also Transaktionskosten, die unabhängig von der Intermediärstätigkeit sind, ist jedoch unrealistisch. Da Markttransaktionen mit positiven Kosten, wie etwa Such-, Informations-, Verhandlungs- und Durchsetzungskosten verbunden sind, erscheint es naheliegend, dass die Einschaltung eines Intermediärs einen Einfluss auf zumindest einen Teil dieser Kosten ausübt. Somit können die Kosten des Tausches ohne Intermediärsbeteiligung T höher sein als die Kosten des intermediärsgestützten Tausches T_i. Wird von einer Gleichverteilung der Gewinne ausgegangen, lohnt sich die Intermediärseinschaltung so lange $\frac{S-T_i}{3} > \frac{S-T}{2}$. Da jedoch in den seltensten Fällen die Intermediäre mit einem gleichen Anteil an den Kooperationsgewinnen bezahlt, sondern mit einer Bezahlung α abgegolten werden, ist intermediärsgestützter Tausch profitabel, so lange $\frac{S-T_i-\alpha}{2} > \frac{S-T}{2}$.

Die transaktionskostensenkenden Eigenschaften der Makler und Agenten sind bereits vielfach untersucht worden. *Brunner* und *Melzer* betonen, dass jede Transaktion mit Informationskosten verbunden ist, die mit steigender Informationssammelfrequenz sinken[33]. *Alchian* stellt fest, dass Personen mit Spezialwissen über bestimmte Güter oder Dienstleistungen eine Informationsquelle mit großer Reputation sind und dass Transaktionen zwischen einem Spezialisten und einem Nichtspezialisten signifikant billiger sind als Transaktionen zwischen zwei Nichtspezialisten[34]. Die Entscheidung, einen Makler oder Agenten in eine Transaktion zu integrieren wird auch aufgrund von Opportunitätskostenüberlegungen getroffen: eine oder beide Transaktionsparteien können ihre Zeit dergestalt nutzen, dass ein höherer Payoff entsteht, als wenn sie nach geeigneten Transaktionspartnern suchen. Dies betonen auch *Rubinstein* und *Wolinsky*, die Makler und Agenten als zeitsparende und damit transaktionskostensenkende Institutionen sehen[35]. *Biglaiser* modelliert eine Situation, in der die Qualität des Maklers oder Agenten leichter zu beurteilen ist als die Qualität des zu handelnden Gutes oder der zu handelnden Dienstleistung und zeigt damit, dass *Moral Hazard* Situationen *ceteris paribus* weniger wahrscheinlich werden[36]. *Spulber* führt aus, dass Intermediäre bessere Überwachungsfähigkeiten und niedrigere Überwachungskosten haben. Falls mehrere Prinzipale solche Überwachungsaufgaben auf einen Intermediär delegierten, könne dieser Größenvorteile der Überwachung realisieren. Diese Größenvorteile könnten führten zu insgesamt geringeren Transaktionskosten[37]. *Biglaiser* und *Friedman* betonen, dass die Überwachungs- und Garantiefunktion der Intermediäre vor allem auf ihrer Fähigkeit basiere, Qualität zu erkennen und diese den Käufern der Güter und Dienstleistungen glaubhaft zu signalisieren[38]. Intermediäre hätten durch ihre längere Marktverweildauer einen Anreiz, die Qualität der vermittelten Güter und Dienstleistungen zu überwachen, da dies ihre eigene Reputation steigere[39]. Auch hier sinken die Transaktionskosten.

---

33 Vgl. Karl Brunner und Alan H. Melzer: The Uses of Money: Money in the Theory of an Exchange Economy, American Economic Review, Vol. 61 (5), December 1971, S. 786.

34 Vgl. Armen A. Alchian: Why Money, Journal of Money, Credit and Banking, Vol. 9 (1) Part 2, February 1977, S. 134.

35 Vgl. Ariel Rubinstein und Asher Wolinsky: Middlemen, Quarterly Journal of Economics, Vol. 102 (3), August 1987, S. 581 ff.

36 Vgl. Gary Biglaiser: Middlemen as Experts, Rand Journal of Economics, Vol. 24 (2), 1993, S. 212 ff.

37 Vgl. Daniel F. Spulber: Market Microstructure: Intermediaries and the Theory of the Firm, Cambridge 1999, S. 337 mit weiteren Nachweisen.

38 Vgl. Gary Biglaiser und James W. Friedman: Adverse Selection with Competitive Inspection, Journal of Economics and Management Strategy, Vol. 8 (1), Spring 1999, S. 1 ff.

39 Vgl. Gary Biglaiser und James W. Friedman: Middlemen as Guarantors of Quality, International Journal of Industrial Organization, Vol. 12 (4), December 1994, S. 509 ff.

Die Höhe dieser Kostenvorteile hängt davon ab, wie eng oder weit die tatsächliche Tätigkeit des Intermediärs gefasst wird. Beschränkt er sich auf das pure Anbahnen des Tauschvorgangs (also Suche und Nachweis von potentiellen Tauschpartnern), können Informations-, Such- und Opportunitätskosten des Auftraggebers gesenkt werden. Übernimmt der Intermediär jedoch darüber hinausgehende Aufgaben, kann dies auch zu einer Senkung der Verhandlungs- und Durchsetzungskosten beitragen.

2.3.1. Such- und Informationskostenvorteile

Suchkosten sind für Transaktionspartner dann niedrig, wenn es transparente, wohl definierte Märkte für homogene Güter gibt, auf denen keine Marktzutrittsschranken existieren. Falls jedoch Imperfektionen, wie etwa erschwerter Marktzugang auftreten oder das Marktgeschehen intransparent ist, müssen die Parteien aufwendig nach geeigneten Tauschpartnern suchen. Intermediäre können in einem solchen Fall Suchkosten senken.

Yavas[40] erklärt den suchkostensenkenden Effekt von Mittlern vor allem durch deren bessere Informationen über mögliche Transaktionspartner sowie bessere Suchtechniken durch erfahrenes Personal und den Einsatz elektronischer Informationssammlung. Hinzu kommen Kostenvorteile durch Größen- und Verbundvorteile[41]. Die Einschaltung eines Intermediärs kann in einem solchen Fall zu sinkenden Suchkosten und damit insgesamt geringeren Transaktionskosten für die Transaktionspartner führen.

Viele Märkte sind durch Informationsasymmetrien gekennzeichnet. Dies bedeutet, dass eine Marktseite mehr Informationen über die Märkte oder die speziellen Gutseigenschaften hat als die Marktgegenseite. Intermediäre können in einem solchen Fall als Informationsmittler zwischen den potentiellen Vertragsparteien auftreten. Ihr Wirken kann Informationsasymmetrien abbauen und dadurch Tauschprozesse erst ermöglichen. Die durch Informationsasymmetrie verursachte Intransparenz einiger Märkte kann soweit gehen, dass Makler die einzige Möglichkeit sind, Käufer und Verkäufer zusammenzubringen. In einem solchen Fall spricht man von *Matching*[42]. Makler dienen in einem solchen Fall dazu,

---

40 Vgl. Abdullah Yavas: Middlemen in Bilateral Search Markets, Journal of Labor Economics, Vol. 12 (3), 1994, S. 406 ff.

41 Vgl. Leonard V. Zumpano und Harold W. Elder: Economies of Scope and Density in the Market for Real Estate Brokerage Services, Journal of the American Real Estate and Urban Economics Association, Vol. 22 (3), 1994, S. 497 ff. *Zumpano* und *Elder* zeigen, dass Immobilienmakler vor allem von Verbundvorteilen profitieren, reine Größenvorteile hingegen eher schwach ausgebildet sind.

42 Vgl. Ariel Rubinstein und Asher Wolinsky: Middlemen, Quarterly Journal of Economics, Vol. 102 (3), August 1987, S. 581 ff.

durch den Matchingprozess Transaktionen zu ermöglichen und einen Markt aufzubauen[43]. Zusätzlich können Intermediäre wegen der relativ größeren Zahl an von ihnen betreuten Transaktionen bessere Risikoeinschätzungen vornehmen. So wissen sie beispielsweise besser als ein einzelner, selten Transaktionen durchführender Käufer, welche potentiellen Risiken bei Transaktionen auftreten können.

Informationskosten[44] fallen an, da viele Güter und Dienstleistungen Erfahrungsgüter sind und ihre Qualität vor dem Kauf nicht erkennbar ist. Nach *Nelson* werden unter Erfahrungsgütern diejenigen Güter verstanden, deren Qualität erst nach dem Konsum beurteilt werden kann[45]. Ohne Fachwissen läuft jeder potentielle Käufer eines solchen Gutes Gefahr, die Qualität und die Gutseigenschaften falsch zu bewerten[46]. Um dieses auszuschließen, bedarf es eines teilweise erheblichen Aufwandes. So kann etwa die Einschaltung eines Experten nötig sein oder die Recherche in Wissensdatenbanken. All dies ist mit hohen Kosten verbunden. Trotz allem Aufwand ist aber auch dabei nicht sichergestellt, ob die so erlangten Informationen tatsächlich eine besser informierte Entscheidung möglich machen.

Intermediäre können in einem solchen Fall die Unsicherheit reduzieren, denn sie haben durch ihre wiederholten Transaktionen einen Informationsvorsprung bezüglich Qualität und Preis des von ihnen vermakelten Gegenstandes. Da sie über einen längeren Zeitraum eine Vielzahl von ähnlichen Gütern und Dienstleistungen beobachten, können sie diese auch miteinander vergleichen und eine relative Bewertung vornehmen. Durch die Vielzahl von vermittelten Transaktionen kommt so die Qualitätskenntnis quasi als Kuppelprodukt zum Wissen der Intermediäre hinzu. Ihre Bewertung der Qualität ist ein Signal, welches uninformierten Konsumenten erlaubt, die Erfahrungsgüter *ex ante* besser einzuschätzen.

Die mit Erfahrungsgütern einhergehende imperfekte Information und das daraus resultierende Marktversagen ist nicht nur für die Nachfrager eines Gutes oder einer Dienstleistung problematisch, sondern auch für die Anbieter. Besonders Anbieter hoher Qualität haben ein Interesse daran, dies glaubwürdig zu signalisieren, um damit einen höheren Preis für das Gut erzielen zu können. Dies funktioniert aber nur mit Einschränkungen: zwar können große, bekannte Anbieter,

---

43 Auf mögliche Prinzipal-Agenten-Probleme, die aus den Informationsasymmetrien resultieren können, wird in einem separaten Abschnitt dieser Arbeit eingegangen.

44 Für eine grundlegende Darstellung von Informationskosten vgl. etwa George Stigler: The Economics of Information, Journal of Political Economy, Vol. 69, 1961, S. 213-225.

45 Vgl. Phillip Nelson: Information and Consumer Behavior, Journal of Political Economy, Vol. 78 (2), March 1970, S. 311 ff.

46 Für eine kompakte Darstellung der Erfahrungsgutproblematik vgl. Clement G. Krouse: Theory of Industrial Economics, Cambridge 1990, S. 509 ff., insbesondere S. 534 ff.

die aufgrund wiederholter Transaktionen eine Reputation für hohe Qualität aufgebaut haben, dieses Signal selbst senden, kleine Anbieter oder solche, die seltene Transaktionen durchführen hingegen nicht. Sie können jedoch von der Reputation eines Intermediärs profitieren, der selbst eine Reputation für hohe Qualität hat[47]. Intermediäre können hier als Experten gesehen werden, die die Qualität des vermittelten Güter und Dienstleistungen einschätzen können[48]. Sie können helfen, das durch asymmetrische Informationsverteilung zwischen Nachfragern und Anbietern ausgelöste Problem adverser Selektion abzumildern oder sogar zu verhindern.

Akerlof[49] hat das Problem adverser Selektion grundlegend anhand des Gebrauchtwagenmarktes erklärt: Konsumenten kaufen Gebrauchtwagen, deren Qualität sie *ex ante* nicht vollkommen bestimmen können. Auf dem Markt werden sowohl Wagen hoher als auch Wagen niedriger Qualität gehandelt. Der Preis qualitativ hochwertiger Wagen ist höher als der Preis für Wagen niedriger Qualität. Rationale Kunden werden folglich nur bereit sein, einen Durchschnittspreis zu bezahlen, der unter dem Preis für Gebrauchtwagen hoher Qualität liegt. Dieser niedrigere Preis führt nun in der Zukunft dazu, dass das Angebot der qualitativ hochwertigen Gebrauchtwagen solange zurückgeht, bis nur noch Wagen niedriger Qualität auf dem Markt gehandelt werden und der Markt im Extremfall zusammenbricht, da keine Nachfrage nach Gebrauchtwagen geringer Qualität besteht. *Wimmer* und *Chezum*[50] haben empirisch gezeigt, dass Intermediäre tatsächlich in der Lage sind, auf durch asymmetrische Information gekennzeichneten Märkten das Problem adverser Selektion zu verringern. Da das Einkommen der Intermediäre unmittelbar von der Zahl und dem Preis der durchgeführten Transaktionen abhängt, besteht für sie der Anreiz, durch wahrheitsgemäße Informationen die Informationsasymmetrie zwischen Anbieter und Nachfrager abzubauen, wenn sie dauerhaft auf dem Markt bleiben wollen.

2.3.2. Verhandlungs- und Durchsetzungskosten

Nach der bisher betrachteten Anbahnungsphase treten die Transaktionspartner in Verhandlungen über die durchzuführende Transaktion. Intermediäre können die

---

[47] Vgl. Wujin Chu und Woosik Chu: Signaling Quality by Selling through a Reputable Retailer: An Example of Renting the Reputation of Another Agent, Marketing Science, Vol. 13 (2), Spring 1994, S. 177 ff.

[48] Vgl. Gary Biglaiser und James W. Friedman: Middlemen as Guarantors of Quality, International Journal of Industrial Organization, Vol. 12 (4), December 1994, S. 509 ff.

[49] Vgl. George A. Akerlof: The Market for "Lemons": Quality Uncertainty and the Market Mechanism, The Quarterly Journal of Economics, Vol. 84 (3), August 1970, S. 488 ff.

[50] Vgl. Bradley S. Wimmer und Brian Chezum: An Empirical Examination of Quality Certification in a "Lemons Market", Economic Inquiry, Vol. 41 (2), April 2003, S. 279 ff.

hierbei anfallenden Kosten senken, wenn sie aufgrund von Erfahrung wissen, welche Transaktionsregeln wohl erprobt sind. Diese erprobten Regeln können dann als Standardregeln dienen. Das aufwendigere individuelle Aushandeln entfällt damit.

Dies zeigt sich besonders, wenn Transaktionen betrachtet werden, die sich über mehr als eine Rechtsordnung erstrecken, da in einem solchen Fall Intermediäre auch als „Katalysator" zwischen den Vertragsparteien wirken. Sie stellen Wissen und Sicherheit über Rechtssysteme bereit und können somit *ex ante* die Bereiche identifizieren, die einer ausführlichen, juristisch fundierten Regelung bedürfen. Dies ist den Intermediären deshalb möglich, da sie wegen der wiederholten, für sie meist gleichartigen Transaktionen, Kenntnisse in rechtlichen Dingen erlangt haben, die unmittelbar mit diesen Transaktionen zusammenhängen[51]. Weitergehende Probleme müssen nach wie vor von juristischen Spezialisten bearbeitet werden, handelt es sich aber um stets ähnliche rechtliche Fragen, können Intermediäre auch hier das Expertenwissen transaktionskostenminimierend einsetzen.

2.3.3. Größen- und Verbundvorteile

In den Wirtschaftswissenschaften wird regelmäßig davon ausgegangen, dass die durchschnittlichen totalen Kosten pro produzierter Einheit c eines Gutes konstant sind oder mit der produzierten Menge z zunehmen. Es gibt jedoch auch Situationen, in denen die durchschnittlichen totalen Kosten pro produzierter Einheit mit steigender Produktionsmenge abnehmen. Solche Größenvorteile sind durch eine subadditive Kostenfunktion gekennzeichnet, bei der für alle $c > 0$ $c(z^*) < c(z) + c(z^* - z)$ gilt. Damit ist es billiger, einmalig eine gewünschte Menge z^* zu produzieren als die gesamte Produktionsmenge auf zwei verschiedene Produktionen aufzuteilen.

In der klassischen Produktionstheorie werden drei wichtige Gründe für Größenvorteile angeführt: Ein erster wichtiger Grund ist die mit der Größe zunehmende Spezialisierung von Tätigkeiten. Eine Spezialisierung führt dazu, dass die Effizienz bei der Aufgabenerfüllung steigt und dadurch *ceteris paribus* Kosten sin-

51 Solche Standardregeln sind weit verbreitet. So ist es etwa denkbar, dass Intermediäre Allgemeine Geschäftsbedingungen haben, die viele mit „Standardtransaktionen" zusammenhängende Aspekte regeln. Der Rückgriff auf diese vorformulierten Klauseln senkt die Verhandlungskosten der Transaktionspartner ungemein. Zur Regelung von Verträgen bei asymmetrischer Information vgl. Michael Adams: Ökonomische Begründung des AGB-Gesetzes: Verträge bei asymmetrischer Information, Betriebsberater, 1989, S. 781 ff. Allgemein zur Wirkung von rechtlichen Standardklauseln vgl. etwa die Lehrbuchdarstellung in Robert Cooter und Thomas Ulen: Law and Economics, 4th Edition, Reading 2004, S. 211 ff.

ken. Zweitens wird angeführt, dass mit zunehmender Zahl von Transaktionen die Transaktionskosten nur unterproportional zunehmen. Denn manche für die Durchführung benötigten Maschinen, Informationen oder Fertigkeiten müssen nur einmal erworben, können aber für alle dann folgenden Transaktion verwendet werden. Letztlich kann mit zunehmenden Transaktionen eine Risikodiversifizierung erreicht werden. Dies senkt dann die Risikokosten[52].

Die angeführten Gründe gelten auch für Intermediäre[53]. Durch eine zunehmende Zahl von Transaktionen können Intermediäre mehr Fachwissen sammeln, welches sie zur Qualitätsbewertung von den zu vermittelnden Dienstleistungen und Produkte heranziehen können. Da ein gewisses Mindestmaß an Fachwissen nötig ist, um die Intermediärsleistung zu erbringen und das Erlangen dieses Fachwissens nicht kostenlos ist, müssen diese Kosten auf die Transaktionen umgelegt werden. Während am Anfang die Menge der zu sammelnden Informationen und damit die Kosten der Informationsbeschaffung noch zunehmen, so ist nach einer gewissen Zeit eine ausreichende Menge an Information vorhanden, so dass ab diesem Moment die aggregierten Kosten der Informationsgewinnung gleich bleiben. Für die Kosten pro Transaktion bedeutet dies nun, dass diese mit zunehmenden Transaktionen geringer werden, wir also abnehmende Grenzkosten beobachten.

Größenvorteile spielen vor allem dann eine Rolle, wenn Netzwerkexternalitäten bei der Intermediärstätigkeit auftreten[54]. Unter Netzwerkexternalitäten versteht man allgemein, dass die Teilnahme eines weiteren Nutzers an einem Netzwerk auch den Nutzen aller bereits an das Netzwerk angeschlossenen Teilnehmer beeinflusst. Positive Netzwerkexternalitäten der Intermediärstätigkeit resultieren folglich daraus, dass ein neuer Vertragspartner des Intermediärs den Nutzen der bisherigen Vertragspartner unmittelbar steigert. Am Beispiel eines Immobilienmaklers erklärt bedeutet dies, dass sowohl der erwartete Nutzen der Verkäufer steigt, da der Intermediär einen zusätzlichen Käufer nachweisen kann, als auch der Nutzen des Käufers zunimmt, da dem Käufer problemlos Verkäufer nach-

52 Vgl. Clement G. Krouse: Theory of Industrial Economics, Cambridge 1990, S. 42 f.

53 Größenvorteile der Intermediäre sind dabei so zu verstehen, dass Intermediäre mehr Transaktionen einer genau spezifizierten Art durchführen als andere Marktteilnehmer. So mag zwar die absolute Größe eines Intermediärs sehr viel geringer sein als die eines anderen Marktteilnehmers, wenn dieser Intermediär aber eine höhere Anzahl von Transaktionen durchführt, hat er Größenvorteile in diesem Bereich verglichen mit dem anderen Marktteilnehmer.

54 Zu Netzwerkexternalitäten vgl. grundlegend Michael L. Katz und Carl Shapiro: Network Externalities, Competition, and Compatibility, American Economic Review, Vol.75 (3), June 1985, S. 424 ff. Michael Adams: Normen, Standards, Rechte, Juristenzeitung, 1991, S. 941 ff. wendet das Konzept der Netzwerkexternalitäten auf Sozialnormen und Rechtssysteme an und zeigt, dass auch aus diesen Netzwerkexternalitäten erwachsen können.

gewiesen werden können[55]. Der Nutzen des Intermediärs für die Verkäufer hängt nämlich vor allem davon ab, dass innerhalb kurzer Zeit ein Käufer gefunden wird, der einen möglichst hohen Preis bezahlt. Die Wahrscheinlichkeit, dass ein Intermediär dieses Ziel bestmöglich erreichen kann, steigt mit zunehmender Zahl von Intermediärskunden auf der Käuferseite, da der Intermediär hier nicht erst lange suchen muss, sondern im eigenen Kundenbestand fündig werden kann. Je mehr potentielle Immobilienkäufer der Intermediär in seiner Kartei hat, desto höher ist die Wahrscheinlichkeit, dass es zu einer erfolgreichen Vermittlung kommt[56].

Weiteres Kostensenkungspotential ergibt sich für Intermediäre durch Verbundvorteile. Verbundvorteile treten auf, wenn die gemeinsame Produktion zweier Güter oder Dienstleistungen z_1, z_2 billiger ist als deren getrennte Produktion. Es gilt also $c(z_1, z_2) < c(z_1) + c(z_2)$ mit $c > 0$[57].

Im Bereich der Intermediäre können Verbundvorteile dann auftreten, wenn etwa das Vermakeln eines Gutes automatisch Informationen über ein anderes Gut und dessen Markt bringt. Dies führt dann dazu, dass ein Makler, der beide Güter vermakelt, *ceteris paribus* billiger ist als zwei Makler, die sich auf jeweils eins der Güter spezialisiert haben.

2.4. Makler, Agenten und asymmetrische Informationen

In der Literatur wird betont, dass der Informationsvorsprung der Intermediäre ein wichtiger Grund sei, sie in Transaktionen einzuschalten und dadurch potentielle Kostensenkungen zu erzielen. Gleichzeitig wird implizit oder explizit angenommen, dass die Mittler selbst ehrlich und integer sind[58]. Folgt man dieser Sichtweise, werden bei allen Verträgen mit Mittlern Probleme des opportunistischen Verhaltens ausgeklammert.

Diese Annahme ist in der Wirklichkeit aber nicht haltbar: Intermediäre können ihren Informationsvorsprung nicht nur zu Gunsten der Auftraggeber, sondern auch zu deren Lasten sowie zu Lasten der Vertragsgegenseite einsetzen und nur den *eigenen* Nutzen maximieren. Das klassische Prinzipal-Agenten-Problem, bei dem der Agent aufgrund von privaten Informationen prä- oder postkontraktuel-

---

55 Vgl. Bernard Caillaud und Bruno Jullien: Chicken and Egg: Competing Matchmakers, RAND Journal of Economics, Vol. 34 (2), Summer 2003, S. 309 ff.

56 Auf das Problem der *Common Agency*, also einer Situation, in der der Intermediär Agent *beider* Parteien ist, wird gesondert eingegangen.

57 Vgl. hierzu etwa Dennis W. Carlton und Jeffrey M. Perloff: Modern Industrial Organization, 3rd Edition, Reading 1999 , S. 44 ff. mit weiteren Nachweisen.

58 So etwa Armen A. Alchian: Why Money?, Journal of Money, Credit and Banking, Vol. 9 (1) Part 2, February 1977, S. 136.

les opportunistisches Verhalten an den Tag legt[59], ist auch bei Intermediären zu erwarten. Dies ist besonders offensichtlich, da der Nutzen der Intermediärseinschaltung genau darin liegt, Informationen, die die Vertragsparteien selbst nicht besitzen, durch den Intermediär „dazuzukaufen". Dies wird beispielsweise von *Zorn* und *Larsen*[60] sowie von *Levmore*[61] betont.

Problematisch ist jedoch, dass die Intermediärstätigkeit selbst ein Erfahrungsgut ist. Die Qualität der Dienstleistung kann erst bewertet werden, wenn sie erbracht wurde. Konsumenten benutzen demnach ein Erfahrungsgut, nämlich die Intermediärsdienstleistung, um Informationen über ein anderes Erfahrungsgut zu erhalten. Das Erfahrungsgutproblem verlagert sich folglich von den ursprünglich zu beurteilenden Gütern und Dienstleistungen auf die Beurteilung des Intermediärs. Eine mögliche bessere Information wird somit mit der Unsicherheit über die Qualität des Mittlers erkauft. *Pacces*[62] erklärt, dass den Intermediärskunden regelmäßig die Erfahrung fehle, die Qualität der Intermediäre zufrieden stellend zu bewerten und sie deswegen nicht sicher sein könnten, dass die ihnen gegebenen Informationen korrekt seien. Da die Erfahrungsguteigenschaft der Intermediärsleistung eine *ex ante* Qualitätsbewertung durch die Parteien ausschließt, haben Intermediäre den Anreiz, opportunistisch zu sein[63]. Es kann sogar argumentiert werden, dass die Intermediärsleistung ein Glaubensgut ist, da der Auftraggeber nicht sicher feststellen kann, ob der Intermediär tatsächlich korrekt gehandelt hat[64].

---

59 Vgl. für eine Lehrbuchdarstellung etwa Paul Milgrom und John Roberts: Economics, Organization and Management, Englewood Cliffs 1992, S. 125 ff. oder auch John W. Pratt und Richard Zeckhauser: Principals and Agents: An Overview, in: John W. Pratt und Richard Zeckhauser (Hrsg.): Principals and Agents: the Structure of Business, Boston 1985, S. 1 ff.

60 Vgl. Thomas S. Zorn und James E. Larsen: The Incentive Effects of Flat-Fee and Percentage Commissions for Real Estate Brokers, AREUEA Journal, Vol. 14 (1), 1986, S. 24 ff.

61 Vgl. Saul Levmore: Commissions and Conflicts in Agency Arangements: Lawyers, Real Estate Brokers, Underwriters and other Agents' Rewards, Journal of Law and Economics, Vol. 36 (1), April 1993, S. 505 ff.

62 Vgl. Alessio M. Pacces: Financial Intermediation in the Securities Market: Law and Economics of Conduct of Business Regulation, International Review of Law and Economics, Vol. 20 (4), December 2000, S. 479 ff.

63 Vgl. hierzu grundlegend Michael Darby und Edi Karni: Free Competition and the Optimal Amount of Fraud, Journal of Law and Economics, Vol. 16 (1), April 1973, S. 67 ff. Christian Eilinghoff: Ökonomische Analyse der Religion: Theoretische Konzepte und rechtspolitische Empfehlungen, Frankfurt 2004, S. 35 f. gibt einen kurzen Überblick über das Glaubens- und Erfahrungsgutproblem und seine Anreize auf Experten.

64 Vgl. Holger Bonus und Heribert Pauk: Der Immobilienmakler in der Dienstleistungsgesellschaft: Gedanken zum Berufsbild des Immobilienmaklers, Münster 1997, S. 7 f.

Der Intermediär kann den Anreiz haben, eine suboptimale Qualität anzubieten, wenn dies für ihn zu einer Gewinnsteigerung führt. Suboptimale Qualität bedeutet in diesem Zusammenhang beispielsweise, dass der Intermediär eine unvollkommene oder falsche Information weitergibt, die den Konsumenten zu einer Kaufentscheidung veranlasst, die bei richtiger Information nicht getroffen worden wäre. Da gerade bei Erfahrungs- und Glaubensgütern die Qualität *ex ante* vom Konsumenten nicht festgestellt werden kann, besteht ein Betrugsrisiko durch den Intermediär[65].

Die folgenden Betrachtungen beschränken sich aus Gründen der Übersichtlichkeit ausdrücklich auf Vertragsvermittler, d. h. Makler und Agenten, die kein eigenes Lager halten. Die besprochenen Probleme und deren Lösungsmöglichkeiten sind aber auch auf andere Intermediäre anwendbar.

2.4.1. Prinzipal-Agenten-Probleme

Prinzipal-Agenten-Probleme werden in der Literatur allgemein in zwei Typen eingeteilt. Man spricht von moralischem Risiko, wenn nach Vertragsschluss die Information zwischen Prinzipal und Agent asymmetrisch verteilt ist[66]. Sind die Informationen vor Vertragsschluss asymmetrisch verteilt, spricht man von adverser Selektion[67].

Sowohl verstecktes Handeln, als auch versteckte Information sind Unterformen des moralischen Risikos. Im Falle von verstecktem Handeln kann der Prinzipal die Handlungen des Agenten nicht oder nicht zufriedenstellend beobachten und eröffnet dem Agenten damit die Möglichkeit, den eigenen Nutzen und nicht den des Prinzipals zu maximieren. Ein typisches Beispiel hierfür ist die Anstrengung oder die Sorgfalt eines Arbeitnehmers, da der Prinzipal nur das Ergebnis beobachten kann, nicht jedoch den tatsächlichen Input des Agenten[68]. Übertragen auf Makler und Agenten bedeutet dies, dass der Auftraggeber als Prinzipal im Regelfall nicht erkennen kann, welchen Aufwand der Makler beziehungsweise Agent als Intermediär betreibt. Somit kann dieser nach Auftragsannahme seine Zeit und seinen Einsatz auf andere Tätigkeiten verwenden und sich nicht ausreichend um den ihm zugeteilten Auftrag kümmern. Dadurch kann es passieren,

---

65 Vgl. Michael Darby und Edi Karni: Free Competition and the Optimal Amount of Fraud, Journal of Law and Economics, Vol. 16 (1), April 1973, S. 67 ff.

66 Vgl. etwa John W. Pratt und Richard Zeckhauser (Hrsg.): Principals and Agents: The Structure of Business, Boston 1985, S. 38 ff. für eine eingängige Darstellung.

67 Vgl. Rudolph Richter und Eirik G. Furubotn: Neue Institutionenökonomik, 3. Auflage, Tübingen 2003, S. 175.

68 So etwa ausführlich Paul Milgrom und John Roberts: Economics, Organization and Management, Englewood Cliffs 1992, S. 125 ff.

dass der Prinzipal etwa zu lange auf den Nachweis eines Vertragspartners wartet, bei einem Kauf einen zu hohen Preis bezahlt oder auch im Falle eines Verkaufs einen zu niedrigen Preis erzielt.

Im Falle von versteckter Information benutzt der Agent private, dem Prinzipal nicht bekannte Informationen zu seinem eigenen Vorteil. So haben beispielsweise Arbeitnehmer private Informationen über ihre Leistungsbereitschaft, ihre Kenntnisse und ihre Fähigkeiten. Auch bei der Beziehung zwischen Intermediären und ihren Vertragspartnern ist das Problem versteckter Information grundsätzlich vorhanden, denn die Einschaltung eines Intermediärs ist gerade durch dessen Informationsvorsprung motiviert. Der Prinzipal erhofft sich, dass der Intermediär als Agent den Informationsvorsprung dazu benutzt, eine bessere Entscheidung zu treffen als es dem Prinzipal möglich wäre. Allerdings kann der Prinzipal nicht sicherstellen, dass der Agent diese Informationen tatsächlich in einer Art und Weise benutzt hat, die den Prinzipalsnutzen maximiert[69].

Bei *ex ante* fehlender Differenzierbarkeit zwischen verschiedenen Intermediären kann vor Vertragsschluss asymmetrisch verteilte Information zum bekannten Problem der adversen Selektion führen[70]. Falls die Intermediäre keine zuverlässigen Qualitätssignale senden[71], können die Prinzipale die Qualität der von den Intermediären angebotenen Leistung nicht unterscheiden und somit nicht zwischen Anbietern von hoher und niedriger Qualität differenzieren. Geht man davon aus, dass Intermediäre für bessere Qualität höhere Kosten haben, gibt es in diesem Fall *ceteris paribus* zwei unterschiedliche Preise für die Intermediärsdienstleistung, nämlich einen Preis für gute Qualität, charakterisiert als geringe Neigung zu opportunistischem Verhalten, und einen Preis für schlechte Qualität, also mit einer hohen Neigung zu opportunistischem Verhalten. Das Problem ist nun, dass die Intermediäre geringer Qualität einen großen Anreiz haben, für ihre Leistungen den Preis für gute Qualität zu nehmen. Da die Prinzipale wissen, dass sowohl Anbieter von guter als auch Anbieter von schlechter Qualität auf dem Markt sind, werden sie nur bereit sein, einen Preis zu zahlen, der zwischen dem Preis für gute und dem Preis für schlechte Qualität liegt. Dies bedeutet aber, dass Intermediäre guter Qualität im Zeitablauf den Markt verlassen werden und ausschließlich schlechte Qualität angeboten wird.

---

69 Vgl. John W. Pratt und Richard Zeckhauser (Hrsg.): Principals and Agents: the Structure of Business, Boston 1985, S. 39 f.

70 Vgl. George A. Akerlof: The Market for 'Lemons': Quality Uncertainty and the Market Mechanism, Quarterly Journal of Economics Vol. 84 (3), August 1970, S. 488 ff.

71 Die Zertifizierung durch Verbände wie dem RDM (Ring Deutscher Makler) kann als Versuch gewertet werden, ein verläßliches Gütesiegel zu etablieren und damit zumindest teilweise das Problem der adversen Selektion zu bekämpfen.

Die typische Lösung dieser Prinzipal-Agenten-Probleme wird in der Schaffung kompatibler Anreize gesehen, durch die die Interessen des Agenten denen des Prinzipals möglichst nah angeglichen werden[72]. Dies geschieht in der Regel dadurch, dass die Bezahlung des Agenten an das für den Prinzipal erwirtschaftete Ergebnis gebunden wird[73]. Weitere Lösungsmöglichkeiten sind Lizenzen, wiederholte Transaktionen und die damit in Verbindung stehenden Reputationseffekte. In den folgenden Abschnitten dieser Arbeit soll zuerst geprüft werden, ob die möglichen Interessenkonflikte zwischen Intermediär und den Vertragsparteien durch geeignete Entlohnungsmodelle aufgelöst werden können. Anschließend ist zu untersuchen, ob andere Lösungsmöglichkeiten potentielles Fehlverhalten des Mittlers wirkungsvoll unterbinden können.

2.4.2. Die Anreizwirkung verschiedener Entlohnungssysteme

Intermediäre können auf unterschiedliche Arten für ihre Tätigkeit entlohnt werden, wobei die Provisionszahlung sicherlich die größte Verbreitung hat[74]. Hierbei wird der Intermediär prozentual in Abhängigkeit vom Wert des vermakelten Gutes oder der vermakelten Dienstleistung bezahlt. So erhalten Wohnungsmakler in der Regel eine Maklerprovision in Höhe von 2 Nettokaltmieten zuzüglich der gesetzlichen Umsatzsteuer[75]. Kursmakler der Frankfurter Wertpapierbörse erhalten für die Vermittlung von Börsengeschäften in Aktien, Optionsscheinen und anderen stücknotierten Titeln eine Gebühr in Höhe von 0,8 Promille des

---

72 Vgl. etwa ausführlich Paul Milgrom und John Roberts: Economics, Organization and Management, Englewood Cliffs 1992, S. 125 ff. mit weiteren Nachweisen.

73 Dies kann auf mehreren Wegen geschehen. Der klassische Stückakkord gehört ebenso dazu, wie die ergebnisabhängige Bezahlung von Verkaufspersonal oder der *Employee Stock Option Plan*. Vgl. hierzu ausführlich James N. Baron und David M. Kreps: Strategic Human Ressources: Frameworks for General Managers, New York 1999, S. 243 ff. Für eine Anwendung auf das Prinzipal-Agenten-Verhältnis zwischen Anwälten und deren Klienten vgl. A. Mitchell Polinsky und Daniel L. Rubinfeld: A Note on Settlements under the Contingent Fee Method of Compensating Lawyers, International Review of Law and Economics, Vol. 22 (2), August 2002, S. 217 ff. Zu Aktienoptionsplänen und ihren möglichen Fehlanreizen vgl. Michael Adams: Vorstandsvergütungen: Die Fälle Mannesmann und DaimlerChrysler, in: Hans G. Nutzinger (Hrsg.): Regulierung, Wettbewerb und Marktwirtschaft, Festschrift für Carl Christian von Weizsäcker zum 65. Geburtstag, Göttingen 2003, S. 295 ff.

74 Dies zeigt sich auch am gesetzlichen Leitbild der Makler und Handelsvertreter in der Bundesrepublik Deutschland. Beide werden nach den geltenden Regeln mit einer wert- und erfolgsabhängigen Provision entlohnt.

75 Dies ist der Maximalbetrag, den Vermittler von Wohnraum nach §3 Abs. 2 des WohnungsvermittlungsG erheben dürfen.

Kurswertes[76]. Reisemittler erhalten regelmäßig eine Vermittlungsprovision, die zwischen 5 % und 12 % des Reisepreises beträgt[77].

Unter einer Transaktionsgebühr ist eine Zahlung zu verstehen, die weitgehend unabhängig vom Wert des vermittelten Geschäfts ist und somit für die Transaktion beziehungsweise die vom Mittler erbrachte Leistung selbst erhoben wird. Eine andere Art der Bezahlung ist die vom Wert unabhängige Transaktionszahlung. Sie ist somit im Gegensatz zur Provisionszahlung erfolgsunabhängig.

Unabhängig von der Form der Bezahlung und den tatsächlichen rechtlichen Ausgestaltungen von Verträgen stehen Auftraggeber und ihre Intermediäre in einer Prinzipal-Agenten-Beziehung. In dieser delegiert der Prinzipal Aufgaben an den Intermediär und verspricht sich dadurch einen Vorteil. Der Intermediär kann durch die eigenen Handlungen und Anstrengungen zumindest mittelbar das Ergebnis des Prinzipals beeinflussen: je größer die Anstrengung des Intermediärs bei der Aufgabenerfüllung, desto besser das zu erzielende Ergebnis und damit auch der Gewinn des Prinzipals. Die Anstrengung des Intermediärs ist für diesen mit den verschiedensten Kosten verbunden, so dass er als individueller Nutzenmaximierer versuchen wird, seine Anstrengung zu minimieren.

Das Verhalten von Prinzipal und Intermediär kann durch folgende einfache Überlegungen beschrieben werden: Der aus einer Transaktion resultierende Gewinn Π des Prinzipals setzt sich zusammen aus seinen von der Anstrengung e des Intermediärs abhängigen Einnahmen R abzüglich der Zahlung an den Intermediär S sowie sonstiger Kosten C, so dass

(1) $\Pi = R(e) - S - C.$

Der Intermediär zieht aus seiner Tätigkeit einen von der Anstrengung abhängigen Nutzen B, dieser besteht aus den Zahlungen des Prinzipals abzüglich der Kosten der Anstrengung $u(e)$. Demnach gilt

(2) $B(e) = S - u(e).$

---

[76] Vgl. § 2 der Gebührenordnung für die Tätigkeit der Kursmaklerinnen und Kursmakler an der Frankfurter Wertpapierbörse vom 16. August 1999.

[77] Diese erfolgsabhängige Provision wird aktuell von den Linienfluggesellschaften abgeschafft und durch eine Transaktionsgebühr ersetzt. So experimentiert die SAS in ihren Heimatmärkten in Skandinavien seit einiger Zeit mit einer reinen Transaktionsgebühr und Singapore Airlines hat diese zum 01.01.2001 für in Singapur durch Reisemittler verkaufte Flüge eingeführt. Vgl. Tobias Jüngert und Steffen Felger: Lufthansa im Sinkflug Richtung Flat Fee, FVW International, Nr. 30, 24. November 2000, S. 35 ff. In manchen Bereichen hat es sich jedoch eingebürgert, die Höhe der Transaktionsgebühr grob am Wert der Transaktion zu orientieren. Dies ist beispielsweise bei amerikanischen *Discount Brokers* der Fall. Vgl. John Markese: Discount Broker Guide: The Mutual Fund Supermarket, AAII Journal, September 2000, S. 7 ff.

Es ist einfach zu sehen, dass der Intermediär seinen Nutzen dadurch maximiert, dass er seine Kosten, und damit seine Anstrengung, minimiert. Dieses Verhalten ist nicht im Interesse des Prinzipals, da dieser an einer möglichst großen Anstrengung des Intermediärs interessiert ist. Entsprechend ausgearbeitete Provisionszahlungen reizen den Intermediär zu größerer Anstrengung an.

2.4.2.1. Provisionszahlungen

Kommt es aufgrund seiner Bemühungen mittel- oder unmittelbar zu einem Vertragsabschluss zwischen Tauschparteien, so erhält der Mittler eine an den Transaktionswert geknüpfte Provisionszahlung. Das angebotene Produkt des Intermediärs ist folglich das erfolgreiche *Matching* von Anbieter und Nachfrager einer Dienstleistung oder eines Gutes. Der Intermediär kann unterschiedliche Anstrengung in das Suchen von geeigneten Vertragspartnern investieren. Mit der Menge der investierten Anstrengung beeinflusst er direkt das Ergebnis des Matchingprozesses und damit den Gewinn des Prinzipals. Da Anstrengung nicht kostenlos ist, wählt der Intermediär die gewinnmaximierende Anstrengung[78].

Für den Auftraggeber ergibt sich nun das Problem eine geeignete Provisionsstruktur zu finden, so dass der Intermediär eine den Gewinn des Prinzipals maximierende Anstrengung wählt. In der klassischen Prinzipal-Agenten-Theorie[79] wird hierbei davon ausgegangen, dass der Prinzipal entweder die Anstrengung des Intermediärs direkt beobachten oder zumindest vom Ergebnis der Intermediärstätigkeit auf die Anstrengung rückschließen kann[80]. Die Anstrengung des Intermediärs beeinflusst sowohl den Gewinn des Prinzipals, als auch dessen Zahlung an den Intermediär. Die Gewinnfunktion des Prinzipals kann analog zu (1) beschrieben werden als:

(3) $\Pi = R(e) - S(e) - C$.

Auch der Intermediär zieht einen Nutzen aus seiner Tätigkeit, nämlich die Bezahlung, die er vom Prinzipal erhält abzüglich der durch seine Anstrengung für ihn entstehenden Kosten. Demnach gilt:

---

78 Neben den durch die Anstrengung entstehenden Kosten, fallen für den Intermediär weitere mit dem Auftrag zusammenhängende Kosten an. Neben den für den Intermediär selbst anfallenden Such-, Informations- und andere direkt mit dem Gut oder der Dienstleistung zusammenhängenden Kosten können dies auch Beratungskosten des Auftraggebers sein.

79 Für eine zusammenfassende Darstellung des Prinzipal-Agenten-Modells vgl. etwa Jean-Jacques Laffont und David Martimort: The Theory of Incentives: The Principal-Agent-Model, Princeton, Oxford 2002, S. 145 ff. oder Rudolph Richter und Eirik G. Furubotn: Neue Institutionenökonomik, 3. Auflage, Tübingen 2003, S. 173 ff. m. w. N.

80 Diese problematischen Annahmen werden gesondert diskutiert. Im Interesse einer einfachen Darstellung des Prinzipal-Agenten-Problem und seiner Lösung werden sie vorerst verwendet.

(4) $B(e) = S(e) - u(e)$.

Unter der Modellannahme, dass sowohl die Gewinnfunktion des Prinzipals, als auch die Kosten des Intermediärs beiden Parteien bekannt sind, kann der Prinzipal eine Bezahlungsstruktur anbieten, die dazu führt, dass der Intermediär durch seine eigene Nutzenmaximierung auch den Nutzen des Prinzipals maximiert. Wenn nun *e* durch den Prinzipal beobachtbar ist, so kann dieser die Zahlung an den Intermediär in ein von der Anstrengung unabhängiges Fixum *K* und eine anstrengungsabhängige Zahlung *U*(*e*) aufspalten. Folglich ist

(5) $S(e) = K + U(e)$

und Nutzen des Intermediärs

(6) $B(e) = K + U(e) - u(e)$.

Die Gewinne des Intermediärs aus seiner Anstrengung sind also stets genau so hoch wie die mit dieser Anstrengung verbundenen Kosten. Der Intermediär ist damit indifferent, welche Anstrengung *e* von ihm geleistet wird, da stets $B(e) = K$ für alle *e*. Da nun annahmegemäß *e* für den Prinzipal beobachtbar ist, kann er auch das gewinnmaximale Anstrengungsniveau e^* festlegen und überprüfen.

Ist *e* jedoch für den Prinzipal nicht zu beobachten, bringt eine Änderung der Bezahlungsstruktur dennoch das gewünschte Ergebnis. Die Zahlung des Prinzipals an den Intermediär wird so geändert, dass der Intermediär statt des Fixums einen (anstrengungsabhängigen) Gewinnanteil α erhält. Folglich gilt

(7) $S(e) = U(e) + \alpha\Pi(e)$.

Zwar ist *e* nun nicht beobachtbar, aber nach der Modellannahme ist *u*(*e*) dem Prinzipal bekannt. Er kann somit *U*(*e*)=*u*(*e*) setzen und der Intermediär hat demnach einen Nutzen von

(8) $B(e) = \alpha\Pi(e)$.

Das Ergebnis ist demnach eine Gewinnteilung zwischen Prinzipal und Intermediär, bei der der Prinzipal $(1-\alpha)\Pi$ und der Intermediär $\alpha\Pi$ erhält.

Zum Zeitpunkt des Vertragsschlusses zwischen Intermediär und dem Auftraggeber als Prinzipal ist für den Intermediär die Bezahlung jedoch unsicher, denn die erfolgreiche Vermittlung des Gutes oder der Dienstleistung hängt schließlich nicht vollkommen von der Anstrengung des Intermediärs ab. So ist etwa das Marktumfeld vom Intermediär nicht beeinflussbar. Auch der letztendlich realisierte Transaktionswert unterliegt nur begrenzt dem Einfluss des Intermediärs. Dies führt dazu, dass sich der Intermediär über die tatsächliche Provisionshöhe nicht sicher ist, da der letztendlich erzielte Preis nur *ex post* festgestellt werden kann und *ex ante* bestenfalls eine subjektive Einschätzung darüber vorliegt. Es handelt sich hier also um eine Situation unter Risiko. Es ergeben sich demnach zwei Abwandlungen des grundlegenden Modells, nämlich die fehlende perfekte Rückschlussmöglichkeit vom Ergebnis der Intermediärstätigkeit auf die Anstrengung und möglicherweise Risikoaversion bei Agent und/oder Prinzipal. Für die Intermediärsbezahlung bedeutet dies, dass ein risikoprämienäquivalentes Fixum E Bestandteil der Entlohnung sein muss, da der Agent ansonsten das vom Prinzipal angebotene Entlohnungsschema ablehnt. Die Zahlung des Prinzipals an den Agenten ändert sich folglich zu

(9) $S(e) = E + \alpha\Pi(e)$.

Für den Agentennutzen bedeutet dies, dass

(10) $B(e) = EU[E + \alpha\Pi(e)] - u(e)$.

Die Gewinnfunktion des Prinzipals ist somit

(11) $\Pi = R(e) + \tilde{R} - E - C$,

wobei $\tilde{R}$ die anstrengungsunabhängigen zufallsbestimmten Einnahmen des Prinzipals sind.

Eine Anreizbezahlung der oben skizzierten Form führt folglich dazu, dass der Mittler seine Anstrengungen steigert und damit der Gewinn für seinen Prinzipal zunimmt. Solche Anreizbezahlungen sind folglich ein geeignetes Instrument, wenn der Prinzipal Güter oder Dienstleistungen zu einem *ceteris paribus* möglichst hohen Preis verkaufen möchte.

Die hier skizzierten einfachen Ergebnisse des Prinzipal-Agenten-Ansatzes sind nicht unproblematisch: *Richter* und *Furubotn* verweisen auf die implizite Annahme, dass alle für den Vertrag zwischen Prinzipal und Agent maßgeblichen Probleme *ex ante* gelöst werden und dass gerichtliche Regelungen wirksam und kostenlos sind. Außerdem werden einmal geschlossene Verträge stets vollkommen erfüllt[81]. Aus dem Blickwinkel der ökonomischen Analyse des Rechts ist der Ausschluss eines Vertragsbruchs fragwürdig. Da Parteien aufgrund positiver Transaktionskosten nie in der Lage sind, vollkommene Verträge zu schließen, kann es zu Situationen kommen, in denen sich die Vertragspartner *ex ante* dazu entschließen, einige Bereiche ungeregelt zu lassen. Sollte das nicht geregelte Risiko eintreten, liegt es also an den Gerichten, diese Lücke *ex post* nach dem zum Zeitpunkt des Vertragsschlusses vermutlichen Willens der Vertragsparteien zu füllen[82]. Außerdem können die Vertragsparteien einen geschlossenen Vertrag brechen, wenn sich dadurch ihr Nutzen erhöhen. Denn für jede Partei ist die Vertragserfüllung mit Kosten verbunden. Falls diese Kosten *ex post*, d. h. nach

81 Vgl. Rudolph Richter und Eirik G. Furubotn: Neue Institutionenökonomik, 3. Auflage, Tübingen 2003, S. 237 f.

82 Vgl. etwa Robert Cooter und Thomas Ulen: Law and Economics, 4th Edition, Reading, MA et al. 2004, S. 211 f.

Vertragsschluss ansteigen und so hoch werden, dass sie den Nutzen aus dem Vertrag übersteigen, ist es für die betroffene Partei rational, den Vertrag zu brechen. Durch die gesetzlichen Ersatzansprüche wird die vom Bruch betroffene Gegenpartei teilweise oder vollständig kompensiert. Durch kompensierenden Schadensersatz wird sichergestellt, dass der der Gläubiger stets indifferent zwischen Vertragsbruch und Vertragserfüllung ist[83], aber die Rechtsdurchsetzung selbst ist mit Kosten verbunden, die in Abhängigkeit vom jeweilig gültigen zivilprozessualen Kostenersatzrecht auch im Fall eines Prozessgewinns nicht vollkommen ersetzt werden[84]. Die in der Prinzipal-Agenten-Theorie verbreitete Annahme, dass Verträge also stets erfüllt werden, ist nicht überzeugend. Dies gilt umso mehr für viele Verträge, bei denen der Prinzipal eine jederzeit ausübbare Ausstiegsmöglichkeit hat[85].

Weitere Probleme zeigen sich bei der Betrachtung der Informationsstände: Einerseits ist der Prinzipal in den einfachen Formulierungen des Ansatzes vollständig über die Verläufe der Kosten- und Nutzenfunktionen des Agenten informiert, andererseits hat er keinerlei Möglichkeiten, die Anstrengung des Agenten zu beobachten[86]. Es wird somit angenommen, dass der Prinzipal vollkommene und richtige Informationen über die sehr viel schwerer zu überprüfenden Eigenschaften des Agenten besitzt, die relativ dazu gesehen einfachere Beobachtung der Anstrengung aber misslingt. Man könnte nun argumentieren, dass der Prinzipal aufgrund wiederholter Transaktionen mit Agenten eine konsistente subjektive Einschätzung über die Eigenschaften der Agenten besitzt oder zumindest in der Lage ist, den Agenten ein geeignetes Bündel von Anreizverträgen vorzulegen, so dass diese über ihre Wahl die Eigenschaften signalisieren[87]. Doch

---

83 Vgl. hierzu Robert Cooter und Thomas Ulen: Law and Economics, 4th Edition, Reading, MA et al. 2004, S. 254 ff.

84 Vgl. Michael Adams: Kostenersatzrecht – Ein Prozeßordnungsvergleich aus ökonomischer Sicht, in: Bundesministerium für Justiz, Peter Lewisch, Walter H. Rechberger (Hrsg.): 100 Jahre ZPO: Ökonomische Analyse des Zivilprozesses, Wien 1998, S. 225 ff.

85 Dies ist etwa dann der Fall, wenn ein Prinzipal mehrere Agenten gleichzeitig beschäftigen kann. Diese Strategie ist für den Prinzipal besonders interessant, da sie *ceteris paribus* die kumulierten Erfolgswahrscheinlichkeiten eines Vertragsabschlusses steigert und obendrein für ihn auch noch kostenlos ist, da nur derjenige Agent bezahlt wird, der zum Vertragsschluss beiträgt. Agenten werden sich in einem solchen Fall also dadurch schützen, dass sie eine Alleinauftragsklausel verlangen und der Auftraggeber somit nicht für ein und denselben Auftrag mehrere Agenten beschäftigt. Eine Provisionszahlung führt in Situationen ohne Alleinauftrag dann *ceteris paribus* zu einem geringeren Arbeitsanreiz des Agenten.

86 So Rudolph Richter und Eirik G. Furubotn: Neue Institutionenökonomik, 3. Auflage, Tübingen 2003, S. 238.

87 Zur Funktion des *Signalling* auf Arbeitsmärkten vgl. etwa Michael Spence: Job Market Signaling, Quarterly Journal of Economics, Vol. 87, 1973, S. 355 ff.

selbst wenn, entgegen dem grundlegenden Prinzipal-Agenten-Modell, wiederholt Transaktionen durchgeführt werden, ist nicht sichergestellt, dass die relevanten Eigenschaften des Agenten tatsächlich vom Prinzipal beobachtet werden können. Auch die Fähigkeit, Agenten ein geeignetes Bündel von Anreizverträgen vorlegen zu können und somit durch deren Selbstselektion Rückschlüsse auf ihre Eigenschaften zu ziehen, erfordert Informationen, die nicht von allen Prinzipalen genutzt werden können und extrem kompliziert sind. Dies ist vor allem unrealistisch für viele alltägliche Transaktionen, die zwischen uninformierten Prinzipalen und spezialisierten, besser informierten Agenten durchgeführt werden.

Bei der Analyse wurde bisher davon ausgegangen, dass sich der Prinzipal des Intermediärs ausschließlich an einer bestimmten Größe wie etwa dem Gewinn orientiert. Tatsächlich ist die Provision meist an den Wert der Transaktion gekoppelt. Dies impliziert, dass es sich bei den Intermediärsaufgaben um recht einfach strukturierte Tätigkeiten handelt. Intermediärsaufgaben sind aber häufig ein Bündel von verschiedenen Funktionen. Da Intermediäre oftmals verschiedene, manchmal einander widersprechende Aufgaben ausführen, müsste die Anreizbezahlung deshalb an mehreren Outputgrößen festgemacht werden[88]. Die Schwierigkeit der Anreizbezahlung bei Mehrfachaktivitäten ist die Zahlung des Prinzipals an den Agenten so zu gestalten, dass alle Tätigkeiten des Agenten marginal gleich bezahlt werden. Denn nur dann ist sicher gestellt, dass sich der Agent nicht nur auf eine Tätigkeit konzentriert[89]. Da es außerdem wahrscheinlich ist, dass die Ergebnisse der Tätigkeiten unterschiedlich genau beobachtet werden können, muss sich die Anreizintensität an der schlecht beobachtbaren Aktivität orientieren[90]. Diese Zusammenhänge verkomplizieren die Überlegungen noch weiter und senken damit *ceteris paribus* die Wahrscheinlichkeit, dass ein vom Agenten anzubietender Anreizvertrag das Prinzipal-Agenten-Problem effizient zu lösen vermag.

Zusammenfassend lässt sich festhalten, dass eine Provisionszahlung nur dann die Interessen von Auftraggeber und Intermediär in Übereinstimmung bringt, wenn beide lediglich an einem möglichst hohen Preis interessiert sind. Dies ist der Fall, wenn der Auftraggeber Anbieter eines Gutes oder einer Dienstleistung ist.

---

88 Vgl. Bengt Holmstrom und Paul Milgrom: Multitask Principal-Agent Analyses: Incentive Contracts, Asset Ownership, and Job Design, Journal of Law, Economics, & Organization, Vol. 7 (1), 1991, S. 24 ff.

89 Dies bezeichnet man als Equal Compensation Principle. Vgl. hierzu auch Paul Milgrom und John Roberts: Economics, Organization, and Management, Englewood Cliffs 1992 , S. 228 ff.

90 Zur Anreizintensität vgl. auch Paul Milgrom und John Roberts: Economics, Organization, and Management, Englewood Cliffs 1992, S. 221 ff.

2.4.2.2. Das Konzept der „Reverse Commission“

Die vorstehenden Ausführungen zeigen, dass die klassischen Provisionszahlungen nur dann das Prinzipal-Agent-Problem lösen können, wenn der Makler als Agent des Anbieters eines Gutes oder einer Dienstleistung auftritt und dieser einen möglichst hohen Preis realisieren möchte. Erwartet der Prinzipal hingegen einen möglichst günstigen Preis, ist das normale Provisionsschema ungeeignet, denn es gibt dem Agenten falsche Anreize. Eine Lösung für eine solche Situation liegt darin, die Provision in irgendeiner Art und Weise an eine Preissenkung zu koppeln. Dies könnte beispielsweise dadurch geschehen, dass der Auftraggeber dem Intermediär einen Höchst- oder Zielpreis vorgibt und diesen mit einer Grundprovision verknüpft. Falls der Intermediär nun Vertragsabschlussmöglichkeiten mit einem niedrigeren Preis nachweisen kann, steigt seine Provision. Zur Veranschaulichung dient folgendes Beispiel:

Eine Partei möchte ein Gut einer bestimmten Qualität zu einem möglichst günstigen Preis kaufen und setzt dafür einen Zielpreis von € 100000fest, der auch gleichzeitig ihre maximale Zahlungsbereitschaft darstellt. Die Grundprovision beträgt 10%. Weiterhin soll gelten, dass jede Preissenkung um € 1000 mit einer Provisionssteigerung um 1% verknüpft wird. Für den Intermediär bedeutet dies, dass er bei der Ausgangslage eine Provision von $P = 0{,}1 \cdot 100000 = 10000$ erwarten kann. Falls der Intermediär nun eine Vertragsabschlußmöglichkeit für € 90000 nachweisen kann, so erhält er eine Provision in Höhe von $P = 0{,}2 \cdot 90000 = 18000$[91]. In tabellarischer Form bedeutet dies:

Preis in €	Provisionssatz	Provision in €	Total in €
0	1,00	0	0
10000	1,00	10000	20000
20000	0,90	18000	38000
30000	0,80	24000	54000
40000	0,70	28000	68000
50000	0,60	30000	80000
60000	0,50	30000	90000
70000	0,40	28000	98000
80000	0,30	24000	104000
90000	0,20	18000	108000
100000	0,10	10000	110000

Tabelle 4: Provisionshöhe und totale Kosten in € bei *Reverse Commission*

[91] Es muss jedoch darauf geachtet werden, dass die prozentuale Provisionssteigerung hoch genug ausfällt. Hätte der Auftraggeber etwa im Beispiel die Provision für jede Ersparnis in Höhe von € 10000 um 1% erhöht, so würde die Provision des Intermediärs auf P=0,11·90000=9900 sinken. Der Intermediär hätte in einem solchen Fall keinen Anreiz, eine günstigere Vertragsabschlußmöglichkeit nachzuweisen.

Es lässt sich aber auch erkennen, dass der Mittler als Gewinnmaximierer nicht versucht, den Transaktionswert beliebig weit zu senken, da trotz steigender Provisionssätze die Abnahme des Transaktionswertes die tatsächlich erzielte Provision nach einem Maximum absinken lässt. Die nachstehende Grafik zeigt, dass dies beim genannten Beispiel ab einem Transaktionswert von € 55000 der Fall ist.

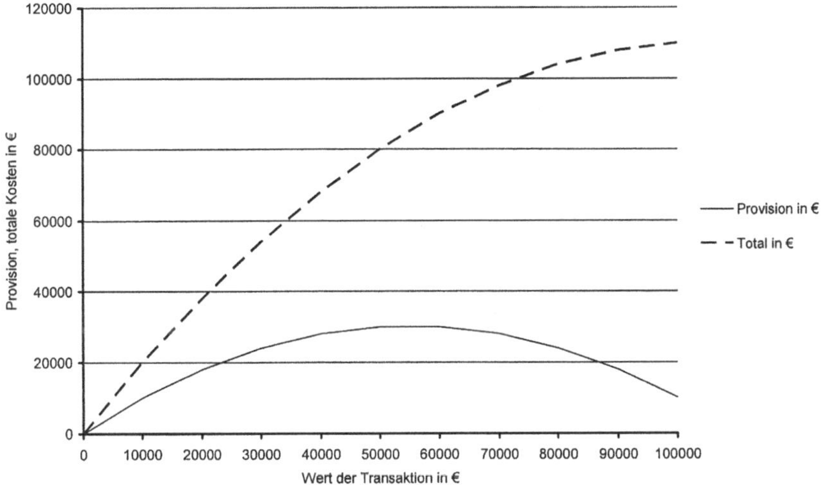

Abbildung 2-1: Provisionsverlauf und totale Kosten bei Reverse Commission

Der Anreiz einer solchen Provisionsregelung auf den Intermediär ist unmittelbar klar. Da er durch den Nachweis günstigerer Preise *ceteris paribus* seine Provision steigern kann, wird er seine Anstrengung darauf konzentrieren. Eine Provisionsregelung nach dem Muster der *Reverse Commission* kann also das Prinzipal-Agenten-Problem zumindest teilweise lösen, wenn der Auftraggeber an einem möglichst geringen Preis interessiert ist. Die oben skizzierten Kritikpunkte am Prinzipal-Agenten-Ansatz gelten auch im Fall der *Reverse Commission.*

2.4.2.3. Provisionszahlungen bei doppelter Agentenstellung

Unter doppelter Agentenstellung versteht man Konstellationen, in denen der Intermediär als Agent beider Vertragsparteien auftritt. Sie ist eine Ausprägung der in der ökonomischen Literatur als *Common Agency* bezeichneten Gruppe von Prinzipal-Agenten-Problemen. *Bernheim* und *Whinston*[92] unterscheiden hierbei

92 Vgl. B. Douglas Bernheim und Michael D. Whinston: Common Agency, Econometrica, Vol. 54 (4), July 1986, S. 923 ff.

zwischen der so genannten *Instrinsic Common Agency* und der *Delegated Common Agency*. Diese unterscheiden sich vor allem darin, wer die Entscheidung trifft, den Agenten zum Interessenvertreter aller Prinzipale zu machen. Im Falle der *Instrinsic Common Agency* wird dem Agenten die gemeinsame Interessenvertretung durch eine außenstehende Institution zugewiesen. Bei *Delegated Common Agency* wird dies durch voneinander unabhängige Entscheidungen der Prinzipale, wie beispielsweise der Wahl eines Immobilienmaklers durch Vermieter und Mieter, selbst getan.

Da der Agent Vertreter beider Prinzipale und derer einander widersprechenden Interessen ist, kann es zu einem Wettbewerb zwischen den Prinzipalen um die Stärke der Interessenvertretung durch den Agenten kommen. Dies ist etwa dann Fall, wenn ein Vermieter einer Immobilie einen Intermediär beauftragt, nach einem geeigneten Mieter zu suchen und der Intermediär diesen aus seinem Bestand der Mietinteressenten nimmt[93]. Auffällig ist hierbei vor allem der Interessengegensatz zwischen Vermieter und Mieter: während der Vermieter an einer möglichst hohen Miete interessiert ist, möchte der Mieter eine möglichst niedrige Miete zahlen. Eine unkoordinierte Anreizbezahlung kann diese Situation nicht auflösen. Dabei ist es unerheblich, wer welche Provisionslast zu tragen hat. Eine klassische Provisionsregelung, die mit steigendem Wert der Transaktion zu einer höheren Provision führt, bevorzugt den Vermieter, während eine *Reverse Commission* die Interessen des Mieters unterstützt. Auch eine Kombination beider Provisionsregelungen ist aus mehreren Gründen nicht praktikabel. Im Idealfall müsste diese Kombination nämlich derart konstruiert sein, dass die Provision des Intermediärs unabhängig vom Wert der Transaktion ist. Nur dann hätte er keinen Anreiz, einen der beiden Vertragspartner zu benachteiligen. Auf der anderen Seite würde damit auch der Sinn einer Intermediärseinschaltung zum Teil verloren gehen, denn schließlich möchte man durch den Agenten wirkungsvoll in seinen Interessen vertreten werden. Außerdem scheint die Annahme, dass es zu einer wertunabhängigen Provisionsregelung kommen kann, unrealistisch, denn dies würde bedeuten, dass sich die beiden Vertragspartner des Intermediärs über ein abgestimmtes Provisionsregime verständigen[94]. Falls sie dies tun, ist aber nicht einzusehen, warum sie nicht gleich über die Transaktion selbst verhandeln. Denn gerade für ungeübte Parteien ist es schwierig, eine Anreizbezahlung zu entwickeln, die den oben genannten Anforderungen genügt. Vor allem strategisches Verhalten beider Parteien lässt eine solche abgestimmte Anreizbezahlung unwahrscheinlich erscheinen. Da die Parteien jeweils asymmetrisch über die Präferenzen informiert sind, besteht für sie die Möglichkeit, die eigenen

---

93 Vgl. Heribert Pauck: Analyse des Immobilienmaklers, Münster 1994, S. 76 ff.

94 Vgl. B. Douglas Bernheim und Michael D. Whinston: Common Agency, Econometrica, Vol. 54 (4), July 1986, S. 923 ff.

Interessen in der Verhandlung stärker zu verwirklichen. Sie wenden damit Kosten auf, die den zu verteilenden Kooperationsgewinn verringern.

Die Gefahr, Opfer strategischen Verhaltens zu werden, kann verringert werden, wenn man bessere Kenntnis über die Präferenzen der Gegenseite hat. Folglich kann es sinnvoll sein, die Gegenseite zur Präferenzoffenbarung zu bewegen. Die hierzu notwendigen Mechanismen sind nicht kostenlos, so dass auch hierdurch der zu verteilende Kooperationsgewinn verringert wird. Die mit strategischem Verhalten bei doppelter Agentenstellung verbundenen Kosten können folglich so hoch sein, dass sie die möglichen Gewinne aus der Intermediärseinschaltung aufzehren.

Da eine kooperative Lösung ausscheidet, kommt es zu einem Wettlauf zwischen beiden Vertragsparteien um den Intermediär. Jede Seite hat den Anreiz, ein möglichst attraktives Entlohnungsmodell anzubieten. Dies führt dazu, dass sich der Intermediär diejenigen ökonomischen Renten der Transaktion aneignet, die die Prinzipale nur durch seine Einschaltung erzielen können. Er kann sich folglich die für die Prinzipale aus seiner Tätigkeit erwachsenden Gewinne aneignen.

2.4.2.4. Transaktionsgebühren

Bei Transaktionsgebühren handelt es sich um Zahlungen des Auftraggebers an den Intermediär, die ohne direkte Bezug zum Wert der Transaktion sind. Für den Intermediär sind sie vorteilhaft, da mit Auftragsannahme die Zahlung, von den üblichen Ausfallrisiken, wie etwa der Insolvenz des Auftraggebers einmal abgesehen, bereits sicher ist. Ein gewinnmaximierender Intermediär wird folglich versuchen, die mit dem Auftrag verbundenen Kosten zu minimieren, was durch den einfachstmöglichen Vertragsabschluss geschehen kann. Allerdings ist für den Auftraggeber dann nicht sichergestellt, dass der seinen Bedürfnissen am besten entsprechende Vertrag abgeschlossen wird. Hierzu müssen vielmehr im Vertrag zwischen Intermediär und Auftraggeber Klauseln verankert werden, die den genauen Leistungsumfang beschreiben. Am Beispiel von Reisemittlern lässt sich anschaulich zeigen, warum Transaktionsgebühren dazu führen können, dass die Präferenzen des Auftraggebers vom Intermediär missachtet werden: Der Reisemittler maximiert seinen Gewinn bei einer Transaktionsgebühr *ceteris paribus* dadurch, dass er die Vermittlungskosten minimiert. Dies kann er dadurch erreichen, dass beispielsweise diejenige Flugverbindung gebucht wird, die zuerst vom Reservierungssystem ausgegeben wird. Dies muss aber nicht unbedingt die preisgünstigste Verbindung sein. Um stets die preisgünstigste Verbindung zu erhalten, muss dies vom Auftraggeber entsprechend vertraglich regelt werden.

Zorn und *Larsen*[95] zeigen, dass ein an einem möglichst hohen Verkaufspreis interessierter Prinzipal die Anreize aus einer Transaktionsgebühr dadurch steigern kann, dass eine Preisuntergrenze definiert wird, die für eine Transaktion mindestens erfüllt sein muss. Außerdem steigert eine begrenzte Auftragsdauer die Anreize für den Intermediär.

Da es sich für den Auftraggeber bei den Transaktionsgebühren um sichere Zahlungen handelt, die bereits mit dem Vertragsabschluss festgelegt werden, wird er im Gegensatz zu Situationen mit Provisionszahlungen auf Redundanz verzichten und sich bereits im Vorhinein einen Intermediär aussuchen, der *ceteris paribus* die größte Erfolgswahrscheinlichkeit verspricht.

Auch Transaktionsgebühren sind nur bedingt in der Lage, das Prinzipal-Agenten-Problem zu lösen. Da sie dem Mittler keinen Anreiz geben, die Preisinteressen seines Auftraggebers zu berücksichtigen, bedarf es zusätzlicher vertraglicher Regelungen, um den genauen Leistungsumfang zu spezifizieren und damit sicherzustellen, dass der Intermediär auch tatsächlich im Interesse des Prinzipals handelt. Transaktionsgebühren können für einen Auftraggeber dann sinnvoll sein, wenn es ihm auf eine möglichst schnell durchgeführte Transaktion ankommt, der Preis aber nur eine untergeordnete Rolle spielt.

2.4.3. Wiederholte Transaktionen als Lösung der Prinzipal-Agenten-Problematik

Opportunistisches Verhalten der Mittler kann bei einmaligen Transaktionen oftmals nicht unterbunden werden. Dies erkennt man bei der Betrachtung folgender Ausgangssituation: Prinzipal P möchte einmalig ein Gut verkaufen. Dies kann durch eine direkte Markttransaktion geschehen. Alternativ kann P auch den Intermediär I beauftragen für ihn die Transaktion zu koordinieren. Führt P die Transaktion ohne Unterstützung des I durch, erzielt er einen Preis $\hat{p} = 5$. I zieht aus der Transaktion keine Einkünfte. Zieht P den I zur Transaktion hinzu, kann er durch dessen Expertenwissen den Preis um $i = 2$ erhöhen. I erhält für seine Leistung eine Provision in Höhe von 10% auf den Verkaufspreis, womit $k = 0{,}7$. Für die Leistungserbringung hat I Kosten von $c = 0{,}5$. Verhält sich I opportunistisch, ist i Null. Dies bedeutet, dass I das Expertenwissen nicht ausreichend einsetzt. I hat dann niedrige Kosten von $\bar{c} = 0{,}25$ und er erhält eine Provision in Höhe von $\bar{k} = 0{,}5$.

Definiert man die Auszahlungen relativ zur nicht intermediärsunterstützten Transaktion, so ergibt sich folgendes Bild:

---

95 Vgl. Thomas S. Zorn und James E. Larsen: The Incentive Effects of Flat-Fee and Percentage Commissions for Real Estate Brokers, AREUEA Journal, Vol. 14 (1), 1986, S. 24 ff.

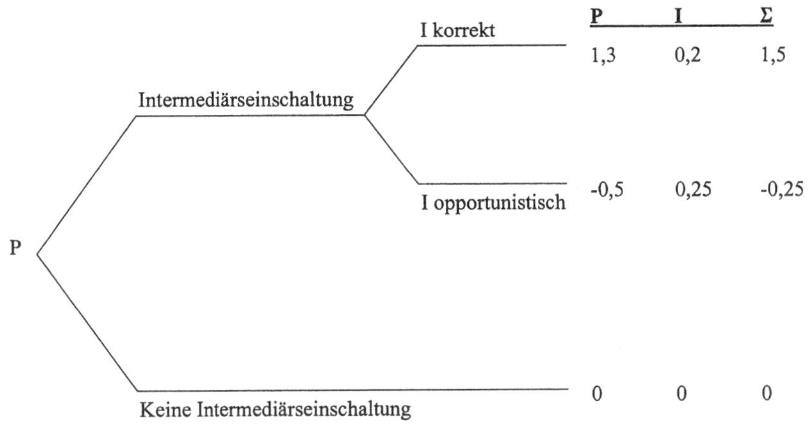

Abbildung 2-2

Sind P diese Auszahlungen bekannt, wird er keinen Intermediär einschalten, denn im Falle einer Intermediärseinschaltung wäre es im Interesse des I, opportunistisch zu sein. Dies würde bei P zu einem Verlust von 0,5 führen und ihn somit verglichen mit einer nicht von I unterstützten Transaktion schlechter stellen. Sind die Auszahlungen wie in diesem Beispiel verteilt, wird es folglich bei einmaligen Transaktionen nicht zur Einschaltung eines Mittlers kommen.

Wiederholte Transaktionen zwischen P und I ermöglichen nichtopportunistische Transaktionen, falls beide Parteien das tatsächliche Verhalten der jeweils anderen Partei feststellen können. *Kreps*[96] zeigt, dass eine unendliche Wiederholung von Transaktionen zu einer beide Seiten besser stellenden Situation führen kann. Dieses Ergebnis ist in der Theorie nichtkooperativer Spiele auch als Ergebnis des Folk Theorems bekannt. In obigem Beispiel könnte P durch eine geeignete Strategiewahl opportunistisches Verhalten des I bestrafen und damit die Auszahlungen derart beeinflussen, dass sich Opportunismus für I nicht auszahlt. Eine hierfür geeignete Strategie ist *tit-for-tat*, die kooperatives und damit nichtopportunistisches Verhalten belohnt und nichtkooperatives Verhalten, also Opportunismus, bestraft[97]. Hierbei beginnt P mit einem Kooperationsangebot, dies bedeutet, dass er I beauftragt. Falls I opportunistisch handelt, wird P die nächsten beiden Transaktionen ohne I durchführen und die dann folgende Transaktion

---

96 Vgl. David M. Kreps: Corporate Culture and Economic Theory, in: James E. Alt und Kenneth A. Shepsle (Hrsg.): Perspectives on Positive Political Economy, Cambridge 1990, S. 100 ff.

97 Vgl. Douglas G. Baird, Robert H. Gertner und Randal C. Picker: Game Theory and the Law, Cambridge 1994, S. 171 f.

wieder I anbieten. Falls I stets nichtopportunistisch handelt, wird P stets I einschalten. Folgende Abbildung zeigt die Auszahlungen des I:

	N	N+1	N+2	N+3	N+4	N+5
Opportunismus	0,25	0	0	0,25	0	0
Kein Opportunismus	0,2	0,2	0,2	0,2	0,2	0,2

Abbildung 2-3: Auszahlungen des I, falls P *tit-for-tat* spielt

Man erkennt, dass sich I durch Opportunismus schlechter stellt, denn die Summe der aggregierten Auszahlungen beträgt 0,5, während er im Falle nichtopportunistischen Verhaltens eine Auszahlung von 1,2 erzielen könnte[98].

Diese sich selbst durchsetzende Regelung funktioniert jedoch nur so lange, wie die Parteien ein Ende der Geschäftsbeziehung nicht selbst bestimmen können. Denn sollte dies der Fall sein, hat die das Ende bestimmende Partei kein Interesse, sich in der letzten Runde kooperativ zu verhalten[99]. *Baird*, *Gertner* und *Picker*[100] betonen, dass eine Kooperation selbst bei unendlich wiederholten Spielen und wiederholten Interaktionen zwischen den Transaktionspartnern nicht garantiert ist, da bei vollkommener Information und *Backward Induction* das *Endgame*-Problem jede Kooperation zusammenbrechen lässt. Wird aber die Annahme der vollkommenen Information fallengelassen, kommt es mit einer größeren Wahrscheinlichkeit zu einer Kooperation[101].

Wiederholte Transaktionen zwischen festen Transaktionspartnern können deshalb zur Vermeidung von Opportunismus beitragen. Dazu ist es allerdings notwendig, dass opportunistisches Verhalten auch tatsächlich entdeckt werden kann. Je komplexer die Intermediärsleistung ist, desto unwahrscheinlicher wird eine Entdeckung, entweder weil die Auftraggeber über zuwenig Wissen verfügen oder das Gut letztendlich so komplex wird, dass eine Überprüfung nur zu prohibitiven Kosten möglich ist. Eine große Komplexität führt außerdem dazu,

98 Es wird davon ausgegangen, dass die Transaktionen kurz aufeinander erfolgen, so dass auf die Diskontierung der Auszahlungen verzichtet werden kann.

99 Vgl. etwa David M. Kreps: Game Theory and Economic Modelling, Oxford 1990, S. 65 ff.

100 Vgl. Douglas G. Baird, Robert H. Gertner und Randal C. Picker: Game Theory and the Law, Cambridge 1994, S. 159 ff.

101 Eine Rechtfertigung für das Vertragsrecht ist deswegen, dass es durch zwingende Regelungen die Auszahlungen verändert und nichtkooperatives Verhalten dadurch unattraktiv wird. Vgl. hierzu etwa Thomas J. Micelli: Economics of the Law: Torts, Contracts, Property, Litigation, New York 1997, S. 71 ff.

dass es für den Auftraggeber nur schwer möglich ist festzustellen, ob ein schlechtes Ergebnis auf Pech oder ungenügende Intermediärsleistung zurückzuführen ist[102].

2.4.4. Reputation

Wie gesehen, können wiederholte Transaktionen zur Vermeidung von Opportunismus beitragen, da feste Transaktionspartner in einer dauerhaften Geschäftsbeziehung zueinander stehen und nichtkooperatives Verhalten bestrafen können. Dem Prinzipal kann folglich bei wiederholten Transaktionen eine geeignete Strategiewahl helfen, Opportunismus zu begrenzen. Diese Möglichkeit besteht bei einmaligen Transaktionen nicht. Hat der Prinzipal aber genug Informationen, um das vergangene Verhalten der Gegenpartei zu bewerten und somit auf zukünftiges Verhalten rückschließen zu können[103], kann er bereits vor Vertragsabschluss die Qualität des Intermediärs beurteilen. Die Reputation des Intermediärs erlaubt es also dem Prinzipal, vergangenen Leistungen zu bewerten und auf zukünftige Leistungen zu schließen[104].

Die vom Intermediär angebotene Dienstleistung ist ein typisches Erfahrungsgut, denn Kunden können dessen Qualität erst nach erfolgter Dienstleistung sinnvoll bewerten. In solchen Situationen spielt Reputation eine wichtige Rolle. So zeigen *McDonald* und *Slawson*[105], dass Nutzer des Internetmarktplatzes eBay kontinuierlich Reputationsmerkmale von Anbietern beobachten und dass die Höchstgebote mit zunehmender Reputation *ceteris paribus* zunehmen. Gute Reputation ist also für den Agenten vorteilhaft.

Reputation kann über wiederholte Transaktionen zwischen Prinzipal und Intermediär aufgebaut werden. Wenn ein Intermediär stets qualitativ hochwertige Leistungen anbietet und sich nicht opportunistisch verhält, erlangt er eine positive Reputation beim Prinzipal. Dies führt dazu, dass dieser bei zukünftigen Transaktionen mit einer höheren Wahrscheinlichkeit auf den Intermediär zurückgreifen wird als wenn dieser eine qualitativ schlechte Leistung abgeliefert

---

102 Vgl. Alessio M. Pacces: Financial Intermediation in the Securities Market: Law and Economics of Conduct of Business Regulation, International Review of Law and Economics, Vol. 20 (4), December 2000, S. 483 f.

103 Vgl. Paul Milgrom und John Roberts: Economics, Organization, and Management, Englewood Cliffs 1992, S. 261.

104 Vgl. etwa Paul Herbig und John Milewicz: Market Signalling: A Review, Management Decision, Vol. 34 (1), 1996, S. 35 ff. Siehe auch Carl Shapiro: Premiums for High Quality Products as Returns to Reputations, Quarterly Journal of Economics, Vol. 98 (4), November 1983, S. 659 ff.

105 Vgl. Cynthia G. McDonald und V. Carlos Slawson: Reputation in an Internet Auction Market, Economic Inquiry, Vol. 40 (4), October 2002, S. 633 ff.

hätte. Reputation kann aber auch in einmaligen Transaktionen zwischen dem Intermediär und mehreren Prinzipalen aufgebaut werden, wenn die verschiedenen Prinzipale entweder miteinander kommunizieren und die Eigenschaften des Intermediärs somit auch den Prinzipalen bekannt werden, die vorher noch keine Transaktionen mit fraglichem Intermediär durchgeführt haben oder wenn der Intermediär selbst glaubwürdig signalisieren kann, dass er kooperativ spielt, d. h. sich nicht opportunistisch verhält[106]. Solche Signale können beispielsweise von der Marktverweildauer, der Anzahl der anderen Nachfrager oder durch vom Mittler getätigte spezifische Investitionen ausgehen.

Intermediäre können aber auch bei nicht vollkommener Kommunikation zwischen den Prinzipalen Reputationseffekte ausnutzen, indem sie Institutionen angehören. Treten nämlich Intermediäre individuell auf, so müssten sich Prinzipale über jeden einzelnen Intermediär austauschen und so die relevanten Informationen weitergeben. Gehören die Intermediäre jedoch übergeordneten Institutionen an, so können sich die Prinzipale daran orientieren und ihr Informationsaustausch kann auf die Bewertung der Institutionen beschränkt werden[107]. Die Mechanismen des Expertenwissens und der Reputation führen dazu, dass der Intermediär auch tatsächlich höhere Qualität anbietet als ein Verkäufer, der nur einmalig oder wenige Male am Markt aktiv ist[108].

Werbung ist eine weitere Möglichkeit, diese Qualitätsinformation zu übermitteln. So ist etwa von *Laband* gezeigt worden, dass Werbung für hochwertige, aber von den einzelnen Konsumenten nur selten nachgefragte Produkte einen höheren Anteil an produktspezifischer Information enthält als Werbung für Produkte niedrigerer Qualität und dass die Menge der Werbung für einzelne Produkte mit der Mobilität der Konsumenten zunimmt[109].

Diese Argumentation lässt sich auch auf Makler übertragen. Sie haben durch die sich stetig wiederholenden Transaktionen sowohl einen Anreiz, in *Qualitätserkennungsmechanismen* zu investieren, als auch eine positive Reputation aufzubauen. Dies sollte dazu führen, dass ein Makler Waren und Informationen besse-

---

106 Für eine allgemeine Diskussion von Reputationswirkungen vgl. Steven Tadelis: What's in a Name? Reputation as a Tradeable Asset, American Economic Review, Vol. 89 (3), June 1999, S. 548 ff.

107 Vgl. Steven C. Hackett: A Comparative Analysis of Merchant and Broker Intermediation, Journal of Economic Behavior and Institutions, Vol. 18 (3), August 1992, S. 299 ff. Für eine verwandte Diskussion von Reputation und Glaubwürdigkeit bei Glaubensgüter siehe Christian Eilinghoff: Ökonomische Analyse der Religion: Theoretische Konzepte und rechtspolitische Empfehlungen, Frankfurt 2004, S. 66 ff.

108 Vgl. Gary Biglaiser: Middlemen as Experts, in RAND Journal of Economics, Vol. 24 (2), Summer 1993, S. 212 f.

109 Vgl. David N. Laband: Advertising as Information: An Empirical Note, Review of Economics and Statistics, Vol. 68 (3), August 1986, S. 517 ff.

rer Qualität vermakelt als Marktteilnehmer, die nur einmalige Transaktionen durchführen. Durch diese Mechanismen kann weitgehend das Auftreten adverser Selektion vermieden werden. Makler können demnach Qualitätsgaranten sein[110] und entsprechende Signalfunktionen ausüben.

Es lässt sich zusammenfassen, dass Intermediäre einen Anreiz haben, den ihnen eigenen Informationsvorsprung ausnutzen. Dies gilt besonders für einmalige oder zumindest seltene Transaktionen zwischen Intermediären und ihren Vertragspartnern. Wie bereits oben gesehen, kann eine Anreizbezahlung in bestimmten Fällen zur Lösung des Prinzipal-Agenten-Problems führen. Eine andere Möglichkeit, opportunistisches Verhalten des Agenten zu vermeiden, ergibt sich bei wiederholten Transaktionen. In einer solchen Situation sind Prinzipal und Agent wiederholt in Kontakt. Dies erlaubt dem Prinzipal, durch Erfahrung bestimmte Eigenschaften des Agenten zu erfahren[111]. Nutzt der Intermediär in einem solchen Fall den erzielten Informationsvorsprung über Qualität und andere Eigenschaften des zu vermakelnden Produktes oder der Dienstleistung zu Lasten des Prinzipals aus, widerspricht dies langfristig seinen Interessen.

2.4.5. Lizensierungen

Eine andere Möglichkeit bietet die Lizensierung, die verbindliche Mindeststandards für Intermediäre festschreibt. Sie wird als Möglichkeit gesehen, wenn die erstbeste Lösung, nämlich der Abbau der Informationsasymmetrie nicht oder nur zu sehr hohen Preisen möglich oder Haftung wenig sinnvoll ist. Die Lizensierung kann allerdings nur dann opportunistisches Verhalten der Intermediäre einschränken, wenn ein Verstoß gegen die vorgeschriebene Qualität sowohl entdeckt als auch sanktioniert werden kann und die lizensierende Stelle nicht von der Vergabe profitiert[112].

Leland[113] zeigt, dass Lizenzen auf Märkten mit niedriger Nachfrageelastizität, niedrigen Grenzkosten der Qualität, wenig Nachfrage nach niedriger Qualität und hoher Sensitivität bezüglich Qualitätsänderungen dazu geeignet sind, einen Qualitätsmindeststandard durchzusetzen. Diese Überlegungen werden durch die

---

110 A.R. Admatai/P. Pfleiderer: Direct and Indirect Sale of Information, Econometrica, Vol. 58, 1990, S. 901 ff.

111 Kenneth J. Arrow: The Economics of Agency, in: John W. Pratt und Richard Zeckhauser (Hrsg.): Principals and Agents: The Structure of Business, Boston 1985, S. 46 ff. zeigt den Einfluss wiederholter Transaktionen auf klassische Prinzipal-Agenten-Situationen.

112 Vgl. Christian Eilinghoff: Ökonomische Analyse der Religion: Theoretische Konzepte und rechtspolitische Empfehlungen, Frankfurt 2004, S. 81 f.

113 Vgl. Hayne E. Leland: Quacks, Lemons, and Licensing: A Theory of Minimum Quality Standards, Journal of Political Economy, Vol. 87 (6), December 1979, S. 1328 ff.

empirischen Ergebnisse von *Shilling* und *Sirmans*[114] unterstützt, die zeigen, dass Lizensierungen für Immobilienmakler deren Qualität der Leistungen erhöhen, jedoch auch zu antikompetitiven Effekten führen[115]. Auf diese Aspekte wird später gesondert eingegangen.

2.4.6. Provisionszahlungen, Transaktionsgebühren und das Ergebnis des Matching-Prozesses

Die Arbeit von Maklern und Agenten führt im Erfolgsfall zu einem *Matching*, also einem Zusammenbringen von Anbietern und Nachfragern. Wie bereits gesehen, können unterschiedliche Formen der Bezahlung zu besserer oder schlechterer Beherrschung des Prinzipal-Agenten-Problems führen. Unbeantwortet blieb dabei bis jetzt die Frage, inwiefern diese unterschiedlichen Anreizsysteme das letztendliche *Matching* beeinflussen und ob das vom Makler durchgeführte *Matching* wohlfahrtsmaximierend ist. Wäre dies der Fall, so könnten Makler und Agenten tatsächlich teilweise die Rolle des walrasianischen Auktionators ausfüllen. *Yavas*[116] hat unter der vereinfachenden Annahme, dass Makler tatsächlich in der Lage sind, sowohl von dem Anbieter als auch dem Nachfrager eines Gutes oder einer Dienstleistung den wahren Reservierungspreis zu erfahren, gezeigt, dass weder Provisionszahlungen noch Transaktionsgebühren zu vom Makler initiierten wohlfahrtsoptimalen Paarungen führen.

Betrachtet wird eine Situation, in der der Makler auf i Nachfrager N und j Anbieter A eines homogenen Gutes zurückgreifen kann. Sowohl die Nachfrager als auch die Anbieter sind risikoneutral. Es kommt dann zu einem Tausch des Gutes, wenn der Reservierungspreis β_i des Nachfragers größer oder gleich dem Reservierungspreis α_j des Anbieters ist. Der tatsächliche Preis des Gutes wird in einer Verhandlung zwischen Anbieter und Nachfrager bestimmt, der Makler stellt nur den Kontakt zwischen beiden Parteien her. Da weder Anbieter noch

114 Vgl. James D. Shilling und C. F. Sirmans: The Effects of Occupational Licensing on Complaints Against Real Estate Agents, Journal of Real Estate Research, Vol. 3 (2), 1988, S. 1 ff.

115 Die Autoren geben leider nicht alle relevanten Elastizitäten an, sondern berichten nur den Wert der Koeffizinten und deren Standardabweichungen. Lediglich der Wert der Nachfrageelastizität der Lizenzierungsrate ist angegeben. Er beträgt -0,14. Eine zehnprozentige Zunahme der Nachfrage nach Lizensierungen senkt also die Lizensierungsrate um 1,4%. Vgl. James D. Shilling und C. F. Sirmans: The Effects of Occupational Licensing on Complaints Against Real Estate Agents, Journal of Real Estate Research, Vol. 3 (2), 1988, S. 4 f.

116 Die folgenden Ausführungen basieren auf Abdullah Yavas: Matching Buyers and Sellers by Brokers: A Comparison of Alternative Commission Structures, Real Estate Economics, Vol. 24 (1), 1996, S. 97 ff.

Nachfrager Marktmacht haben, wird der Kooperationsgewinn $\beta_i - \alpha_j$ gleichmäßig zwischen beiden Parteien aufgeteilt werden. Der aggregierte Kooperationsgewinn wird dann maximiert, wenn der Anbieter mit dem niedrigsten Reservierungspreis das Gut mit dem Nachfrager, der den höchsten Reservierungspreis hat, tauscht, usw.

Erhält der Makler eine Provision auf den Kaufpreis, so ist es in seinem Interesse, diejenigen Nachfrager und Anbieter in Kontakt zu bringen, deren Reservierungspreise identisch sind. Dies führt nämlich sowohl zu einer Transaktion, als auch zu einem möglichst hohen Preis. Da jedoch $\beta_i = \alpha_j$, fällt kein aufteilbarer Kooperationsgewinn an. Die beste Strategie des Maklers resultiert demnach in einer maximalen Anzahl von Transaktionen und einer Konsumentenrente von Null[117].

Da bei der transaktionsbasierten Bezahlung der Makler unabhängig vom Wert der Transaktion bezahlt wird, maximiert er die Zahl der Transaktionen. Deren Wert ist zweitrangig. Da die Zahl der Transaktionen dann maximiert wird, wenn Anbieter und Nachfrager mit identischen Reservierungspreisen Transaktionen ausführen, führt auch diese Bezahlungsform, ebenso wie die Provisionszahlung, zu einer aggregierten Konsumentenrente von Null[118].

2.5. Zusammenfassung

Viele Märkte sind durch Informationsasymmetrien gekennzeichnet, da Verkäufer eines Gutes oder einer Dienstleistung *ex ante* oftmals besser als Käufer über die Qualität informiert sind. Für das Treffen einer wohlinformierten Entscheidung müssen Käufer Kosten aufwenden, um die notwendigen Informationen zu erhalten. Die Informationskosten sind dabei abhängig von der jeweiligen Guteigenschaft: während die Qualitätsmerkmale einfacher Suchgüter kostengünstig erfasst werden können, steigen die Kosten bei Erfahrungsgütern stark an und werden bei Glaubensgütern prohibitiv. Die Informationskosten sind dabei für verschiedene Parteien unterschiedlich hoch: so wird ein erfahrener, häufig Transaktionen durchführender Käufer niedrigere Informationskosten haben als eine unerfahrene und nur selten am Markt auftretende Partei.

Durch ihr Fachwissen können Intermediäre die Informationsasymmetrie zu geringeren Kosten abbauen als dies für eine einzelne Partei möglich wäre. Dies gilt vor allem für Erfahrungsgüter. Intermediäre können folglich für ihre Auftraggeber dadurch Vorteile erzielen, da sie Transaktionskosten senken. Gleichzeitig

---

117 Vgl. Abdullah Yavas: Matching Buyers and Sellers by Brokers: A Comparison of Alternative Commission Structures, Real Estate Economics, Vol. 24 (1), 1996, S. 103 f.

118 Vgl. Abdullah Yavas: Matching Buyers and Sellers by Brokers: A Comparison of Alternative Commission Structures, Real Estate Economics, Vol. 24 (1), 1996, S. 104.

lindern sie durch ihre Informationsfunktion auch das Problem der durch asymmetrische Information verursachten adversen Selektion und damit letztendlich Marktversagen.

Die Beziehung zwischen einem Intermediär und seinem Auftraggeber ist eine typische Prinzipal-Agent-Situation: Der Auftraggeber delegiert Aufgaben an den Intermediär, kann aber die Qualität der Erfüllung nur unvollständig beurteilen. Der Intermediär als Agent kann sich folglich prä- oder postkontraktuell opportunistisch verhalten.

In der mikroökonomischen Theorie werden Anreizbezahlungen als geeignetes Mittel gesehen, um die Interessen des Agenten denen des Prinzipals anzugleichen und damit opportunistisches Verhalten zu unterbinden. Dies setzt aber voraus, dass die Auftraggeber der Intermediärsdienstleistung in der Lage sind, die teilweise komplizierten Strukturen der Anreizbezahlungen zu verstehen und in Verträgen umzusetzen. Während dies in einigen denkbaren Fällen eine sinnvolle Annahme ist, bleiben doch viele Situationen, in denen von einer entsprechenden Fähigkeit des Prinzipals nicht ausgegangen werden kann. So können weder einfache Provisionszahlungen, noch solche nach dem Konzept der *Reverse Commission* strukturierte Provisionen sicherstellen, dass der Intermediär die Interessen seines Auftraggebers zufrieden stellend vertritt. Auch wertunabhängige Transaktionsgebühren können Opportunismus des Intermediärs nicht vollständig vermeiden. Auch wiederholte Transaktionen und Reputationswirkungen können nicht sicherstellen, dass opportunistisches Verhalten der Intermediäre unterbleibt. Das Hauptproblem ist hierbei, dass die Intermediärsleistung selbst ein Erfahrungsgut ist[119].

Die potentiellen Interessenkonflikte zwischen Intermediären und ihren Auftraggebern können in einem solchen Fall nicht mit marktbasierten Lösungen aufgelöst werden. Um ein Marktversagen zu vermeiden, können geeignete rechtliche Regelungen dazu beitragen, opportunistisches Verhalten der Intermediäre zu beschränken. Der Gesetzgeber kann zwingende Regelungen einführen, die diejenige Lösung imitieren, die von wohlinformierten Prinzipalen und Agenten ausgehandelt worden wäre. Eine richtige Gesetzgebung ersetzt folglich das fehlende Wissen der Prinzipale und kann somit deren Unfähigkeit zur Bereitstellung wirkungsvoller marktbasierter Anreizinstrumente zumindest teilweise hei-

119 Es wird sogar teilweise die Meinung vertreten, dass die Intermediärsleistung sogar ein Glaubensgut sei, da eine Qualitätsfeststellung praktisch nicht möglich wäre. Vgl. etwa Alessio M. Pacces: Financial Intermediation in the Securities Market: Law and Economics of Conduct of Business Regulation, International Review of Law and Economics, Vol. 20 (4), December 2000, S. 483 f.

len[120]. Dies könnte bedeuten, dass Intermediäre gewisse Informations- und Aufklärungspflichten erfüllen müssen und Pflichtverletzungen sanktioniert werden können. Es könnte ebenso angezeigt sein, Mindestqualifikationen zu fordern und bestimmte Vergütungsregeln vorzuschreiben.

Für eine konkrete Ausarbeitung allgemeiner Regeln ist es notwendig, die realen Beziehungen zwischen Intermediären und ihren Auftraggebern zu analysieren. Hierzu bietet es sich an, Märkte mit unterschiedlichen Kennzeichen zu untersuchen. Im folgenden werden deshalb drei abgegrenzte Märkte betrachtet, nämlich die für Immobilienmakler, Reisemittler und Schiffsmakler. Sie unterscheiden sich sowohl hinsichtlich der allgemein benutzen Vergütungsregeln, dem Fachwissen und der Lernmöglichkeit der Auftraggeber, als auch der Häufigkeit der von einzelnen Parteien durchgeführten Transaktionen. Dies ermöglicht es, systematisch gleichartige Probleme zu identifizieren um abschließend eine konkrete rechtspolitische Empfehlung geben zu können.

---

120 Vgl. etwa Alessio M. Pacces: Financial Intermediation in the Securities Market: Law and Economics of Conduct of Business Regulation, International Review of Law and Economics, Vol. 20 (4), December 2000, S. 486.

3. Wohnungs- und Immobilienmakler

Wohnungs- und Immobilienmakler sind die in der Öffentlichkeit bekanntesten Makler, da die meisten Menschen in der Regel zumindest einmal in ihrem Leben deren Dienste in Anspruch nehmen. Gleichzeitig gibt es wohl kaum eine Maklerbranche, die unter ähnlich schlechten Sympathiewerten zu leiden hat[121]. Dies hat auch dazu geführt, dass der Ruf nach einer die Wohnungs- und Immobilienmakler treffenden gesetzlichen Regelung besonders laut war[122] und im Gegensatz zu anderen Bereichen des Maklerwesens zumindest auch ansatzweise durchgeführt wurde[123].

Der Beruf des Immobilienmaklers ist erst seit dem 19. Jahrhundert zu steigender Bedeutung gekommen und ist somit eine relativ aktuelle Spezialisierung im Maklerwesen[124]. Dies lag vor allem an der Struktur des Grundbesitzes jener Zeit. Verträge über Grundstücke und grundstücksgleiche Rechte gehörten lange Zeit zu den selten durch Makler vermittelten Geschäften. Mit Ausnahme einiger Städte lagen die Eigentums- und Verfügungsrechte an Grundstücken nämlich beim Adel beziehungsweise bei der Kirche. Anderen Personen wurde die Nutzung nur durch ein zeitlich begrenztes Lehensrecht gewährt. Erst durch die mit der Aufklärung beginnenden gesellschaftlichen Änderungen und der Verbreitung privater Eigentumsrechte an Grundstücken stieg der Handel mit Immobilien an.

Mitte des 19. Jahrhunderts kam es zu einer beginnenden Vereinheitlichung des regionalen deutschen Rechts und folglich auch zu einer Vereinheitlichung der

---

121 Vgl. Heribert Pauk: Analyse des Immobilenmaklers: Empirische Analyse und theoretische Interpretation des Immobilienmaklers aus Sicht neuerer ökonomischer Ansätze mit dem Beispiel der Immobilienvermittlung durch Kreditinstitute, Münster 1994, S. 60 ff. Selbst 46,8% der amerikanischen Immobilienmakler sehen Gebrauchtwagenverkäufer als denjenigen Berufsstand an, dessen Charakteristika am ehesten mit dem Beruf des Immobilienmaklers zu vergleichen ist. Vgl. James R. Webb: An Inquiry into the Professional Self Image of Real Estate Agents, Journal of Real Estate Research, Vol. 20 (1), 2000, S. 153 ff.

122 Diese Ablehnung des Berufsstandes zeigte sich auch in dem von der SPD im Jahre 1973 geforderten Verbotes des Wohnungs- und Immobilienmaklers, dass erst ungefähr 2 Jahre später zurückgenommen wurde. Vgl. Heribert Pauk: Analyse des Immobilenmaklers: Empirische Analyse und theoretische Interpretation des Immobilienmaklers aus Sicht neuerer ökonomischer Ansätze mit dem Beispiel der Immobilienvermittlung durch Kreditinstitute, Münster 1994, S. 61. Ähnlich vgl. auch Holger Bonus und Heribert Pauk: Der Immobilienmakler in der Dienstleistungsgesellschaft: Gedanken zum Berufsbild des Maklers, Münster 1997, S. 2 ff.

123 So etwa in der Makler- und Bauträgerverordnung (MaBV).

124 Für einen kurzen historischen Abriss vgl. Kyra Seidenberg: Die notwendige Neuordnung des Wohnungs- und Immobilienmaklerrechts und seine Integration in das BGB, Frankfurt 2000, S. 35 ff.

die Makler betreffenden Regeln. In diesem Zuge wurde zuerst 1861 die *Ausarbeitung des Allgemeinen deutschen Handelsgesetzbuches* abgefasst, welche dann im Jahre 1900 durch das Handelsgesetzbuch ersetzt wurde[125]. Durch die gleichzeitige Einführung des Bürgerlichen Gesetzbuches wurde im Bereich des Maklerwesens eine Unterscheidung in Handels- und Zivilmakler vorgenommen. Die Tätigkeit des Wohnungs- und Immobilienmaklers wurde damit in den neuen Zweig des Zivilmaklers eingeordnet[126].

In der Bundesrepublik Deutschland gibt es wegen der fehlenden gesetzlichen Normierung kein einheitliches Berufsbild des Wohnungs- und Immobilienmaklers. Es bedarf keiner speziellen Ausbildung, vielmehr kann sich im allgemeinen jeder dem Nachweis und der Vermittlung von Immobilien annehmen. Die Zulassung zum Maklerberuf ist durch die Regelungen des § 34 c der Gewerbeordnung zwar unter Erlaubnisvorbehalt gestellt, dies bedeutet jedoch nicht, dass ein Fachkundenachweis gefordert wird. Die Interessenvertretungen der Immobilienmakler, der Ring Deutscher Makler (RDM) sowie der Verband Deutscher Makler (VDM) machen Fachkenntnisse zur Aufnahmevoraussetzung und fordern eine regelmäßige Weiterbildung. Die Mitgliedschaft in diesen Verbänden ist aber freiwillig. Somit gibt es auch für nicht fachkundige Makler nach wie vor die Möglichkeit, auf dem Markt für Immobilienvermittlung tätig zu werden. Aufgrund der im vorhergehenden Kapitel angesprochenen Erfahrungs- beziehungsweise Glaubensgutcharakteristik der Vermittlerleistung besteht also die Gefahr, dass gerade unerfahrene, nur selten Immobilientransaktionen durchführende Parteien unter opportunistischen Immobilienmaklern zu leiden haben.

In diesem Kapitel werden zuerst die Aufgaben und Tätigkeiten der Wohnungs- und Immobilienmakler untersucht. Anschließend werden Prinzipal-Agenten-Probleme zwischen den Maklern und den anderen an der Transaktion beteiligten Parteien betrachtet und schließlich geprüft, ob geltende rechtliche Regelungen wirksam in der Lage sind, diese Probleme zu lösen.

3.1. Aufgaben und Tätigkeiten der Wohnungs- und Immobilienmakler

Der Wohnungs- und Immobilienmakler ist Zivilmakler im Sinne des § 652 BGB und erlangt seinen Lohnanspruch dadurch, dass er seinem Auftraggeber erfolgreich eine Vertragsabschlussmöglichkeit nachweist oder einen Vertrag vermittelt. Nachweis im Sinne des § 652 I BGB bedeutet, dass der Makler seinem Auftraggeber Informationen weitergibt, „ ... durch die dieser in die Lage versetzt wird, in konkrete Verhandlungen über den von ihm angestrebten Hauptvertrag

---

125 Vgl. hierzu Karsten Schmidt: Handelsrecht, 5. Auflage, Köln 1999, S. 40ff. mit weiteren Nachweisen.

126 Vgl. Kyra Seidenberg: Die notwendige Neuordnung des Wohnungs- und Immobilienmaklerrechts und seine Integration in das BGB, Frankfurt 2000, S. 35 ff.

einzutreten"[127]. Bei Immobilienkäufen oder –anmietungen muss der Makler seinem Auftraggeber das tatsächlich verfügbare Objekt so genau mit Lage und Namen des Eigentümers beschreiben, dass dieser unmittelbar in Verhandlungen eintreten kann[128].

Unter Vermittlungstätigkeit im Sinne des § 652 I BGB versteht man in der Rechtswissenschaften, dass „ ... der Makler bewusst und aktiv auf die Willensentschließung des Vertragspartners des Auftraggebers einwirkt, um dessen Bereitschaft zum Abschluss des gewünschten Hauptvertrages zu fördern"[129]. Eine ausschließliche Beratung des Auftraggebers oder unterstützende Tätigkeiten gegenüber Dritten reichen nicht aus[130].

Makler bieten eine Vielzahl von verschiedenen Leistungen an, um Verträge zu vermitteln und Vertragsabschlussgelegenheiten nachzuweisen. Die Hauptleistungen der Vermittlung und des Nachweises werden durch Beratung, Betreuung und Service ergänzt.

Wohnungs- und Immobilienmakler erbringen ihre Leistungen in nichtstandardisierter Form. So werden vor allem die Nebenleistungen jeweils für den Einzelfall zwischen dem Auftraggeber und dem Makler vereinbart.

Eine systematische Tätigkeitsabgrenzung der Wohnungs- und Immobilienmakler ist in der Literatur bis jetzt nur selten erfolgt[131]. Es liegt nahe, die praktisch relevanten Tätigkeiten in Such- und Nachweisfunktionen, in Informationsfunktionen und in begleitende Funktionen bei den Verkaufsverhandlungen zu unterscheiden[132].

---

127 Vgl. Hartwig Sprau, in: Palandt: Bürgerliches Gesetzbuch, 63. Auflage, München 2004, § 652, Rn. 25.

128 Vgl. Jutta Breiholdt: Der Zivilmakler und sein Provisionsanspruch, in: Erwin Sailer und Hans-Eberhard Langemaack (Hrsg.): Kompendium für Makler, Hausverwalter und Sachverständige, 9. Auflage, Stuttgart 1999, S. 32 f.

129 Vgl. Hartwig Sprau, in: Palandt: Bürgerliches Gesetzbuch, 63. Auflage, München 2004, § 652, Rn. 27.

130 Vgl. Jutta Breiholdt: Der Zivilmakler und sein Provisionsanspruch, in: Erwin Sailer und Hans-Eberhard Langemaack (Hrsg.): Kompendium für Makler, Hausverwalter und Sachverständige, 9. Auflage, Stuttgart 1999, S. 34 f.

131 Vgl. Heribert Pauk: Analyse des Immobilienmaklers: Empirische Analyse und theoretische Interpretation des Immobilienmaklers aus Sicht neuerer ökonomischer Ansätze mit dem Beispiel der Immobilienvermittlung durch Kreditinstitute, Münster 1994, S. 66 ff. sowie Holger Bonus und Heribert Pauk: Der Immobilienmakler in der Dienstleistungsgesellschaft: Gedanken zum Leitbild des Maklers, Münster 1997, S. 15 ff.

132 Heribert Pauk: Analyse des Immobilienmaklers: Empirische Analyse und theoretische Interpretation des Immobilienmaklers aus Sicht neuerer ökonomischer Ansätze mit dem Beispiel der Immobilienvermittlung durch Kreditinstitute, Münster 1994, S. 66 ff.

	Hauptleistungen		Nebenleistungen		
	Nachweis	*Vermittlung*	*Beratung*	*Betreuung*	*Service*
Mietwohnungen	Komplettangebote auf Anfrage	Getrennte Verhandlungsführung	Wohngeldberatung für Mieter	Wohnungsübergabe	Einzelbesichtigungen
Gewerbliche Mietobjekte	Stufennachweise per Fax	Getrennte Vorverhandlungen	Versicherungsbedarf aus dem Mietverhältnis	Besorgung von Unterlagen	Besichtigungsprotokolle
Eigentumswohnungen	Bautafelhinweise	Verhandlungen für den Bauträger	Finanzierungsberatung		Informationen zum WEG
Miethäuser	Nachweise gegen Provisionsbestätigung	Neutrale Vermittlungsposition, Dreierverhandlungen	Rentabilitätsberechnungen	Einsicht in Grundbuch und Bauakte	Übergabe der Hausunterlagen

Tabelle 5: Beispiele einer Leistungsmatrix[133]

Unter der Nachweisfunktion versteht man, dass der Makler Objekte, die ihm zur Vermaklung angetragen wurden, an Interessenten weitergibt, also Informationen aus seinem Bestand verteilt. Hat er kein passendes Objekt im Bestand, sucht der Makler aktiv nach entsprechenden Immobilien. Dies kann entweder durch Kontaktaufnahme zu anderen Maklern, die direkte Ansprache von Immobilienbesitzern oder die Auswertung von Zeitungsanzeigen geschehen.

Ist für den Auftraggeber ein passendes Objekt gefunden, setzt die Informationsphase ein. Der Auftraggeber möchte beispielsweise wissen, was der marktgerechte Preis der Immobilie ist. Um diese Information geben zu können, benötigt der Makler auch technische[134] und juristische[135] Kenntnisse. Begleitende Funktionen bei Vertragsverhandlungen übernimmt ein Makler dann, wenn statt des Auftraggebers er die letztendlichen Vertragsklauseln ausarbeitet und eventuell sogar per Vollmacht den Vertrag unterzeichnet.

Im folgenden sollen am Beispiel einer Vermietung bzw. eines Verkaufs die Tätigkeiten eines Immobilienmaklers näher beschrieben werden. Der erste Schritt auf dem Weg zur erfolgreichen Vermaklung liegt für den Makler darin, das Objekt zu analysieren und zu bewerten. Hierzu wird er sich das Objekt zuerst selbst anschauen, da nur so ein genauerer Eindruck entstehen kann. Außerdem wird der Makler auf Unterlagen wie etwa Baupläne und ähnliches zurückgreifen. Die

133 Vgl. Erwin Sailer: Akquisition und Durchführung von Aufträgen im Maklergeschäft, in: Erwin Sailer und Hans-Eberhard Langemaack (Hrsg.): Kompendium für Makler, Hausverwalter und Sachverständige, 9. Auflage, Stuttgart 1999, S. 94.

134 So muss er etwa die Qualität der Bausubstanz und das Ausstattungsniveau zuverlässig beurteilen können.

135 Juristische Kenntnisse sind dann nötig, wenn der Auftraggeber Informationen über mögliche Nutzungsänderungen erhalten möchte.

Analyse umfasst mehrere Punkte: Der wichtigste Punkt ist die Lageanalyse, die Ort, Verkehr und Umgebung einbezieht. Ein zweiter wichtiger Aspekt ist die Grundstücksanalyse, bei der die Grundstücksgröße, der Schnitt, die Erschließung sowie die mögliche und tatsächliche Nutzung beurteilt werden. Bei der Gebäudeanalyse werden Flächengrößen und –zuschnitte, Alter, Zustand und Ausstattung eingeschätzt. Handelt es sich bei den Objekten um reine Kapitalanlagen, kann eine Rentabilitätsrechnung weitere Informationen geben. All diese Informationen verwendet der Makler anschließend, um dem Anbieter in Abhängigkeit von der Marktsituation eine Preiseinschätzung geben zu können[136].

Falls der Anbieter das Objekt zu dem vom Makler geschätzten Preis verkaufen oder vermieten möchte, beginnt für den Makler die Suche nach einem geeigneten Mieter oder Käufer. Diese Such- und Nachweistätigkeit erfolgt in freier unternehmerischer Entscheidung eines Maklers, denn er legt fest, wie er die rechtlich definierten Leistungen des Nachweises oder der Vermittlung erbringt.

Der Nachweis kann auf unterschiedliche Art und Weise erfolgen. Eine in diesem Zusammenhang gebrauchte Möglichkeit ist ein *ex ante* Vertragsabschluss zwischen dem Makler und dem Interessenten, in dem der Interessent den Makler ausdrücklich mit der Suche beauftragt. Ein solcher Rahmenvertrag läuft normalerweise so lange, bis er von einer der beiden Seiten widerrufen wird[137]. Für den Makler hat er Vor- und Nachteile: Ein Vorteil liegt darin, dass der Makler bei einem erfolgreichen Nachweis nicht langwierig um seine Provision verhandeln muss. Nachteilig ist, dass wohl nur wenige Interessenten bereit sind, sich bereits zu Beginn vertraglich an einen Makler zu binden. Dies hat nämlich für sie den Nachteil, dass sie die Qualität des Maklers nicht abschließend beurteilen können, nichtsdestotrotz aber an ihn gebunden sind. Außerdem wissen die Interessenten nicht, ob die Objekte, die ihnen der Makler nachweist, überhaupt den von ihnen gesetzten Mindestanforderungen entsprechen[138].

Eine weitere Möglichkeit des Nachweises sind Inserate, in denen der Makler nur die Rahmendaten des Objektes nennt. Aufgrund des Inserates kann der Interessent dann den Makler kontaktieren. Diese Lösung ermöglicht es dem Makler, dem Interessenten zusammen mit den gewünschten genaueren Informationen auch direkt den Provisionshinweis zu übersenden. Der Interessent kann durch

---

[136] Vgl. Erwin Sailer: Akquisition und Durchführung von Aufträgen im Maklergeschäft, in: Erwin Sailer und Hans-Eberhard Langemaack (Hrsg.): Kompendium für Makler, Hausverwalter und Sachverständige, 9. Auflage, Stuttgart 1999, S. 152 f.

[137] Vgl. Erwin Sailer: Akquisition und Durchführung von Aufträgen im Maklergeschäft, in: Erwin Sailer und Hans-Eberhard Langemaack (Hrsg.): Kompendium für Makler, Hausverwalter und Sachverständige, 9. Auflage, Stuttgart 1999, S. 155 f.

[138] Immobilien sind Güter mit mehr als einer Qualitätsdimension. Während einige Kennzeichen einfach zu erkennen sind und somit einem Inspektionsgut entsprechen, sind andere Merkmale vor allem für Laien nur sehr schwer zu erfassen.

die im Inserat gelieferten ersten Informationen entscheiden, ob er überhaupt an dem Objekt interessiert ist.

Nach der ersten Kontaktaufnahme zwischen Makler und Interessent übersendet der Makler im Regelfall ein Exposé[139]. Der Inhalt des Exposés ist in der Bundesrepublik Deutschland nicht gesetzlich festgelegt. Es ist jedoch üblich, die für den Fall der Auftragsübernahme nach § 11 (1) der Makler- und Bauträgerverordnung (MaBV) vorgegebenen Informationen wie Höhe der Provision, Länge der Vertragsdauer, Lage des Objektes, Zustand des Gebäudes, Ausstattung, Wohn- und Nutzfläche, Zahl der Zimmer, Preisforderung des Vermieters beziehungsweise des Verkäufers bereits hier mitzuteilen.

Gefällt dem Interessenten das angebotene Objekt, werden er und der Makler einen Besichtigungstermin vereinbaren. Während der Besichtigung wird der Makler weitere, über das Exposé herausgehende Informationen an den Interessenten geben. Im Regelfall wird der Makler einige Zeit nach der Besichtigung beim Interessenten nachfassen und sich nach dem letztendlichen Interesse am Objekt erkundigen[140]. Sollte dies positiv sein, so beginnt der Makler, die Informationen zwischen den Parteien zu vermitteln und schließlich auf den Vertragsabschluss hinzuarbeiten.

Zwischen Makler, Auftraggeber und Interessenten sind mehrere Beziehungskonstellationen denkbar. Auf dem typischen Mietmarkt wird der Makler vom Vermieter beauftragt, Mietinteressenten für ein Objekt zu suchen. Ein Interessent schließt den Vertrag mit dem Vermieter ab und ist provisionspflichtig.

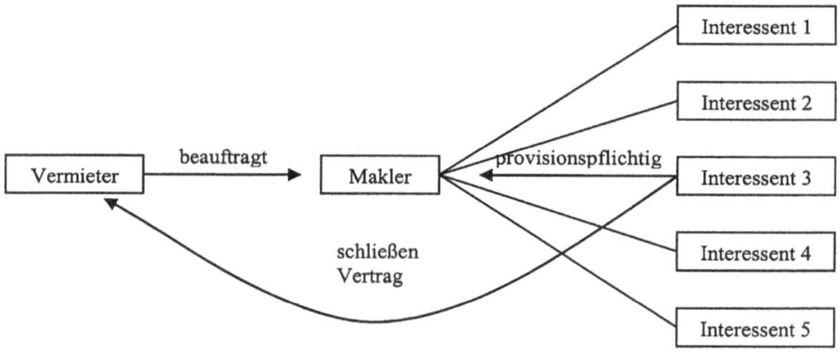

Abbildung 3-1

[139] Exposés sind bei Kaufobjekten und Gewerbemietobjekten die Regel. Auch bei höherwertigen Mietwohnungen lassen sich verstärkt Exposés beobachten.

[140] Vgl. Uwe Wolter: Vermittlung und Vorbereitung notarieller Kaufverträge, in: Erwin Sailer und Hans-Eberhard Langemaack (Hrsg.): Kompendium für Makler, Hausverwalter und Sachverständige, 9. Auflage, Stuttgart 1999, S. 183 ff.

Der Makler ist also der Agent des Vermieters, denn er vertritt dessen Interessen. Die Provisionspflicht liegt aber beim Mietinteressenten.

Eine abgewandelte Situation ergibt sich, wenn der Vermieter sowohl den Makler beauftragt als auch entlohnt (vgl. Abbildung 3-2). Auch in diesem Fall ist der Makler Agent des Vermieters, wird aber im Gegensatz zur Ausgangssituation auch direkt von seinem Prinzipal bezahlt.

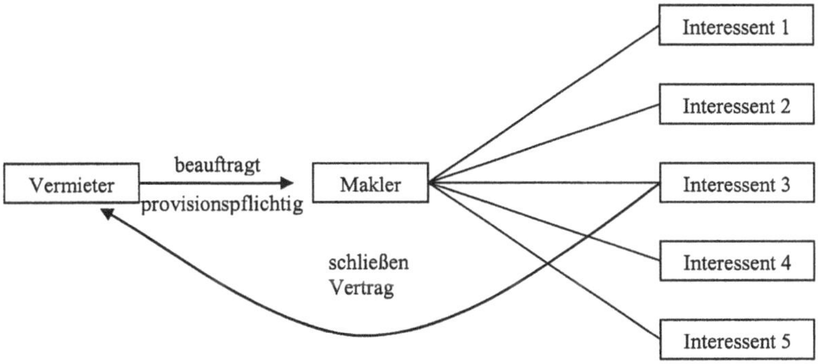

Abbildung 3-2

Es ist zu beachten, dass der Gesamtpreis der Transaktion unabhängig davon ist, ob der Vermieter oder der Mieter dem Makler gegenüber provisionspflichtig ist. Folgendes Beispiel verdeutlicht dies:

Ein Haus soll zum Preis von € 12000 vermietet werden. Der eingeschaltete Makler verlangt bei erfolgreicher Vermittlung des Objekts eine Provision in Höhe von 10 %. Der Gesamtpreis beträgt folglich € 13200. Liegt analog zur Abbildung 3-1 die Provisionspflicht beim Mieter des Objekts, so leistet dieser zwei Zahlungen, nämlich € 12000 an den Vermieter und € 1200 an den Makler. Zahlt nun der Verkäufer die Provision an den Makler, wird auch hier der Gesamtpreis bei € 13200 liegen, denn der Vermieter möchte nach wie vor Mieteinnahmen in Höhe von € 12000 erzielen und leitet vom Gesamtpreis die Provision in Höhe von € 1200 an den Makler weiter. Der Gesamtpreis des Objekts ist somit für den Interessenten unabhängig von der Art der Provisionszahlung identisch.

Auch eine Provisionsteilung lässt sich beobachten. Hier zahlen sowohl der Vermieter als auch der Interessent anteilig Provision an den Makler (vgl. Abbildung 3-3).

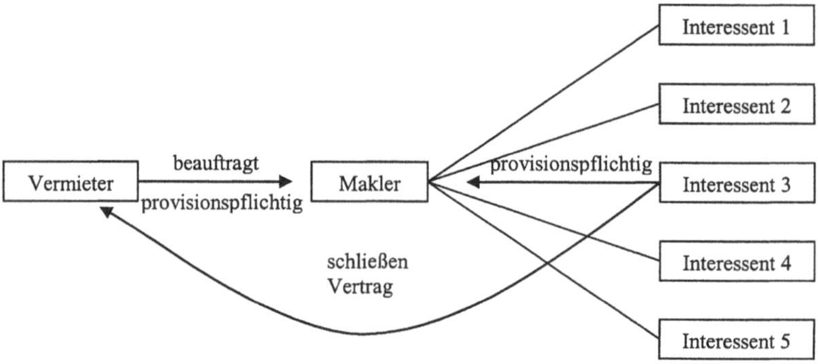

Abbildung 3-3

Im obigen Beispiel bedeutet dies, dass auch hier der Gesamtpreis der Transaktion bei € 13200 liegt. Der Interessent zahlt an den Vermieter eine Summe € 12600, die aus der Miete in Höhe von € 12000 sowie € 600 Maklerprovision besteht. Diese € 600 werden dann vom Vermieter an den Makler gezahlt. Zusätzlich zahlt der Interessent weitere € 600 direkt an den Makler.

Besonders bei Objektvermietungen ist aus Maklersicht die in Abbildung 3-1 dargestellte Situation, also die Provisionsüberwälzung vom Prinzipal auf den Mietinteressenten vorzuziehen, denn die Provisionszahlung kann als zusätzliches *Screening* betrachtet werden. Dies gilt besonders für billige Mietwohnungen, die in der Regel von Personen niedrigeren Einkommens nachgefragt werden. Da bei diesen Personen *ceteris paribus* auch das Mietausfallrisiko höher ist als bei Personen höheren Einkommens, ist der Maklerprinzipal daran interessiert, Verträge mit dieser Personengruppe zu vermeiden. Da die als Einmalzahlung ausgestaltete Provision oft noch vor Beginn des Mietverhältnisses an den Makler zu zahlen ist, wirkt diese für den Makler als zusätzliches Screeninginstrument.

3.2. Marktstruktur

3.2.1. Die Nachfrage nach Maklerdienstleistungen

Die Nachfrager nach Maklerdienstleistungen sind heterogen. So muss zum einen zwischen Nachfragern nach Wohnungsimmobilien und Nachfragern nach Gewerbeimmobilien unterschieden werden[141]. Zum anderen gibt es in beiden Gruppen sowohl Nachfrager nach Eigentums- als auch nach Mietobjekten.

Besonders der Markt für Wohnungsimmobilien[142] ist gekennzeichnet durch für den Einzelnen seltene Markttransaktionen, die sowohl komplex sind als auch oft mit einer nicht unerheblichen Vertraulichkeit einhergehen[143]. Die Nachfrager nach Maklerdienstleistungen auf dem Markt für Wohnungsimmobilien sind häufig uninformiert und gerade bei Eigentumsimmobilien ist oftmals ein großer Teil des Vermögens mittelbarer oder unmittelbarer Transaktionsgegenstand. Verglichen mit anderen Ländern ist die Transaktionsfrequenz für den Kauf von Wohnimmobilien in Deutschland gering. Das durchschnittliche Käuferalter beim Ersterwerb einer Immobilie beträgt 38 Jahre. Die durchschnittliche Bestandshaltedauer von Einfamilienhäusern liegt bei 30 Jahren, die von Eigentumswohnungen bei 20 Jahren. Sie nahm jedoch im Zeitverlauf ab[144]. Folglich ist für die meisten Personen ein Wohnimmobilienkauf eine einmalige Transaktion. Mietverträge werden hingegen weitaus häufiger eingegangen[145]. Die Nachfrage ist insgesamt heterogen und umfasst sowohl die Suche nach günstigen, kleinen Mietwohnungen als auch den Verkauf von höchstwertigen Ein- und Mehrfamilienhäusern.

Bei Gewerbeimmobilien ist die Heterogenität der Nachfrager geringer. Sie orientieren sich vor allem an der erzielbaren Rendite. Die weit verbreitet Praxis, Gewerbeimmobilien mit Zeitverträgen zu vermieten, führt dazu, dass die Transaktionsfrequenz der Marktteilnehmer zunimmt und sie im Zeitablauf ein gewisses Know-how erwerben. Auch die Markttransparenz steigt *ceteris paribus* im Zeitablauf an. Während bei Wohnimmobilien deshalb von einem wenig fachwissenden Nachfrager ausgegangen werden kann, ist aufgrund der Lerneffekte

---

141 Diese Unterscheidung zieht sich vor allem durch die US-amerikanische wirtschaftswissenschaftliche Maklerliteratur. Dort wird von *residential real estate markets* und *commercial real estate markets* gesprochen. Vgl. exemplarisch: Harold W. Elder, Leonard V. Zumpano und Edward A. Abaryala: Buyer Brokers: Do they make a Difference? Their Influence on Selling Price and Search Duration, Real Estate Economics, Vol. 28 (2), 2000, S. 337 ff. und Harold W. Elder, Leonard V. Zumpano und Edward A. Abaryala: Buyer Search Intensity and the Role of the Residential Real Estate Broker, Journal of Real Estate Finance and Economics, Vol. 18 (3), 1999, S. 351 ff.

142 Dieser Markt umfasst sowohl Wohneigentum als auch Mietimmobilien.

143 Vgl. Harold W. Elder, Leonard V. Zumpano und Edward A. Abaryala: Buyer Search Intensity and the Role of the Residential Real Estate Broker, Journal of Real Estate Finance and Economics, Vol. 18 (3), 1999, S. 351.

144 Vgl. Heribert Pauk: Analyse des Immobilenmaklers: Empirische Analyse und theoretische Interpretation des Immobilienmaklers aus Sicht neuerer ökonomischer Ansätze mit dem Beispiel der Immobilienvermittlung durch Kreditinstitute, Münster 1994, S. 12.

145 So wechselten beispielsweise in Niedersachsen im Jahr 2003 in 13,3 Prozent aller Wohnungen die Mieter. Vgl. Niedersächsische Landestreuhandstelle: Wohnungsmarktbarometer 2004, Hannover 2004, S. 5 f.

die Sachkenntnis bei Gewerbeimmobiliennachfragern größer. Weiterhin kann davon ausgegangen werden, dass Käufer eher in den Erwerb von Fachwissen investieren als Immobilienmieter. Denn für Käufer ist der Wert zusätzlichen Wissens *ceteris paribus* größer als für Mieter. Allerdings bedeutet zunehmende Sachkenntnis vor allem, dass die Nachfrager die Qualität der Immobilien besser bewerten können. Die Qualitätsbewertung der Maklerdienstleistung bleibt nur schwer möglich.

3.2.2. Die Anbieter von Maklerleistungen

3.2.2.1. Marktstruktur

Makler können sowohl haupt- als auch nebenberuflich tätig sein. Obwohl es keine zuverlässigen Angaben über die Zahl der Maklerbetriebe gibt, zeichnen Schätzungen ein relativ einheitliches Bild. So stellt *Pauk*[146], basierend auf einer Untersuchung der Zeitschrift *Immobilien Wirtschaft Heute* fest, dass es 1993 rund 12900 Maklerbetriebe gab, wovon ungefähr 8500 Vollerwerbsbetriebe waren. Die IHK Darmstadt schätzt für das gleiche Jahr die Gesamtzahl der Maklerbetriebe auf 13500, wovon 9000 Vollerwerbsbetriebe seien[147]. Für das Jahr 1997 kommt die IHK Darmstadt auf 9500 Vollerwerbsbetriebe bei insgesamt 16300 Maklerbetrieben[148]. 6953 von ihnen waren entweder Mitglieder des Rings Deutscher Makler (RDM) oder des Verbandes Deutscher Makler (VDM). Dies entsprach einem Organisationsgrad von rund 73 % bezogen auf die Zahl der Vollerwerbsbetriebe. Bis zum Jahr 2000 stieg diese Zahl auf insgesamt 20100 aktive Makler, von denen rund 11600 Vollerwerbsbetriebe waren. 6719 davon waren beim RDM oder VDM organisiert[149]. Das Statistische Bundesamt weist für das Jahr 2002 insgesamt 27140 mit der Vermittlung von fremden Grundstücken, Gebäuden und Wohnungen befasste Steuerpflichtige nach[150].

Die Betriebsgrößen der erfassten Makler sind sehr unterschiedlich. In einem Kleinbetrieb sind bis zu 5 Mitarbeitern angestellt. Der mittelgroße Betrieb beschäftigt zwischen 6 und 15 Mitarbeiter während der Maklergroßbetrieb über 16 Mitarbeiter hat. Zwischen 1993 und 2000 lässt sich eine Abnahme der Kleinbe-

---

146 Vgl. Heribert Pauk: Analyse des Immobilenmaklers: Empirische Analyse und theoretische Interpretation des Immobilienmaklers aus Sicht neuerer ökonomischer Ansätze mit dem Beispiel der Immobilienvermittlung durch Kreditinstitute, Münster 1994, S. 41 ff.

147 Vgl. IHK Darmstadt: Immobilienmarkt in Deutschland – Branchenkennzahlen, http://datenfix.darmstadt.ihk.de/dlihk/dlinf072.htm, letzter Abruf am 14. Oktober 2004.

148 Hierbei handelt es sich um Makler, die ihr Gewerbe auch tatsächlich angemeldet haben.

149 Vgl. o.V.: Betriebsbefragung 2001 bei Immobilienmakler in Deutschland zum Geschäftsjahr 2000, Kiel 2001.

150 Vgl. Statistisches Bundesamt: Fachserie 14, Reihe 8, Tabelle 2.3, Wiesbaden 2003.

triebe und eine deutliche Zunahme der Großbetriebe beobachten. Auch die Zahl der mittelgroßen Betriebe, die zwischen 1995 und 1998 recht groß war, ist wieder zurückgegangen. Im Jahr 2001 waren durchschnittlich 3,6 Personen pro Unternehmen tätig[151].

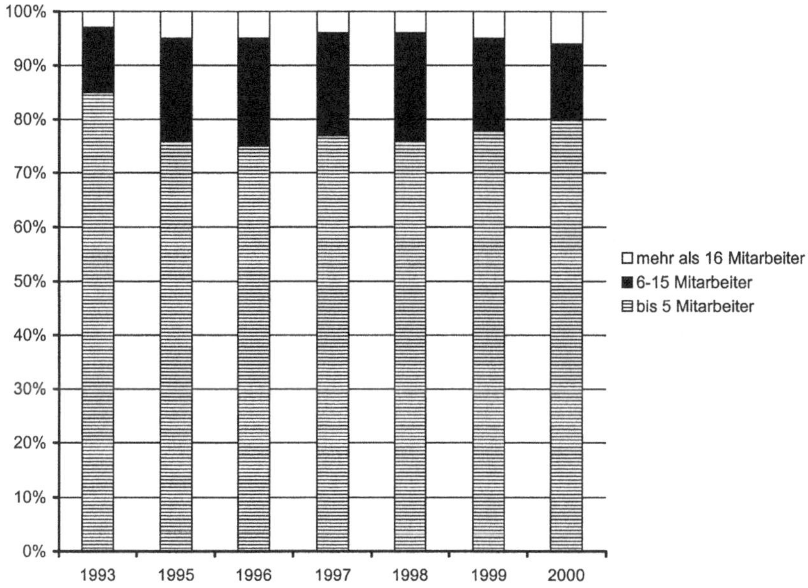

Abbildung 3-4: Größe der Maklerbetriebe

Die geringe Durchschnittsgröße der Maklerunternehmen ist auch eine Erklärung dafür, dass rund 52 % als Einzelunternehmen und gut 20 % als Personengesellschaften geführt werden[152]. Durch die erhöhten Publizitäts- und Kapitalaufbringungspflichten[153] ist es für sie schlicht nicht sinnvoll, als Kapitalgesellschaft aufzutreten. Bei den als Kapitalgesellschaft organisierten Maklerunternehmen

[151] Vgl. Statistisches Bundesamt: Dienstleistungsstatistik 2001, Fachserie 9, Reihe 2, Wiesbaden 2002.

[152] Statistisches Bundesamt: Dienstleistungsstatistik 2001, Fachserie 9, Reihe 2, Wiesbaden 2002.

[153] Zu den unterschiedlichen Anforderungen an Personen- und Kapitalgesellschaften (hier: BGB-Gesellschaften und Aktiengesellschaften) vgl. etwa Karsten Schmidt: Gesellschaftsrecht, 4. Auflage, Köln 2002, S. 983 ff. und S. 1689 ff.

sind mehr als die Hälfte Gesellschaften mit beschränkter Haftung, so dass 37,5 % aller Maklergesellschaften als GmbH firmieren[154].

Das regionale Arbeitsumfeld erklärt sich ebenfalls aus der geringen Durchschnittsgröße der Unternehmen. Während 1995 knapp $^{2}/_{3}$ der Unternehmen regional, also auf den Landkreis oder die Stadt, in der sie den Sitz haben, beschränkt waren, traf dies im Jahr 2000 bereits auf 74 % zu[155].

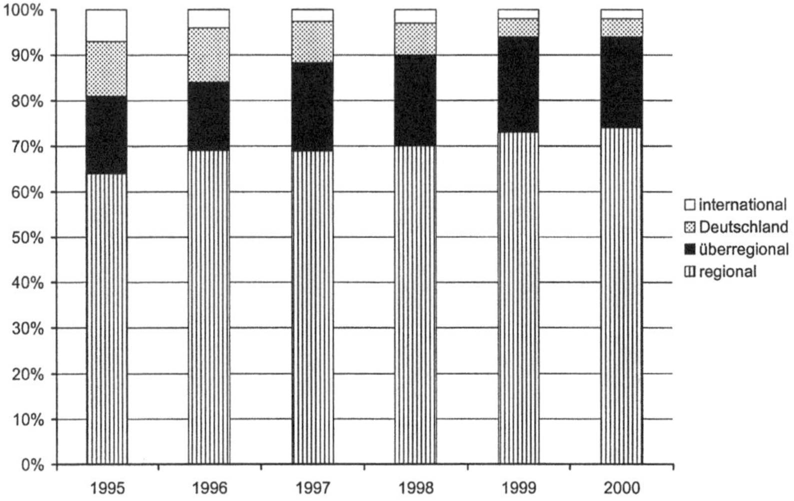

Abbildung 3-5: Regionales Arbeitsfeld

Der Gesamtumsatz je Maklerbetrieb stieg von rund € 203237 im Jahr 1992 bis auf € 345853 im Jahr 1996 um im Jahr 2000 auf € 295721 abzufallen[156]. *Pauk* schätzt, dass die Kleinbetriebe im Jahre 1993 nur 20 % des Gesamtumsatzes aller Maklerbetriebe machten, obwohl sie zum gleichen Zeitpunkt 85 % aller aktiven Vollerwerbsmaklerbetriebe stellten[157].

---

[154] Vgl. IHK Darmstadt: Immobilienmarkt in Deutschland – Branchenkennzahlen, http://datenfix.darmstadt.ihk.de/dlihk/dlinf072.htm, letzter Abruf am 14. Oktober 2004.

[155] Vgl. o.V.: Betriebsbefragung 2001 bei Immobilienmakler in Deutschland zum Geschäftsjahr 2000, Kiel 2001.

[156] Vgl. o.V.: Betriebsbefragung 2001 bei Immobilienmakler in Deutschland zum Geschäftsjahr 2000, Kiel 2001.

[157] Vgl. Heribert Pauk: Analyse des Immobilenmaklers: Empirische Analyse und theoretische Interpretation des Immobilienmaklers aus Sicht neuerer ökonomischer Ansätze mit dem Beispiel der Immobilienvermittlung durch Kreditinstitute, Münster 1994, S. 43.

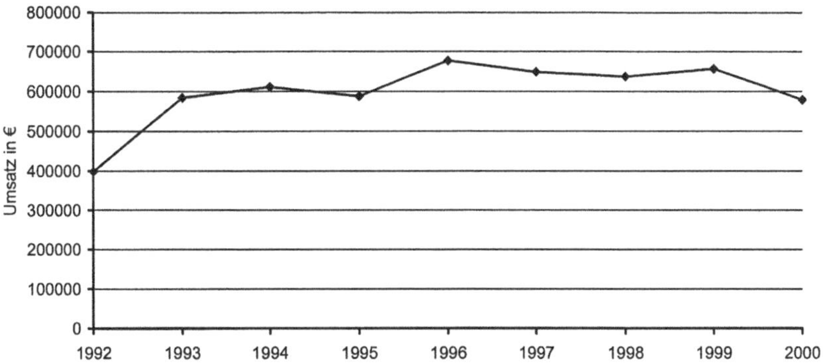

Abbildung 3-6: Durchschnittlicher Gesamtumsatz je Maklerbetrieb pro Jahr

Die Einnahmen der Immobilienmakler stammen aus verschiedenen Quellen, hauptsächlich aus den Provisionen aus Verkauf und Vermietung sowie den Gebühren der Hausverwaltung. Die wichtigste Einnahmequelle sind hierbei die Verkaufsprovisionen, ihr Anteil ging jedoch zu Lasten der Vermietungsprovisionen von 71 % im Jahre 1992 auf rund 61 % im Jahre 2000 zurück[158].

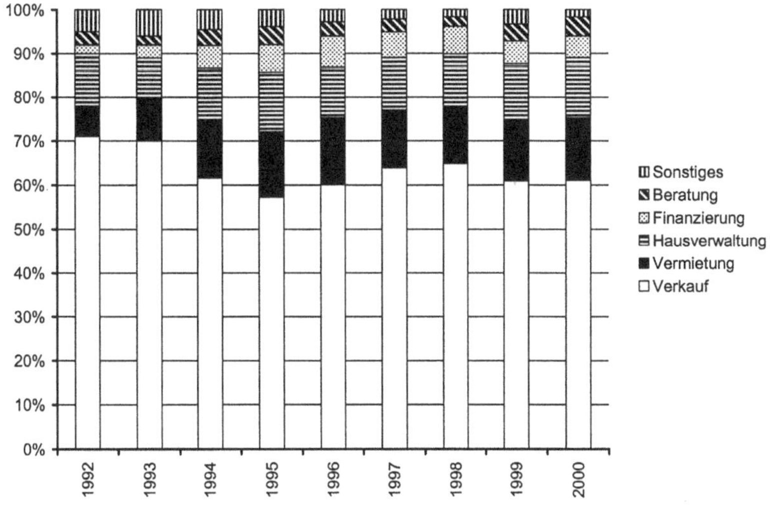

Abbildung 3-7: Prozentualer Anteil der Einnahmen

[158] Vgl. o. V.: Betriebsbefragung 2001 bei Immobilienmakler in Deutschland zum Geschäftsjahr 2000, Kiel 2001.

Der Anteil von Maklern am Gesamtumsatz beim Verkauf von Privatimmobilien lässt sich nur schwer schätzen. Eine erste Näherung zeigt, dass der Anteil der Makler Ende der 90er Jahre mit rund 45 % recht stabil blieb[159]. Der Anteil von makelnden Banken, Versicherungen und Bausparkassen nahm zwischen 1995 und 2000 zu Lasten der Privatverkäufe von 26 % auf 35 % zu[160]. Somit verkauften im Jahr 2000 nur noch rund 20 % aller Immobilienverkäufer die Objekte im Privatverkauf.

Zusammenfassend ist festzuhalten, dass es sich beim Maklergewerbe in der Bundesrepublik um einen von Kleinbetrieben bestimmten Sektor mit geringen durchschnittlichen Umsätzen handelt.

Anderson, *Lewis* und *Zumpano* zeigen, dass die Tätigkeiten von Immobilienmakler deutlich zunehmende Größenvorteile aufweisen[161]. Durch ihre geringe Größe können gerade die kleinen Maklerbetriebe diese nicht oder nur partiell ausnutzen. Für den Einzelbetrieb kann es deshalb sinnvoll sein, sich mit mehreren Firmen zusammenzuschließen oder Maklerkooperationen bzw. Franchisesystemen beizutreten. Damit soll versucht werden, die Vorteile von Großunternehmen auch für kleinere Einzelbetriebe erreichbar zu machen.

3.2.2.2. Maklerverbünde

Unter einem Maklerverbund versteht man den Zusammenschluss mehrerer Einzelmakler mit dem Ziel, die Marktrepräsentanz der beteiligten Firmen zu verbessern[162]. Maklerverbünde zeichnen sich vor allem durch einen gemeinsa-

---

[159] Vgl. o.V.: Betriebsbefragung 2001 bei Immobilienmakler in Deutschland zum Geschäftsjahr 2000, Kiel 2001.

[160] Vgl. o.V.: Betriebsbefragung 2001 bei Immobilienmakler in Deutschland zum Geschäftsjahr 2000, Kiel 2001.

[161] Vgl. Randy I. Anderson, Danielle Lewis und Leonard V. Zumpano: Residential Real Estate Brokerage Efficiency from a Cost and Profit Perspective, Journal of Real Estate Finance and Economics, Vol. 20 (3), 2000, S. 295 ff. mit weiteren Nachweisen.

[162] Vgl. Erwin Sailer: Akquisition und Durchführung von Aufträgen im Maklergeschäft, in: Erwin Sailer und Hans-Eberhard Langemaack (Hrsg.): Kompendium für Makler, Hausverwalter und Sachverständige, 9. Auflage, Stuttgart 1999, S. 101.
Das System der Maklerverbünde ist nicht auf Deutschland beschränkt. Eine ähnliche Einrichtung ist beispielsweise auch in den USA unter dem Namen des *Regional Real Estate Boards* bekannt. Dieses betreibt in der Regel einen *Multiple Listing Service*. Dieser *MLS* ist quasi ein Objektpool. Das *Regional Real Estate Board* verlangt von allen Mitgliedsmaklern, dass Objekte unmittelbar nach der Akquisition in die Datenbank des *MLS* eingegeben werden und damit allen angeschlossenen Firmen zur Verfügung stehen. Vgl. David Dale-Johnson und Stanley W. Hamilton: Housing Market Conditions, Listing Choice and MLS Market Share, Real Estate Economics, Vol. 26 (2), Summer 1998, S. 275 ff.

men Objektpool[163] aus. Die Mitglieder verpflichten sich, alle akquirierten Objekte in den Pool einzustellen und somit den anderen Mitgliedsfirmen zugänglich zu machen. Dies erhöht für die einzelne Firma die Wahrscheinlichkeit eines erfolgreichen Nachweises, da sie den Zugriff auf eine Vielzahl von Objekten hat. Die Regelungen der Maklerverbünde sehen vor, dass die von den Mitgliedsfirmen akquirierten Aufträge einheitlichen Ansprüchen genügen müssen. Es darf also nicht passieren, dass Aufträge von Maklern in den Objektpool eingegeben werden, die nicht den vom Maklerverbund gesetzten Mindestqualitätsansprüchen entsprechen. Ein typisches Merkmal aller Maklerverbünde ist, dass die einzelnen Mitgliedsfirmen das individuelle Erscheinungsbild nach außen behalten und zusätzlich auf ihre Verbundzugehörigkeit hinweisen.

Maklerverbünde sind somit ein auch Versuch, Kartellstrukturen zu etablieren und können, soweit dies zufrieden stellend gelingt, eine gewisse Marktmacht entfalten. Dies trifft vor allem zu, wenn sie in relativ enger räumlicher Umgebung viele Makler zusammenzuschließen. Denn durch die Zusammenarbeit ehemals konkurrierender Unternehmen kommt es sowohl zu einer Absprache bezüglich der angebotenen Objekte als auch des Preises für Maklerdienstleistungen. Der Wettbewerb auf dem Markt für Immobilienmakler wird damit zumindest teilweise ausgeschaltet.

Die Maklerverbünde sind mit dem Auseinanderfallen der individuellen Interessen der Verbundteilnehmer auf der einen Seite und des kollektiven Interesses auf der anderen Seite belastet. Der Maklerverbund stiftet für die einzelnen Teilnehmer dann den höchsten Nutzen, wenn die Zahl der Objekte im Pool möglichst groß ist. Dann steigt nämlich die Wahrscheinlichkeit, dass potentielle Interessenten von den Verbundmaklern ein geeignetes Objekt angeboten bekommen. Das individuelle Interesse des einzelnen Verbundmaklers ist jedoch, möglichst wenig Informationen an den Maklerverbund weiterzugeben, aber möglichst viele Objekte aus dem Verbundbestand anbieten zu können. Dies ermöglicht ihm, die privaten Informationen, nämlich seine eigenen Objekte, exklusiv zu vermarkten und gleichzeitig auf den Bestand der anderen Verbundmakler zurückzugreifen. Dadurch ist er in der Lage sich *ceteris paribus* von den anderen Maklern durch ein größeres Angebot abzusetzen. Da diese Überlegungen für alle Verbundmakler gelten, kommt es zwangsläufig zu einem Zusammenbruch des Maklerverbundes[164].

---

163 In der Bundesrepublik Deutschland ist das RDM-Immonet ein typisches Beispiel für einen Objektpool. An dieser internetbasierten Datenbank können alle Mitgliedsfirmen des Rings Deutscher Makler teilnehmen.

164 Für eine allgemeine Darstellung des Kartellstabilitätsproblems vgl. Dennis W. Carlton und Jeffrey M. Perloff: Modern Industrial Organization, 3rd Edition, Reading 1999 , S. 136 ff.

Die Maklerverbünde versuchen dieses Problem dadurch in den Griff zu bekommen, dass für die Teilnehmer gewisse Mindestvoraussetzungen vorgeschrieben und in der Satzung des jeweiligen Maklerverbundes verankert werden[165]. Dies bedeutet in der Regel, dass sich die Verbundmakler zum Gemeinschaftsgeschäft und zur Eingabe aller Akquisitionen in den Objektpool verpflichten sowie meist auch eine Standardsoftware installieren. Ferner werden allgemeingültige Akquisitionsstandards festgelegt, ebenso werden Mindestqualitätsansprüche an die akquirierten Objekte gestellt. Außerdem werden den Verbundteilnehmern so genannte Gemeinschaftsgeschäfte zugestanden. Dies bedeutet, dass die aus dem Vertragsabschluss anfallende Provision zwischen den Maklern aufgeteilt wird. Demnach wird sowohl der vermittelnde als auch der akquirierende Makler entsprechend entlohnt und das grundsätzlich inkompatible Eigeninteresse des Akquisitionsmaklers mit dem kollektiven Interesse in Übereinklang gebracht und das Prinzipal-Agenten-Problem zumindest teilweise gelöst. Ferner wird in der Praktikerliteratur[166] darauf hingewiesen, dass die Verbundmakler zusätzlich durch ein persönliches Vertrauensverhältnis aneinander gebunden sein sollten. Hierdurch soll verhindert werden, dass Neueinsteiger ohne Reputation sofort in den Maklerverbund aufgenommen werden und *free riding* betreiben können.

Es ist jedoch fraglich, ob diese Regeln tatsächlich geeignet sind, das Trittbrettfahrerproblem wirkungsvoll einzuschränken. Denn eine Verpflichtung, Gemeinschaftsgeschäfte zu tätigen und alle Akquisitionen in den Objektpool einzugeben bedeutet noch nicht, dass sich die einzelnen Makler auch daran halten. Dies kann nur dann sichergestellt werden, wenn ein funktionierendes Überwachungssystem installiert wird, welches abweichendes Verhalten entsprechend sanktioniert[167]. Im Falle der Maklerverbünde könnte ein solches Überwachungssystem auch Scheinkäufer beinhalten. Wird durch sie ein Vergehen des Maklers gegen die Regeln des Verbundes entdeckt, kann eine Vertragsstrafe beziehungsweise ein Ausschluss aus dem Verbund zur Sanktionierung des abweichenden Verhaltens benutzt werden. Auch eine Regelung, die eine gewisse Mindestqualität der akquirierten Produkte vorsieht, stellt nicht sicher, dass Trittbrettfahrerverhalten ausgeschlossen wird. So kann etwa ein Makler eine Anzahl von Objekten akquirieren, die alle den Mindestanforderungen des Maklerverbundes entsprechen.

---

165 Vgl. Erwin Sailer: Akquisition und Durchführung von Aufträgen im Maklergeschäft, in: Erwin Sailer und Hans-Eberhard Langemaack (Hrsg.): Kompendium für Makler, Hausverwalter und Sachverständige, 9. Auflage, Stuttgart 1999, S. 101.

166 Vgl. auch hier wieder Erwin Sailer: Akquisition und Durchführung von Aufträgen im Maklergeschäft, in: Erwin Sailer und Hans-Eberhard Langemaack (Hrsg.): Kompendium für Makler, Hausverwalter und Sachverständige, 9. Auflage, Stuttgart 1999, S. 102.

167 Eine aufschlussreiche Arbeit, die die Sanktionierung von Kartellbrüchen analysiert ist James M. Griffin und Weiwen Xiong: The Incentive to Cheat: An Empirical Analysis of OPEC, Journal of Law and Economics, Vol. 40(2), October 1997, S. 289 ff.

Nun wäre er nach der Satzung verpflichtet, diese Objekte vollständig in den Pool zu geben. Allerdings kann der Makler aus einer individuellen Verwertung einen höheren Nutzen ziehen, da er in einem solchen Fall alle Provisionserträge erhält und sie nicht mit anderen Maklern teilen muss. Im Entdeckungsfall hat er jedoch eine Vertragsstrafe zahlen. Falls es sich dann auch noch um Objekte mit geringem Vermittlungs- oder Nachweisaufwand handelt, hat er einen starken Anreiz, sich nichtkooperativ zu verhalten und die Objekte alleine zu verwerten. Geht man davon aus, dass bei Gemeinschaftsgeschäften in der Regel die Provision hälftig zwischen den beteiligten Maklern geteilt wird[168], wird ein Makler ein Objekt dann und nur dann in den Pool eingeben, wenn für ihn die Kosten des Nachweises oder der Vermittlung höher sind als die Hälfte der zu erzielenden Provision abzüglich der erwarteten Vertragsstrafe.

Dies wird unmittelbar einsichtig wenn man die erzielbaren Gewinne in beiden Situationen analysiert. Betrachtet werden zwei Makler: Handelt Makler 1 alleine, setzt sich sein Gewinn G_{i1} aus der Provision P abzüglich der Akquisitionskosten K_{A1}, den Vermittlungskosten K_{V1} und der erwarteten Vertragsstrafe $p \cdot s$ zusammen

(12) $$G_{i1} = P - K_{A1} - K_{V1} - p \cdot s .$$

Betrachtet man nun einen Fall, in dem ein Makler ein Objekt akquiriert und dieses anschließend durch ein Gemeinschaftsgeschäft von Makler 2 verwertet wird, so erzielt er einen Gewinn G_{K1} von

(13) $$G_{K1} = \frac{1}{2}P - K_{A1} .$$

Da eine Kooperation für Makler 1 nur bei $G_{i1} < G_{K1}$ vorteilhaft ist, gilt

(14) $$P - K_{A1} - K_{V1} - p \cdot s < \frac{1}{2}P - K_{A1} .$$

Umgeformt ergibt sich demnach als notwendige Bedingung

(15) $$\frac{1}{2}P < K_{V1} + p \cdot s .$$

Es wird also nur dann zu einer Kooperation kommen, wenn die Summe aus Vermittlungskosten und erwarteter Vertragsstrafe des Maklers 1 höher als die beim Gemeinschaftsgeschäft auf ihn entfallende Provision ist.

Eine analoge Argumentation gilt auch für Makler 2, der sich zwischen einer Eigenakquise oder dem Rückgriff auf den Objektpool entscheiden muss. Auch hier gilt für den Gewinn bei individuellem Handeln

---

168 Vgl. § 9 der *Geschäftsgebräuche für Gemeinschaftgeschäfte* des Rings Deutscher Makler (RDM).

$$(16)\quad G_{i2} = P - K_{A2} - K_{V2} - p \cdot s.$$

Würde sich dieser Makler nun auf Angebote aus dem Immobilienpool des Maklerverbundes beschränken, so ließe sich Gewinn ausdrücken als

$$(17)\quad G_{K2} = \frac{1}{2}P - K_{V2}.$$

Eine Eigenakquise ist vorteilhaft, wenn $G_{i2} > G_{K2}$. Dies ist der Fall, wenn

$$(18)\quad P - K_{A2} - K_{V2} - p \cdot s > \frac{1}{2}P - K_{V2}.$$

Der Makler wird sich folglich für eine Eigenakquise entscheiden, wenn

$$(19)\quad \frac{1}{2}P > K_{A2} + p \cdot s.$$

Man erkennt, dass eine Kooperation der beiden Makler sowohl vom Verhältnis der relativen Akquisitions- und Vertriebskosten als auch von der Höhe der erwarteten Vertragsstrafe abhängt.

Die starre hälftige Aufteilung der Provision bei Gemeinschaftsgeschäften ist also nicht in der Lage, das selektive Verhalten der individuellen Makler zu lenken. Eine geeignete Provisionsteilung sollte vielmehr den Anreiz geben, dass der Objektpool dann genutzt wird, wenn der Gesamtgewinn für beide an der Transaktion beteiligten Makler bei Poolbenutzung höher ist als wenn die Makler alleine agieren. Betrachtet man einen Makler 1, der nach erfolgreicher Objektakquise vor der Entscheidung steht, dass Objekt entweder alleine zu vermakeln oder in den Objektpool einzugeben, wird dieser, wie aus Gleichung (14) ersichtlich, nur dann ein Gemeinschaftsgeschäft durchführen, wenn sein Gewinn daraus höher ist als der Gewinn aus Alleinverwertung. Optimal wäre eine Alleinverwertung allerdings nur dann, wenn die aggregierten Gewinne beider an der Transaktion teilnehmenden Makler kleiner ist als der Gewinn aus Alleinverwertung. Folglich

$$(20)\quad G_G = P - K_{A1} - K_{V2} > G = P - K_{A1} - K_{V1} - p \cdot s.$$

Diese Bedingung ist nur dann erfüllt, wenn $K_{V2} < K_{V1} + p \cdot s$. Eine Provisionsregel, die sicherstellt, dass die gesamtgewinnmaximierende Handlungsalternative gewählt wird, muss demnach sicherstellen, dass der bei einem Gemeinschaftsgeschäft auf Makler 1 entfallende Provisionsanteil α_1 mindestens $P - K_{V1} - p \cdot s$ entspricht.

Diese notwendige Bedingung besagt jedoch nicht, dass es tatsächlich zu einem Gemeinschaftsgeschäft kommt. Da der zweite Makler einem solchen Geschäft auch nur zustimmen wird, wenn ihn dieses besser als eine Eigenakquise stellt, muss der auf ihn entfallende Anteil der Provision in Höhe von $(1-\alpha_1)$ größer sein als seine Kosten der Eigenakquise. Dies zeigt sich, wenn man die Gleichung

(18) betrachtet und bedenkt, dass der Provisionsanteil des Vertriebsmaklers nun nicht mehr ½, sondern (1-α_1) beträgt.

Problematisch ist weiterhin, dass die Provisionsregel zwingend darauf beruht, dass die Vertriebskosten K_{V1} und K_{V2} bei der Aushandlung der Provisionsregel bekannt sind. Nur dann können nämlich beide Makler entscheiden, ob es zu einem Gemeinschaftsgeschäft oder einer Alleinverwertung kommen soll. Diese Annahme ist aber aus unterschiedlichen Gründen zweifelhaft: da die Provisionsregel vor dem eigentlichen Vertrieb ausgehandelt wird, müssen beide beteiligten Makler subjektive Erwartungen bezüglich der Vertriebskosten bilden. Außerdem handelt es sich bei diesen subjektiven Einschätzungen um private Informationen, die der jeweiligen Gegenseite nicht bekannt sind. Somit kann jede Partei opportunistisch handeln und die eigenen Vertriebskosten falsch darstellen, um die jeweilige andere Seite zu übervorteilen.

Zusammenfassend lässt sich feststellen, dass jegliche Form der Provisionsteilung nur in Einzelfällen dazu führt, dass sowohl die Trittbrettfahrerprobleme gelöst als auch die Maximierung der Gesamtgewinne erreicht wird. Vertragliche Regeln zwischen dem Maklerverbund auf der einen und den individuellen Maklern auf der anderen Seite bedürfen deshalb einer Überwachung und müssen bei Verstoß sanktioniert werden.

Für den Konsumenten sind Maklerverbünde eine zweischneidige Sache. Auf der einen Seite können die Makler durch den gemeinsamen Objektpool mehr Immobilien nachweisen und vermitteln als Makler, die nicht auf solche gemeinsamen Pools zurückgreifen. Dieser Punkt wird gerade von der Maklerpraxisliteratur stets betont[169]. Auf er anderen Seite sieht sich der Kunde einem Kartell gegenüber, das mehr oder weniger stark den Wettbewerb zwischen den Maklern verhindert und damit zu *ceteris paribus* höheren Preisen (in Form von höheren Provisionen) und niedrigerer Qualität führt.

3.2.2.3. Franchising

Während Maklerverbünde das Gemeinschaftsgeschäft zwischen den teilnehmenden, nach außen individuell auftretenden Maklern fördern, wird bei Franchiseverbünden mehr Wert auf ein gemeinsames äußeres Erscheinungsbild, gleiche Qualität der Leistung und einen gemeinsamen Markennamen gelegt. Franchiseverträge zwischen zwei rechtlich unabhängigen Firmen geben dem Franchisenehmer regelmäßig das Recht, die Geschäftsidee und den Namen des Franchisegebers an einem genau festgelegten Ort für eine vertraglich festgelegte Zeit zu

[169] So etwa Erwin Sailer: Akquisition und Durchführung von Aufträgen im Maklergeschäft, in: Erwin Sailer und Hans-Eberhard Langemaack (Hrsg.): Kompendium für Makler, Hausverwalter und Sachverständige, 9. Auflage, Stuttgart 1999, S. 101 f.

nutzen. Hierfür bezahlt der Franchisenehmer meist eine Einmal- sowie eine laufende Gebühr an den Franchisegeber. Der Franchisegeber verpflichtet sich im Gegenzug zu Training und sonstiger Unterstützung des Franchisenehmers und zur Weiterentwicklung der Marke[170]. Für den Franchisenehmer bedeutet dies, dass er vor allem von der Reputation des Franchisegebers profitieren kann.

Franchiseverbünde von Immobilienmaklern verbreiten sich auch in der Bundesrepublik mehr und mehr. Große Verbünde sind etwa ERA/Aufina mit 132 Büros in Deutschland und über 750 in Europa oder RE/MAX mit über 4000 Büros in 38 Ländern. ERA/Aufina verlangte 1999 vom Franchisenehmer eine Einmalgebühr in Höhe von rund 16.340 € sowie eine laufende Gebühr in Höhe von 9 % des Umsatzes[171]. ERA/Aufina bietet im Gegenzug Leistungen wie Kooperationsverträge mit dem Ziel der Geschäftszuführung mit der Commerzbank AG, überregionale Werbung, Aus- und Weiterbildung an der ERA/Aufina-eigenen Akademie, Handbücher und so weiter. AIM Allgemeine Immobilien Makler & Servicegesellschaft, ein sehr viel kleinerer Franchisegeber mit rund 30 Franchisenehmern verlangt keine Einmalgebühr, die Franchisenehmer müssen aber eine laufende Gebühr in Höhe von 12 % des Umsatzes sowie eine Werbegebühr in Höhe von 3 % des Umsatzes entrichten[172].

In den USA ist die Verbreitung von Franchisesystemen bei Immobilienmaklern recht ausgeprägt. Im Jahre 1981 gehörten ungefähr 30 % aller Immobilienmakler einem Franchisesystem an[173], im Jahr 2001 waren es bereits 37 %[174]. *Frew* und *Jud* untersuchten 900 Hausverkäufe, die im Jahr 1982 in den drei Städten Charlotte, Greensboro und Raleigh in North Carolina durchgeführt wurden. Sie errechneten, dass Makler, die einem Franchisesystem angehörten, 930000 $ mehr umsetzten als franchiseunabhängige Makler. Außerdem arbeiteten in ein Franchisesystem eingebundene Immobilienmakler auf einem höheren Effizienzniveau als unabhängige Makler. *Lewis* und *Anderson* untersuchten 162 Firmen, von denen 54 einem Franchisesystem angehörten und errechneten für die fran-

---

170 Vgl. etwa James A. Brickley: Incentive Conflicts and Contractual Restraints: Evidence from Franchising, Journal of Law and Economics, Vol. 42 (2), October 1999, S. 748 oder Francine Lafontaine und Kathryn L. Shaw: The Dynamics of Franchise Contracting: Evidence from Panel Data, Journal of Political Economy, Vol. 107 (5), October 1999, S. 1041 ff.

171 Vgl. o.V.: Franchise-Chancen für Deutschland: Selbständigmachen als Partner erfolgreicher Unternehmen, Bonn, Berlin, etc. 1998, S. 65.

172 Vgl. o.V.: Franchise-Chancen für Deutschland: Selbständigmachen als Partner erfolgreicher Unternehmen, Bonn, Berlin, etc. 1998, S. 54.

173 Vgl. James R. Frew und Donald G. Jud: The Value of a Real Estate Franchise, American Real Estate and Urban Economics Journal, Vol. 14 (2), 1986, S. 374 ff.

174 Vgl. National Association of Realtors: Field Guide to Franchises vs. Independents, abgerufen am 02.10.2003 unter http://www.realtor.org/libweb.nsf/pages/fg101.

chisegebundenen Firmen eine Ineffizienz von 9,8 % während die unabhängigen Immobilienmaklerfirmen eine Ineffizienz von 19,7 % aufwiesen[175]. Die Zugehörigkeit zu einem Franchisesystem ist demnach für den Makler vorteilhaft und erklärt die steigenden Franchisequoten.

Franchisesysteme sind aufgrund der vertraglich verankerten Kontrollrechte des Franchisegebers in einem geringeren Maße als Maklerverbünde mit der Trittbrettfahrerproblematik konfrontiert. So kann bei zentralisiertem Provisionsinkasso durch den Franchisegeber[176] der Franchisenehmer nicht oder nur schwer seinen Zahlungsverpflichtungen an den Franchisegeber ausweichen. Während Maklerverbünde versuchen müssen, durch eine geeignete Provisionsteilungsregel für alle Verbundteilnehmer einen Anreiz zur Kooperation zu schaffen, kann in Franchiseverbünden der Franchisegeber das formale Kontrollrecht auch tatsächlich ausüben und Franchisenehmer dadurch zur Kooperation zwingen.

3.3. Rechtlicher Rahmen der Immobilienmaklertätigkeit

In der Bundesrepublik Deutschland wird die Immobilienmaklertätigkeit sowohl von öffentlich-rechtlichen, als auch zivilrechtlichen Regelungen berührt. Sie bestimmen die Rechte und Pflichten von Maklern und mit ihnen in Beziehung stehenden Parteien. Ihre Ausgestaltung beeinflusst unmittelbar das Verhalten der Immobilienmakler und legt fest, in welchem Rahmen Immobilienmakler ihre Leistungen erbringen können.

3.3.1. Öffentliches Recht

Die Ausübung einer Maklertätigkeit wird in der Bundesrepublik Deutschland durch die Gewerbeordnung (GewO), die Makler- und Bauträgerverordnung (MaBV) und das Wohnungsvermittlungsgesetz (WoVermittG) geregelt. Die Einführung des § 34 c GewO und die daran anschließenden Konkretisierungen durch die MaBV und das WoVermittG sind als Reaktionen auf Missstände im Maklerwesen zu sehen[177].

---

175 Vgl. Danielle Lewis und Randy Anderson: Residential Real Estate Brokerage Efficiency and the Implications of Franchising: A Baysian Approach, Real Estate Economics, Vol. 27 (3), 1999, S. 543 ff.

176 Dies ist etwa eine Leistung, die die AIMS für die Franchisenehmer anbietet. Vgl. o.V.: Franchise-Chancen für Deutschland: Selbständigmachen als Partner erfolgreicher Unternehmen, Bonn, Berlin, etc. 1998, S. 54.

177 Vgl. Wolfram Höfling und Volker Breustedt, in: Karl Heinrich Friauf (Hrsg.): Kommentar zur Gewerbeordnung – GewO, Gewerberechtlicher Teil, Neuwied, Stand August 2004, § 34 c, Rn. 1

Die Erlaubnisbedürftigkeit der Maklertätigkeit wird durch § 34 c GewO bestimmt. Er legt fest, dass unter anderem der gewerbsmäßige Nachweis oder die gewerbsmäßige Vertragsvermittlung von Grundstücken, grundstücksgleichen Rechten, gewerblichen Räumen und Wohnräumen einer behördlichen Erlaubnis bedarf. § 34 c GewO ermöglicht, dass Makler per Rechtsverordnung dazu verpflichtet werden können, ihr Gewerbe in einer bestimmten Art und Weise auszuführen. Dies betrifft vor allem die Pflicht, ausreichende Sicherheiten zu leisten, vom Auftraggeber erhaltene Vermögenswerte getrennt vom eigenen Vermögen zu verwalten, Bücher zu führen, dem Auftraggeber gegenüber Rechnung abzulegen und ihn ausreichend zu informieren. Der Begriff des Auftraggebers im Sinne des § 34 c GewO ist nicht genau definiert. Der erfasste Personenkreis ist deshalb umstritten. Die in der Literatur vorherrschende Meinung sieht jedoch zumindest bei den klassischen Vermittlungs- und Nachweisgeschäften beide Parteien als geschützten Personenkreis an[178].

Die Erlaubnis nach § 34 c GewO kann nur dann versagt werden, wenn der Antragsteller entweder die erforderliche Zuverlässigkeit nicht besitzt oder in ungeordneten Verhältnissen lebt. Unzuverlässigkeit und ungeordnete Verhältnisse werden dabei entweder an Verurteilungen bei wirtschaftlich relevanten Straftaten in den fünf Jahren vor der Antragstellung oder an Konkurs bzw. Vergleichsverfahren festgemacht[179]. § 34 c (3) GewO legt fest, dass der Gesetzgeber die in § 34 c GewO festgelegten Anforderungen in einer eigenen Verordnung konkretisieren kann. Dies ist in der Makler- und Bauträgerverordnung (MaBV) geschehen.

Die meisten Regelungen der MaBV sind für die typischen Maklertätigkeiten von untergeordneter Bedeutung, da sie in der Maklertätigkeit nur selten vorkommende Situationen betreffen. Dies gilt vor allem für die in den §§ 2, 4-8 MaBV geregelten Sicherungspflichten. § 10 MaBV verpflichtet den Makler zur Buchführung im gewerberechtlichen Sinne. Darunter wird von der Auftragsannahme an die Sammlung von Unterlagen und Belegen sowie die Aufzeichnung von Tätigkeiten verstanden und ist nicht mit der handelsrechtlichen Buchführungspflicht gleichzusetzen[180]. Für Immobilienmakler spielt besonders § 10 (3) MaBV eine große Rolle, da er sie verpflichtet, die objektbezogenen Angaben aufzu-

---

178 Vgl. Wolfram Höfling und Volker Breustedt, in: Karl Heinrich Friauf (Hrsg.): Kommentar zur Ge-werbeordnung – GewO, Gewerberechtlicher Teil, Neuwied, Stand August 2004, § 34 c, Rn 70. Ebenso Ulrich Wegener, Erwin Sailer und Stephan W. Raab: Der Makler und sein Auftraggeber, 5. Auflage, Stuttgart 1997, S. 306 ff.

179 Vgl. hierzu Wolfram Höfling und Volker Breustedt, in: Karl Heinrich Friauf (Hrsg.): Kommentar zur Ge-werbeordnung – GewO, Gewerberechtlicher Teil, Neuwied, Stand August 2004, § 34 c, Rn 83 ff.

180 Vgl. Peter Marcks, in: Landmann/Rohmer: Gewerbeordnung und ergänzende Vorschriften, München, Stand Februar 2004, § 10 MaBV, Rn. 1.

zeichnen. Objektbezogen sind Angaben über Lage, Größe, Nutzungsmöglichkeiten, Alter und Zustand des Objekts, Wohn- und Nutzflächen, Zimmerzahl und ähnliches. § 11 MaBV verpflichtet den Makler zur umfassenden schriftlichen Information des Auftraggebers. Die Informationspflichten beziehen sich vor allem auf die in § 10 GewO angeführten objektbezogenen Angaben. Verstöße gegen die Regelungen der MaBV werden als Ordnungswidrigkeiten geahndet.

Die Vermakelung von Mietwohnungen wird zusätzlich durch das WoVermittG geregelt, das vor allem die Bezahlung des Maklers durch den Wohnungssuchenden auf maximal zwei Monatsmieten zuzüglich der gesetzlichen Umsatzsteuer festlegt.

3.3.2. Bürgerliches Recht

Die Beziehungen zwischen den Wohnungs- und Immobilienmaklern und ihren Auftraggebern werden durch Maklerverträge geregelt. Der Wohnungs- und Immobilienmakler unterliegt als Zivilmakler dem gesetzlichen Leitbild des bürgerlich-rechtlichen Maklervertrages.

Der einfache Maklervertrag ist kein gegenseitiger Vertrag im Sinne der §§ 320 ff. des BGB[181], denn er beschreibt ein einseitiges Verpflichtungsgeschäft. Der Maklervertrag regelt nämlich, dass der Makler für den Auftraggeber tätig werden kann, dazu aber keine Verpflichtung besteht. Weist der Makler nun eine Vertragsabschlussmöglichkeit nach, ist der Auftraggeber nicht zum Abschluss verpflichtet, selbst dann nicht, wenn die nachgewiesene Immobilie genau den vorher zwischen Makler und Prinzipal festgelegten Anforderungen genügt[182]. Schließt der Auftraggeber jedoch aufgrund der nachgewiesenen Abschlussmöglichkeit tatsächlich einen Hauptvertrag, d. h. einen Vertrag über die Immobilie ab, so ist er nach § 652 BGB zur Zahlung des Maklerlohns verpflichtet[183].

Der Alleinauftrag unterscheidet sich vom normalen Maklervertrag, denn der Auftraggeber verzichtet auf die Möglichkeit weitere Makler einzuschalten und verpflichtet sich zusätzlich, jeden Interessenten an den alleinbeauftragten Makler zu verweisen. Teilweise wird der Alleinauftrag in zwei unterschiedliche Gruppen eingeteilt, nämlich in den normalen Alleinauftrag und in den qualifizierten Alleinauftrag. Während sich beim normalen Alleinauftrag der Auftrag-

---

[181] Vgl. Peter Schwerdtner, in: Münchener Kommentar zum Bürgerlichen Gesetzbuch, 2. Auflage, München 1986, § 652 Rn. 9.

[182] Vgl. Dieter Reuter, in: Staudingers Kommentar zum Bürgerlichen Gesetzbuch, 13. Auflage, Berlin 1995, Vorbemerkung zu §§ 652 ff., Rn. 1.

[183] Vgl. auch Michael Rozijn: Der Unternehmensmaklervertrag: Zur Anwendung des allgemeinen Maklervertragsrechts auf Mergers-&-Acqusitions-Dienstleistungen, Frankfurt, Berlin etc., 2001, S. 243.

geber lediglich verpflichtet, keinen weiteren Makler einzuschalten, verbietet ihm der qualifizierte Alleinauftrag zusätzlich, mit selbst gefundenen Interessenten am Makler vorbei einen Vertrag abzuschließen[184]. Der Makler verpflichtet sich im Gegenzug dazu, den zu vermakelnden Gegenstand jedem geeigneten Interessenten nachzuweisen[185]. Der Alleinauftrag ist also ein um Nebenabreden erweiterter normaler Maklervertrag, der beiden beteiligten Parteien Pflichten auferlegt[186]. Ob es sich beim Alleinauftrag um einen Maklerdienstvertrag handelt, ist in der Rechtswissenschaft umstritten[187]. Unstrittig ist jedoch, dass eine Bezahlung des Maklers unabhängig vom Abschluss des Hauptvertrages nur dann erfolgen kann, wenn dies im Einzelfall verabredet wurde. Eine Regelung über Allgemeine Geschäftsbedingungen ist nicht möglich[188].

Werden die Nebenabreden zwischen Auftraggeber und Makler im Rahmen des Alleinauftrags soweit konkretisiert, dass der Makler verpflichtet wird, einen genau bestimmten Erfolg herbeizuführen, wird dies nach der herrschenden Meinung der Rechtswissenschaft als Maklerwerkvertrag bezeichnet[189]. Auch hier kann eine erfolgsunabhängige Bezahlung des Maklers nur per Individualabrede, nicht jedoch durch Allgemeine Geschäftsbedingungen vereinbart werden.

Der Maklerdienstvertrag unterscheidet sich vom Maklerwerkvertrag also dadurch, dass bei ihm nur Dienste geschuldet werden, während der Maklerwerkvertrag den Makler verpflichtet, einen *bestimmten* Erfolg herbeizuführen[190].

Maklerverträge sind grundsätzlich formfrei und zwar auch Maklerverträge, die den Bereich der Makler- und Bauträgerverordnung (MaBV) berühren. Über All-

---

184 Vgl. etwa Ulrich Wegener, Erwin Sailer, Stephan W. Raab: Der Makler und sein Auftraggeber, 5. Auflage, Stuttgart 1997, S. 248, 251.

185 Vgl. Ulrich Wegener, Erwin Sailer, Stephan W. Raab: Der Makler und sein Auftraggeber, 5. Auflage, Stuttgart 1997, S. 248 f.

186 Vgl. Dieter Reuter, in: Staudingers Kommentar zum Bürgerlichen Gesetzbuch, 13. Auflage, Berlin 1995, Vorbemerkung zu §§ 652 ff., Rn. 9.

187 Zustimmend etwa Hartwig Sprau, in: Palandt: Bürgerliches Gesetzbuch, 63. Auflage, München 2004, Einführung vor § 652, Rn. 6, ablehnend etwa Dieter Reuter, in: Staudingers Kommentar zum Bürgerlichen Gesetzbuch, 13. Auflage, Berlin 1995, Vorbemerkung zu §§ 652 ff., Rn. 11 ff.

188 Vgl. Hartwig Sprau, in: Palandt: Bürgerliches Gesetzbuch, 63. Auflage, München 2004, Einführung vor § 652, Rn. 6, 17.

189 Vgl. Hartwig Sprau, in: Palandt: Bürgerliches Gesetzbuch, 63. Auflage, München 2004, Einführung vor § 652, Rn. 7, kritisch hierzu Dieter Reuter, in: Staudingers Kommentar zum Bürgerlichen Gesetzbuch, 13. Auflage, Berlin 1995, Vorbemerkung zu §§ 652 ff., Rn. 14.

190 Vgl. Peter Schwerdtner, in: Münchener Kommentar zum Bürgerlichen Gesetzbuch, 2. Auflage, München 1986, § 652, Rn. 11

gemeine Geschäftsbedingungen kann jedoch eine Formerfordernis eingeführt werden[191]. Der Vertragsabschluss ist nichtig bei fehlender Gewerbeerlaubnis, Sittenwidrigkeit oder dem entgegenstehenden berufsrechtlichen Regelungen.

Grundsätzlich setzt der Provisionsanspruch eines Maklers das Bestehen eines Maklervertrages voraus. Ein Vertragsschluss zwischen Makler und Auftraggeber ist sowohl explizit als auch konkludent möglich. Für den Vertragsschluss ist es immer notwendig, dass der Makler seine Provisionserwartung erkennbar offen legt und dabei klar und deutlich zeigt, ob der Auftraggeber oder dessen Hauptvertragspartner die Provision zahlen soll. Provisionspflichtig wird der Auftraggeber dann, wenn der beabsichtigte Hauptvertrag, d.h. der Vertrag über den Verkauf oder die Vermietung der Immobilie, rechtswirksam zustande gekommen ist[192]. Die Provisionspflicht des Auftraggebers besteht auch dann fort, wenn nach Beendigung des Maklervertrags der Hauptvertrag abgeschlossen wird[193]. Außerdem ist für einen Provisionsanspruch die Kausalität im juristischen Sinne notwendig, es muss also die Arbeit des Maklers für den Abschluss des Hauptvertrages ursächlich gewesen sein.

Die Höhe der Provision ist im allgemeinen rechtlich nicht geregelt[194], vielmehr ist die zwischen den Vertragsparteien getroffene Abmachung bindend. Allerdings sind nach § 138 Abs. 2 BGB Rechtsgeschäfte dann nichtig, wenn „ ... jemand unter Ausbeutung der Zwangslage, der Unerfahrenheit, des Mangels an Urteilsvermögen oder der erheblichen Willensschwäche eines anderen sich oder einem Dritten für eine Leistung Vermögensvorteile versprechen oder gewähren läßt, die in einem auffälligen Mißverhältnis zu der Leistung stehen“.

Allerdings lassen sich keine klaren Regeln ziehen, wann eine Provision in einem auffälligen Missverhältnis zur Leistung steht. Vielmehr ist es notwendig, im Einzelfall die übliche und die vereinbarte Provision gegenüberzustellen[195].

---

191 Vgl. Dieter Reuter, in: Staudingers Kommentar zum Bürgerlichen Gesetzbuch, 13. Auflage, Berlin 1995, §§ 652, 653 ff., Rn. 18 f.

192 Zu Ausnahmen, wie etwa eines mangelhaften Hauptvertrages vgl. Peter Schwerdtner, in: Münchener Kommentar zum Bürgerlichen Gesetzbuch, 2. Auflage, München 1986, § 652, Rn. 114 ff.

193 Diese Regelung ist sinnvoll, da ansonsten die Provisionspflicht des Auftraggebers von diesem allein schon dadurch umgangen werden könnte, dass der Maklervertrag vor Abschluss des Hauptvertrages beendet wird. Vgl. Peter Schwerdtner, in: Münchener Kommentar zum Bürgerlichen Gesetzbuch, 2. Auflage, München 1986, § 652, Rn. 99.

194 Eine Ausnahme hiervon sind nach § 3 WoVermG die Provisionen, die Makler für die Vermittlungen von Wohnraum verlangen dürfen. Diese Provisionen dürfen zwei Monatsmieten zuzüglich der gesetzlichen Mehrwertsteuer nicht übersteigen.

195 BGH vom 16.2.1994, NJW 1994, S. 1475 ff.

In der Bundesrepublik Deutschland wird nach § 654 BGB die Doppeltätigkeit eines Maklers, also sein Tätigwerden für den Auftraggeber und dessen Hauptvertragspartner, im Allgemeinen dann ausgeschlossen, wenn sie nicht ausdrücklich im Vertrag zwischen Makler und Auftraggeber gestattet wurde. Eine solche explizite Genehmigung ist beispielsweise bei der offenen Provisionsüberwälzung gegeben. In diesem Fall wird der Makler unentgeltlich mit dem Nachweis oder der Vermittlung eines Nachfragers beauftragt und eine Doppeltätigkeit mit Provisionspflicht für die Gegenseite, also den Nachfrager, gestattet[196].

Anders sieht es jedoch aus, wenn der Auftraggeber mit dem Makler eine vertragliche Regelung trifft, die lediglich den Nachfrager mit der Zahlung der Provision belastet. Dies geschieht regelmäßig bei Wohnungsvermietungen. In diesem Fall sieht das deutsche Recht den Makler nicht in einer Doppeltätigkeit.

Der Maklervertrag wird beendet durch Kündigung, Widerruf oder Aufhebungsvertrag. Auch eine Anfechtung kann zur Vertragsbeendigung führen, ebenso der Tod des Maklers oder der Tod beziehungsweise die Geschäftsunfähigkeit des Auftraggebers. Gleiche Wirkungen entfalten Insolvenz des Maklers oder des Auftraggebers.

Aus dem Maklervertrag leiten sich sowohl für den Makler als auch für den Auftraggeber Pflichten ab. So ist der Makler durch ein besonderes Treueverhältnis an den Auftraggeber gebunden und hat somit dessen Interessen zu verfolgen und zu wahren. Der Makler hat alles zu unterlassen, was die Interessen seines Auftraggebers schädigen könnte. Insbesondere hat er Verschwiegenheit zu bewahren[197]. Der Makler ist außerdem auskunftspflichtig und muss dem Auftraggeber alle ihm bekannten Umstände, die für den Abschluss des Hauptvertrages wesentlich sein könnten, mitteilen. Er ist jedoch nur dann zu eigenen Nachforschungen verpflichtet, wenn dies der Verkehrssitte entspricht. Angaben zum Objekt, die der Makler vom Auftraggeber oder der Gegenseite erhalten hat, darf er ungeprüft weiterleiten. Prüfungspflicht besteht nur dann, wenn er die Informationen als seine eigenen ausgibt. Falls der Makler aber erkennt, dass die Angaben offensichtlich falsch sind, muss er dies dem Auftraggeber mitteilen. Er braucht sie aber nicht richtig zu stellen[198]. Die allgemeine Beratungspflicht des Maklers ist sehr begrenzt. So hat er etwa auf eine realistische Preisgestaltung zu achten. Eine Beratungspflicht in wirtschaftlichen und rechtlichen Fragen hat der Makler

---

196 Vgl. Dieter Reuter, in: Staudingers Kommentar zum Bürgerlichen Gesetzbuch, 13. Auflage, Berlin 1995, § 652 Rn. 165, 1995

197 Vgl. Hartwig Sprau, in: Palandt: Bürgerliches Gesetzbuch, 63. Auflage, München 2004, § 652, Rn. 13 und ausführlich Kyra Seidenberg: Die notwendige Neuordnung des Wohnungs- und Immobilienmaklerrechts und seine Integration in das BGB, Frankfurt 2000, S. 52 ff.

198 Vgl. Hartwig Sprau, in: Palandt: Bürgerliches Gesetzbuch, 63. Auflage, München 2004, § 652, Rn. 14.

nur, wenn dies zwischen dem Prinzipal und dem Makler ausdrücklich vereinbart wurde[199].

Die Hauptpflicht des Auftraggebers besteht darin, nach dem Abschluss eines Hauptvertrages, für den die Dienste des Maklers ursächlich waren, dem Makler eine Provision zu zahlen. Weiterhin darf der Prinzipal Informationen, die er vom Makler erhalten hat aber nicht nutzen will, nicht an Dritte weitergeben. Will der Prinzipal die Dienste des Maklers nicht länger in Anspruch nehmen, so ist dies dem Makler mitzuteilen. Der Auftraggeber darf jedoch mehrere Makler gleichzeitig beschäftigen, es sei denn, dass ein Alleinauftrag vereinbart wurde[200].

3.4. Prinzipal-Agenten-Probleme in Maklerbeziehungen

In den vorhergehenden Abschnitten wurde ersichtlich, dass der Markt für Maklerdienstleistungen durch heterogene Anbieter charakterisiert ist. Große Firmen mit internationalem Geschäft, großen Umsätzen und hohem Bekanntheitsgrad stehen neben kleinen Nebenerwerbsbetrieben. Dies gilt besonders für den Markt für Wohneigentum, der auch in der Bundesrepublik zusätzlich durch seltene, komplexe und vertrauliche Markttransaktionen gekennzeichnet ist, die für viele Käufer und Verkäufer einen Großteil des gegenwärtigen und zukünftigen Vermögens umfassen und hohe Transaktionskosten aufweist[201].

Wie bereits im vorstehenden Kapitel gezeigt, haben die an der Transaktion beteiligten Parteien unterschiedliche Informationsstände. Dies gilt sowohl für Verkäufe als auch für Vermietungen und unabhängig davon, ob es sich um Wohn- oder Gewerbeimmobilien handelt. Der Anbieter sollte dabei die besten Informationen über das Objekt selbst besitzen, da er die Qualität seiner Immobilie am gründlichsten beurteilen kann. Der Makler hat im Regelfall einen dem Anbieter ähnlichen Informationsstand, da er weitgehend auf dessen Informationen zurückgreifen kann und außerdem fachkundig ist. Hinzu kommen Informationen über die Entwicklung der Umgebung des Objekts, etwa Flächennutzungsplan und Bebauungsplan, und die Marktentwicklung der betreffenden Gegend. Da Makler in der Regel wiederholt Vermittlungstätigkeiten ausführen, können sie

---

199 Vgl. Hartwig Sprau, in: Palandt: Bürgerliches Gesetzbuch, 63. Auflage, München 2004, § 652, Rn. 15.

200 Vgl. Hartwig Sprau, in: Palandt: Bürgerliches Gesetzbuch, 63. Auflage, München 2004, § 652, Rn. 19 f.

201 Vgl. Harold W. Elder, Leonard V. Zumpano und Edward A. Baryala: Buyer Search Intensity and the Role of the Residential Real Estate Broker, in: Journal of Real Estate Finance and Economics, Vol. 18(3), 1999, S. 351 f. Vgl. auch Heribert Pauk: Analyse des Immobilenmaklers: Empirische Analyse und theoretische Interpretation des Immobilienmaklers aus Sicht neuerer ökonomischer Ansätze mit dem Beispiel der Immobilienvermittlung durch Kreditinstitute, Münster 1994, S. 12.

Informationsvorsprünge beim erzielbaren Preis oder der Nachfrageeinschätzung haben. Trotz der beobachteten Heterogenität der Makler kann ihnen somit in der Regel ein Informationsvorsprung unterstellt werden. Sie sind häufig sogar besser über Preise, Konditionen und Vorgehensweisen informiert als die anderen an der Transaktion beteiligten Parteien. Der Nachfrager der Immobilie wird schließlich über die geringsten Informationen verfügen, sowohl über das Objekt selbst als auch über die sonstige Entwicklungssituation.

Die hier dargestellte Informationslage legt nahe, dass die Makler im eigenen Interesse zu Lasten der Auftraggeber sowie der dritten Partei handeln können[202]. Denn er hat nicht nur oftmals bessere Informationen über das Objekt, auch die Qualität seiner Dienstleistung ist für die wenig erfahrenen und nicht immer fachkundigen Hauptvertragspartner kaum überprüfbar. Diese Konstellation entspricht der im vorhergehenden Kapitel dargestellten Situation. Opportunistisches Verhalten des Maklers ist deshalb nicht auszuschließen.

Ein Immobilienverkäufer ist sowohl an einem möglichst hohen Verkaufspreis, als auch einer möglichst kurzen Verkaufsdauer[203] interessiert. Aufgrund der relativ geringeren Marktkenntnis ist es für den Verkäufer aber unwahrscheinlich denjenigen Preis zu finden, der den Gegenwartswert maximiert. *Taylor* zeigt, dass die Preissetzung einer Immobilie in Abhängigkeit von der Informationsstruktur der potentiellen Käufer die Verweildauer der Immobilie deutlich beeinflussen kann. Er schlussfolgert, dass bei nicht öffentlich zugänglichen Qualitäts-

---

202 In der Literatur wird verneint, dass Makler Informationen zum eigenen Nutzen verwenden können. Vielmehr wird betont, dass dem Makler sehr oft ein „wirtschaftlich sehr versierter Kaufinteressent gegenüber [steht], dem es lediglich an der Kenntnis der Erwerbsmöglichkeiten geeigneter Objekte fehlt. Die „Überlegenheit" des Maklers besteht in solchen Fällen oft nur in einer umfassenden Marktkenntnis, die ihn in die Lage versetzt, seinem Auftraggeber die entsprechenden Angebote zu unterbreiten, die evtl. seinen wirtschaftlichen Wünschen und Vorstellungen entsprechen." Vgl. Ulrich Wegener, Erwin Sailer, Stephan W. Raab: Der Makler und sein Auftraggeber, 5. Auflage, Stuttgart 1997, S. 112. *Gerade* dieser Informationsvorsprung versetzt den Makler aber in die Lage, opportunistisch zu handeln und sich dadurch Vorteile zu verschaffen. Das von den Autoren aufgebaute Bild, dass die Makler sogar eher die schwachen Vertragspartner seinen ist deshalb falsch und spricht mehr für das Verfechten von Partikularinteressen denn für eine korrekte Darstellung der tatsächlichen Situation.

203 Vgl. Shiawee X. Yang und Abdullah Yavas: Bigger is not Better: Brokerage and Time on the Market, Journal of Real Estate Research, Vol. 10 (1), 1995, S. 23 ff. In der Bundesrepublik Deutschland ist die Vermittlungsdauer von Immobilien, also von der Hereinnahme des Objektes bis zum notariellen Kaufvertrag, zwischen 1993 und 2000 von 4,3 auf 7,4 Monate gestiegen. Vgl. o.V.: Betriebsbefragung 2001 bei Immobilienmakler in Deutschland zum Geschäftsjahr 2000, Kiel 2001.

informationen über das Objekt nur ehrliche Makler dieses Problem lösen können[204].

Falls es sich bei dem Kunden des Maklers um einen Käufer handelt, so ist er an einem möglichst geringen Preis und einer möglichst kurzen Suchdauer interessiert. Durch die normalerweise geringe Marktkenntnis des Käufers ist vor allem die Suchdauer und die Qualität des *Matching* von Käufer und Verkäufer suboptimal. *Elder, Zumpano* und *Baryla* untersuchen den Einfluss von Maklern auf die Suchintensität der Käufer und stellen fest, dass sie durch die Einschaltung eines Maklers ansteigt[205]. Dies impliziert, dass die absolute Suchdauer dank der Makler abnimmt.

Sowohl die Suche nach einem geeigneten Transaktionspartner als auch die Informationsbeschaffung bezüglich des Preises und der sonstigen relevanten Objektinformationen ist für den Makler mit Kosten verbunden, die er vollständig tragen muss. Die Gewinne aus dieser Anstrengung kann er sich jedoch wegen eines Provisionssatzes, der kleiner als eins ist, nur teilweise aneignen. Es stellt sich nun die Frage, welche denkbaren Mittel das hieraus erwachsende Problem opportunistischen Verhaltens von Immobilienmaklern lösen können.

3.4.1. Marktbasierte Lösungsansätze

Nach den in Kapitel 2 dargestellten Überlegungen können sowohl Anreizbezahlungen, als auch Reputationseffekte das Problem opportunistischen Maklerverhaltens lösen. Diese Instrumente greifen jedoch nur dann zufrieden stellend, wenn die Auftraggeber in der Lage sind, dem Makler entweder ein geeignetes Anreizschema vorzulegen oder die Reputation ausreichend genau zu erkennen. Beides ist für sie bei Immobilienmaklern nur bedingt möglich.

3.4.1.1. Provisionszahlungen

Auf den ersten Blick scheint eine Provisionsregel den Makler anzureizen, die Interessen seines Auftraggebers zufrieden stellend zu erfüllen. Sie garantiert allerdings nicht, dass der Auftraggeber tatsächlich stets zufrieden stellend vom Makler bedient wird. Denn es muss unterschieden werden, ob der Makler als Agent eines Verkäufers, als Agent eines Käufers oder sogar als Agent beider Transaktionsparteien auftritt. Die theoretischen Überlegungen des vorhergehenden Kapitels zeigen, dass eine Provisionsbezahlung bei richtiger Ausgestaltung

---

[204] Vgl. Curtis A. Taylor: Time-on-the-Market as a Sign of Quality, Review of Economic Studies, Vol. 66 (3), July 1999, S. 555 ff.

[205] Vgl. Harold W. Elder, Leonard V. Zumpano und Edward A. Baryla: Buyer Search Intensity and the Role of the Residential Real Estate Broker, Journal of Real Estate Finance and Economics, Vol. 18 (3), 1999, S. 351 ff.

zumindest ansatzweise dem Makler sowohl als Käufer- als auch als Verkäuferagenten richtige Anreize bieten, die Preise zu minimieren beziehungsweise zu maximieren.

Zorn und *Larsen* zeigen, dass Provisionszahlungen die Interessen des verkaufswilligen Auftraggebers und des Maklers nie in vollkommene Übereinstimmung bringen und dem Auftraggeber für die Überwachung des Maklers Kosten entstehen. Wegen der unvollkommenen Kontrolle hat der Makler keinen Anreiz, mit optimaler Intensität suchen. *Zorn* und *Larsen* folgern, dass Parteien mit niedrigen Suchkosten wegen des *Agency*-Problems keinen Makler beschäftigen. Sie können im Gegenzug aber auch nicht von den Informationsvorteilen des Maklers profitieren. Parteien mit hohen Suchkosten werden hingegen trotz des *Agency*-Problems einen Makler einschalten, da die *Agency*-Kosten für sie trotzdem geringer sind als die Suchkosten. Sowohl Parteien mit niedrigen als auch Parteien mit hohen Suchkosten erzielen letztendlich ein Ergebnis, welches nicht optimal ist[206].

Weder *Elder*, *Zumpano* und *Baryla*[207] noch *Jud* und *Winkler*[208] können nachweisen, dass Makler für Käufer oder Verkäufer von Immobilien bessere Preise, d. h. für Käufer oberhalb und für Verkäufer unterhalb des Marktpreises, erzielen können. Hieraus lässt sich schlussfolgern, dass die Makler entweder gar nicht in der Lage sind, andere Preise als die Marktpreise für ihre Prinzipale zu realisieren oder dass sie sich die Preisunterschiede selbst aneignen können. Es ist zwar richtig, dass mit steigendem (oder bei einer *Reverse Commission* mit sinkendem) Preis auch gleichzeitig die absolut erzielbare Provision für den Makler steigt, allerdings werden die Kosten für den Makler mit dem erzielbaren Preis ebenfalls ansteigen, denn die Suchintensität muss *ceteris paribus* größer sein. Der Makler vermittelt folglich das Objekt nicht unbedingt zum höchsten erzielbaren beziehungsweise dem niedrigsten akzeptablen Preis, sondern zu dem, der ihm den höchsten Gewinn garantiert. Auch hier können Provisionszahlungen ohne zusätzliche Überwachungsaktivitäten nicht sicherstellen, dass Makler das Interesse ihrer Prinzipale vollkommen vertreten.

Sowohl Immobilienkäufer, als auch –verkäufer wünschen sich einen möglichst kurzen Zeitraum zwischen dem Angebot einer Immobilie beziehungsweise dem

---

206 Vgl. Thomas S. Zorn und James E. Larsen: The Incentive Effects of Flat-Fee and Percentage Commissions for Real Estate Brokers, American Real Estate and Urban Economics Journal, Vol. 14 (1), 1986, S. 24 ff.

207 Vgl. Harold W. Elder, Leonard V. Zumpano und Edward A. Baryla: Buyer Brokers: Do They Make a Difference? Their Influence on Selling Price and Search Duration, Real Estate Economics, Vol. 28 (2), 2000, S. 337 ff.

208 Vgl. Donald G. Jud und Daniel T. Winkler: What do Real Estate Brokers Do? An Examination of Excess Returns in the Housing Market, Journal of Housing Economics, Vol. 3 (4), December 1994, S. 283 ff.

Beginn der Immobiliensuche und dem Vertragsschluss. Wie unter anderem von *Miller*[209] gezeigt, ist die Marktverweildauer positiv mit dem Preis einer Immobilie korreliert. Dies bedeutet, dass teure Immobilien *ceteris paribus* länger auf dem Markt sind als billige Immobilien. Die von einer Maklereinschaltung erwarteten kürzeren Verweilzeiten konnten in der Literatur empirisch hingegen nicht eindeutig bestätigt werden. Während *Baryla* und *Zumpano* anhand einer Untersuchung von 526 Immobilienkäufen nachweisen konnten, dass die Einschaltung eines Maklers auf Käuferseite zu einer kürzeren Suchdauer führt[210], verneinen *Yang* und *Yavas* einen Einfluss von Verkäufermaklern auf die Verweildauer einer Immobilie[211]. Interessanterweise gilt dieser Zusammenhang unabhängig von der Provisionshöhe. *Yangs* und *Yavas'* Hypothese, dass ein höherer Provisionssatz zu einer größeren Anstrengung des Maklers und folglich zu einer kürzeren Marktverweildauer führen sollte, ist statistisch insignifikant. Eine Provisionszahlung scheint demnach nicht in der Lage zu sein, den Makler zu einer Verkürzung der Marktverweildauer anzureizen.

Aufgrund dieser empirischen Ergebnisse scheinen die Anreizwirkungen aus einer Provisionszahlung nur bedingt geeignet zu sein, Prinzipal-Agenten-Probleme in Maklerbeziehungen zu lösen. Weder der theoretisch abgeleitete Einfluss einer Maklereinschaltung auf den Preis noch eine Verkürzung der Marktverweildauer sind statistisch signifikant nachzuweisen. Dies deutet entweder darauf hin, die Makler nicht die optimale Anstrengung produzieren, sondern sich vielmehr opportunistisch verhalten, oder auf fehlende Einflussmöglichkeiten der Makler auf Preis und Vermittlungsdauer. In letztem Fall wäre ein vom Preis unabhängiger Maklerlohn ausreichend. Denn ein an eine vom Makler nicht beeinflussbare Größe gekoppeltes Anreizinstrument ist nicht sinnvoll. Die Anreizwirkung der Provisionszahlung verpufft.

Ein Hauptproblem bei der Betrachtung der aus einer Provisionszahlung erwachsenden Anreizwirkung ist, dass gerade auf dem Markt für Wohnimmobilien nur standardisierte Provisionsregeln verwendet werden, denn Makler und Prinzipale handeln keine individuellen Entlohnungsregeln aus. Es ist demnach unwahrscheinlich, dass die geltende Provisionsregel diejenige ist, die einem Makler optimale Anreize liefert. Andererseits kann es ein Prinzipal gar nicht leisten, eine individuelle Entlohnungsregel zu entwerfen, da ihm die hierzu relevanten Charakteristika des Maklers in der Regel unbekannt sind. *Sykes* betont jedoch, dass

---

209 Vgl. Norman G. Miller: Time on the Market and Selling Price, American Real Estate and Urban Economics Journal, Vol. 6 (2), 1978, S. 164 ff.

210 Vgl. Edward A. Baryla und Leonard V. Zumpano: Buyer Search Duration in the Residential Real Estate Market: The Role of the Real Estate Agent, Journal of Real Estate Economics, Vol. 10 (1), 1995, S. 1 ff.

211 Vgl. Shiawee X. Yang und Abdullah Yavas: Bigger is not Better: Brokerage and Time on the Market, Journal of Real Estate Research, Vol. 10 (1), 1995, S. 23 ff.

es den Prinzipalen durchaus möglich sei, dem Makler dasjenige Anreizschema vorzulegen, welches mögliche Prinzipal-Agenten-Probleme löst[212]. Er argumentiert hierbei jedoch mit informierten Prinzipalen, einer Annahme, die fraglich ist, denn die Prinzipale sind sowohl über die Qualität und Spezifikationen der Immobilie als auch über die Charakteristika der Makler uninformiert. Ein individuelles Aushandeln der Provisionsregel ist demnach zumindest auf dem Markt für Wohnimmobilien unwahrscheinlich. Allgemein bieten sich individuell ausgehandelte Vereinbarungen nur für größere Marktteilnehmer an, die solche Transaktionen häufig wiederholen.

Die Unfähigkeit der einzelnen Prinzipale, individuelle Provisionsregeln auszuhandeln, kann jedoch auch in ihrem Interesse sein. Dies wird deutlich, wenn man eine Situation betrachtet, in der Prinzipale mit den Agenten individuelle Absprachen treffen können. Jeder Agent hat mehrere Prinzipale, mit denen er jeweils individuelle Entlohnungsregeln aushandelt. Der Makler als Agent muss nun seine Anstrengung auf die verschiedenen Aufgaben verteilen. Damit der Agent die Erfüllung aller Aufgaben in Betracht zieht, müssen diese marginal gleich entlohnt werden. Dieser als *Equal Compensation Principle* bekannte Zusammenhang[213] legt nahe, dass ein Makler nur dann alle Prinzipale bedienen wird, wenn die Grenzentlohnung identisch ist. Geht man nun davon aus, dass die Kosten der Anstrengung über alle Aufgaben identisch sind, wird der Makler also nur dann alle Aufgaben erfüllen und keinen Agenten bevorzugen, wenn die Entlohnungsregeln für alle Prinzipale gleich sind. Dies bedeutet, dass Situationen in denen verschiedene Prinzipale sowohl lineare als auch nichtlineare Entlohnungsregeln anbieten, vermieden werden sollen. *Levmore* folgert hieraus, dass es im Interesse aller Prinzipale sei, keine individuellen Provisionsregeln anzubieten, da hierbei wahrscheinlich das *Equal Compensation Principle* durchbrochen werde[214].

Zusammenfassend kann man feststellen, dass Provisionszahlungen im Fall der Immobilienmakler nur unzureichend in der Lage sind, die Interessen des Agenten mit den Interessen des Prinzipals in Übereinstimmung zu bringen. Dies ist

---

212 Vgl. Alan O. Sykes: Some Thoughts on the Real Estate Puzzle: Comment on Levmore, "Commissions and Conflicts in Agency Arrangements: Lawyers, Real Estate Brokers, Underwriters, and other Agents' Rewards", Journal of Law and Economics, Vol. 36 (1) Pt. 2, April 1993, S. 541 ff.

213 Vgl. etwa Paul Milgrom und John Roberts: Economics, Organization, and Management, Englewood Cliffs 1992, S. 228 ff. Für eine Anwendung des *Equal Compensation Principle* vgl. Jens Maßmann: Nonprofits: Analyse, Entwicklung und Rechtspolitik, Frankfurt 2003, S. 113 f.

214 Vgl. Saul Levmore: Commissions and Conflicts in Agency Arrangements: Lawyers, Real Estate Brokers, Underwriters, and other Agents' Rewards, Journal of Law and Economics, Vol. 36 (1) Pt. 2, April 1993, S. 503 ff.

vor allem durch die unterschiedlichen Informationsstände der Parteien zu erklären, denn die Prinzipale kennen weder den Immobilienmarkt noch die Maklercharakteristika genug, um individuelle Entlohnungsschemata zu entwerfen, die den Maklern optimale Anreize geben.

3.4.1.2. Reputation und wiederholte Transaktionen

Wie bereits ausgeführt kann opportunistisches Verhalten vermindert oder sogar unterbunden werden, wenn Parteien in wiederholten Geschäftsbeziehungen stehen oder wenn bei einmaligen oder seltenen Transaktionen die Information über die Reputation einer Partei glaubwürdig an andere Parteien weitergegeben werden kann.

In der Literatur sind die Wirkungen von Reputation auf das Verhalten von Immobilienmaklern bis jetzt praktisch nicht analysiert worden. Das Modell von *Arvin* und *Murphy* bildet eine der wenigen Ausnahmen[215]. Die Autoren zeigen, dass Reputation nicht nur zu einer höheren Nachfrage der Maklerleistung bei Käufern und Verkäufern, sondern auch zu sinkenden Kosten der Firma führen kann. Allerdings untersuchen die Autoren nur die Wirkung von Reputation auf den Firmenwert, nicht jedoch die unmittelbaren Anreizwirkungen auf mögliches opportunistisches Verhalten der Immobilienmakler.

Sowohl für Käufer als auch für Verkäufer ist es schwierig, die Qualität der Immobilienmakler zu bestimmen, denn deren Leistung ist ein Erfahrungsgut. Da gerade auf dem Markt für Wohnimmobilien sowohl Käufer als auch Verkäufer nur seltene Transaktionen durchführen, verfügen sie über wenig persönliche Erfahrung. Sie sind deshalb darauf angewiesen, Informationen über die Qualität der Makler durch einfacher zu beobachtende Näherungsgrößen zu erfassen. Selbst wenn Käufer und Verkäufer als Maklerprinzipale bereit wären für hohe Qualität einen höheren Preis zu bezahlen, gäbe es für Makler keinen Anreiz, hohe Qualität zu produzieren, so lange die Kosten für hohe Qualität über den Produktionskosten niedriger Qualität liegen und die Qualität der angebotenen Leistung von den Prinzipalen *ex ante* nicht sicher bestimmt werden kann. Die letztendlich angebotene Qualität der Maklerleistung wird deshalb stets niedrig sein. Dies ist die Konsequenz aus dem wohlbekannten *Akerlof'schen Lemons*-Problem[216].

Eine Lösungsmöglichkeit adverser Selektion könnte sein, über die Dauer der Marktteilnahme des Maklers Rückschlüsse auf dessen Qualität ziehen. Denn ein

---

215 Vgl. B. Mak Arvin und Robert G. Murphy: A Model of Reputation Acquisition in Real Estate Brokerage, Journal of Housing Economics, Vol. 5, 1996, S. 133 ff.

216 Vgl. George A. Akerlof: The Market for 'Lemons': Quality Uncertainty and the Market Mechanism, Quarterly Journal of Economics, Vol. 84 (3), August 1970, S. 488 ff.

Makler, der gute Qualität anbietet, sollte *ceteris paribus* länger am Markt auftreten als ein Makler, der schlechte Qualität anbietet. Diese Näherungsgröße funktioniert aber nur dann, wenn es entweder Kunden gibt, die wiederholte Transaktionen durchführen und somit über eigene Erfahrungen mit dem Makler verfügen oder falls Kunden aufgrund besserer Information auch bei einmaligen Transaktionen die Qualität der Maklerleistung *ex ante* zufrieden stellend bewerten können. In einem solchen Fall werden diese Kunden dann eine Transaktion mit dem qualitativ hochwertigen Makler durchführen, qualitativ minderwertige Makler werden folglich im Zeitablauf aus dem Markt gedrängt. Falls jedoch nur einmalige Transaktionen durchgeführt werden und für alle potentiellen Maklerkunden die Qualität der Maklerleistung *ex ante* nicht überprüfbar ist, gibt die Dauer der Marktteilnahme kein sinnvolles Qualitätssignal, denn es besteht kein Zusammenhang zwischen Qualität und Partizipationsdauer.

Das Problem der adversen Selektion ist dann in den Griff zu bekommen, wenn die Makler ihre Qualität glaubwürdig signalisieren können und es sich zumindest für einige Makler lohnt, hohe Qualität anzubieten[217]. In einem solchen Fall ist die Qualität selbst zwar nach wie vor nicht von den Prinzipalen zu bewerten, sie können aber aus dem glaubwürdigen Signal Qualitätsrückschlüsse ziehen. Ein Signal ist dann glaubwürdig, wenn es sowohl beobachtbar als auch überprüfbar ist. Die Zugehörigkeit eines Maklers zu Maklerverbünden oder Franchisesystemen ist für den Prinzipal einfach zu beobachten. Da Maklerverbünde und Franchisesysteme über bessere Informationen und höheres Fachwissen als die Prinzipale verfügen, können sie *ceteris paribus* die Qualität der Maklerleistung besser bewerten. Die Prinzipale können nun die Regeln bewerten, die das Verhältnis von Maklern und den Verbünden beziehungsweise den Franchisesystemen ordnen, denn diese sind Inspektionsgüter. So lange diese Regeln opportunistisches Verhalten der Verbundmakler beziehungsweise der Franchisesystemteilnehmer sanktionieren, ist die Zugehörigkeit ein Signal für hohe Maklerqualität, also für eine geringere Wahrscheinlichkeit opportunistischen Verhaltens. Es stellt sich jedoch die Frage, ob Maklerverbünde und Franchisesysteme als Dachorganisationen tatsächlich opportunistisches Verhalten der Mitglieder entdecken können und wollen. Da auch für die Dachorganisationen die Überwachung der Makler nicht kostenlos ist, kann nur ein Teil aller Transaktionen von ihnen überwacht werden. Falls Makler bei nicht überwachten Transaktionen op-

[217] Die Idee, dass Anbieter hoher Qualität diese signalisieren, geht auf Michael Spence: Job Market Signaling, Quarterly Journal of Economics, Vol. 87, 1973, S. 355 ff. zurück. Die Signale sind vom Prinzipal dann sinnvoll zu interpretieren, wenn ihm bekannt ist, dass die marginalen Kosten der Signalisierung für Anbieter hoher Qualität niedriger sind als für Anbieter niedriger Qualität. Anbieter werden solange in die Signalisierung investieren, bis der Grenzgewinn gleich den Grenzkosten entspricht. Somit ist das Signal für Anbieter hoher Qualität stärker als das Signal der Anbieter niedriger Qualität bzw. Anbieter hoher Qualität werden das Signal senden, Anbieter niedriger Qualität hingegen nicht.

portunistisches Verhalten zeigen, kann dieses den Dachorganisationen nur bekannt werden, wenn die Prinzipale es melden. Dies impliziert, dass Maklerverbünde und Franchisesysteme die Wahrscheinlichkeit opportunistischen Verhaltens senken, es aber nicht völlig unterbinden können. Opportunistisches Verhalten geringen Ausmaßes wird nach wie vor auftreten.

Aufgrund der fehlenden Reputationswirkung steigt *ceteris paribus* mit sinkender Transaktionsanzahl und abnehmender Transparenz des Marktes die Wahrscheinlichkeit, dass ein Makler systematisch Auftraggeber übervorteilt. Sinkende Transaktionsanzahlen implizieren, dass es mehr Parteien gibt, die nur einmal mit einem Makler in Kontakt kommen. Ihnen wird somit die Möglichkeit genommen, den Makler für nichtkooperatives Verhalten dadurch zu bestrafen, dass sie zum nächsten Zeitpunkt Geschäfte mit einem anderen Makler tätigen und dem opportunistischen Makler deshalb ein Verlust entsteht. Hinzu kommt, dass übervorteilte Parteien bei fehlender Möglichkeit der Informationsweitergabe diese negativen Informationen nicht an andere potentielle Maklerkunden weiterreichen können. Bei abnehmender Markttransparenz werden mögliche Reputationsverluste des Maklers durch opportunistisches Verhalten geringer.

Somit garantieren weder Provisionsregeln noch Reputationseffekte die Lösung der Prinzipal-Agenten-Problematik in der Makler-Auftraggeberbeziehung. Es ist folglich zu prüfen, ob rechtliche Regulierungen ein denkbares und wirkungsvolles Mittel sein könnten, diese Probleme aufzulösen.

3.4.2. Zivilrechtliche Regelungen

Durch die deutlichen Informationsasymmetrien zwischen den Wohnungs- und Immobilienmaklern und den Auftraggebern ergeben sich Prinzipal-Agenten-Probleme, die die Makler zu ihren Gunsten ausnutzen können. Wie gesehen sind weder Provisionsregeln noch Reputationseffekte in der Lage, diese Problematik vollständig zu lösen. Fraglich ist nun, ob der Maklervertrag und die mit ihm implizit und explizit verbundenen Rechte des Auftraggebers und Pflichten des Maklers opportunistisches Maklerverhalten wirkungsvoll unterbinden kann.

Der einfache Maklervertrag nach §§ 652 ff. BGB ist ein die tatsächlichen Pflichten des Maklers kaum festlegender Vertragstyp. Vielmehr hat erst die Rechtsprechung im Laufe der Zeit bestimmt, welche Pflichten der Wohnungs- und Immobilienmakler gegenüber seinem Auftraggeber hat[218]. Es gehört in der Rechtswissenschaft zur herrschenden Meinung, dass der Makler seinem Auf-

[218] Auf die besonders ausgeprägte Rolle der Rechtsprechung weist etwa Kyra Seidenberg: Die notwendige Neuordnung des Wohnungs- und Immobilienmaklerrechts und seine Integration in das BGB, Frankfurt 2000, S. 28 ff. hin.

traggeber zu Information und Aufklärung verpflichtet ist[219]. Diese beschränkten sich allerdings auf Tatsachen, die der Makler für seinen Auftraggeber von Bedeutung hält. Tatsachen, die der Makler als bekannt voraussetzt, unterliegen nicht der Auskunftspflicht. Grundsätzlich gilt, dass die Informations- und Auskunftspflichten einzelfallabhängig sind[220].

Sowohl der Maklerdienst- als auch der Maklerwerkvertrag spezifizieren nicht nur die zu erbringende Leistung des Maklers, sondern legen auch genauer fest, welche Tätigkeiten in welcher Qualität und in welchem Umfang vom Makler zu liefern sind. Somit ist es für den Auftraggeber leichter als beim einfachen Maklervertrag möglich, potentielle Prinzipal-Agenten-Probleme auszuschließen, da eine Regelung der Leistung direkt im Vertrag stattfindet. Um dies erfolgreich zu tun, müsste der Auftraggeber genau wissen, welche Leistungen zu welchem Preis und welcher Qualität nachgefragt werden sollen und dies explizit vertraglich regeln. Es ist zu beachten, dass in dieser speziellen Situation, nämlich dem Vertragsentwurf zwischen Makler und Auftraggeber, Informationsasymmetrie bezüglich des Objekts und des Marktes keine Rolle spielt: Die ökonomische Rechtfertigung für die Einschaltung eines Maklers ist stets, dass der Auftraggeber auf die Hilfe einer zweiten Partei zurückgreift um von deren relativen Informationsvorsprung bezüglich der Immobilie zu profitieren. Dies impliziert jedoch nicht, dass der Auftraggeber zwingend zu wenig Informationen besitzt, um einen zwar unvollständigen, aber nichtsdestotrotz spezifischen Vertrag zu formulieren[221].

Makler werden die vertraglichen Regelungen aber nur einhalten, wenn ein Verstoß dagegen geahndet wird[222]. Eine offensichtliche und im Gesetz verankerte Sanktion ist dabei die Verwirkung des Provisionsanspruchs nach § 654 BGB. Nach dem Wortlaut des Gesetzestextes geht es zwar darum, die Zulässigkeit eines Doppelauftrages zu regeln, die Rechtsprechung hat den § 654 BGB jedoch frühzeitig dazu benutzt, Pflichtverletzungen des Maklers zu bestrafen[223], wobei

---

219 Vgl. Dieter Reuter, in: Staudingers Kommentar zum Bürgerlichen Gesetzbuch, 13. Auflage, Berlin 1995, § 652, Rn. 185 ff., Peter Schwerdtner, in: Münchener Kommentar zum Bürgerlichen Gesetzbuch, 2. Auflage, München 1986, §652, Rn. 80.

220 Vgl. Dieter Reuter, in: Staudingers Kommentar zum Bürgerlichen Gesetzbuch, 13. Auflage, Berlin 1995, § 652, Rn. 186 und Hartwig Sprau, in: Palandt: Bürgerliches Gesetzbuch, 63. Auflage, München 2004, § 652, Rn. 14, jeweils mit weiteren Nachweisen.

221 Für eine Analyse von vollständigen und unvollständigen Verträgen vgl. etwa Robert Cooter und Thomas Ulen: Law and Economics, 4th Edition, 2004, S. 195 ff.

222 Zur verhaltenssteuernden Wirkung von Sanktionen vgl. etwa Henning Curti: Abschreckung durch Strafe: Eine ökonomische Analyse der Kriminalität, Wiesbaden 1999, S. 59 ff., S. 131 ff. mit weiteren Nachweisen.

223 Vgl. Dieter Reuter, in: Staudingers Kommentar zum Bürgerlichen Gesetzbuch, 13. Auflage, Berlin 1995, § 654 BGB, Rn. 2.

die Verwirkung des Provisionsanspruchs nach § 654 BGB eine ernsthafte Verletzung der vertraglichen Treuepflichten durch den Makler voraussetzt. Der BGH führt zu dieser Regelung aus:

„Sie drückt aber einen von der Treu- und Sorgfaltspflicht des Maklers ausgehenden allgemeinen Rechtsgedanken aus und ist demgemäß auch in anderen Fällen anzuwenden, in denen der Makler unter vorsätzlicher oder grob leichtfertiger Verletzung wesentlicher Vertragspflichten den Interessen seines Auftraggebers in wesentlicher Weise zuwidergehandelt hat. Die Verwirkung des Anspruchs auf Maklerlohn nach § 654 BGB hat Strafcharakter“[224].

Eine Verwirkung des Provisionsanspruches hat die Rechtsprechung etwa bejaht, wenn der Vertragsschluss zwischen Auftraggeber und der Vertragsgegenseite vom Makler mit unlauteren Mitteln hintertrieben wird oder der Makler selbst als Konkurrent des Auftraggebers aufgetreten ist. Eine Verwirkung wurde weiterhin bejaht wenn der Makler mangelnde Rechtskenntnis und –erfahrung des Auftraggebers ausgenutzt hat, um in ihm die irrige Vorstellung einer bereits bestehenden rechtlichen Bindung zu erwecken, der Makler den Auftraggeber grob leichtfertig über einen wichtigen Faktor seiner wirtschaftlichen Kalkulation im Unklaren gelassen oder der Makler eine Immobilie als „in bester Lage“ angepriesen hat, obwohl sie in der Einflugschneise eines Flughafens lag[225]. Die Verwirkung des Provisionsanspruchs ist dabei nicht an einen tatsächlich beim Auftraggeber eingetretenen Schaden gebunden[226]. Der BGH vertritt vielmehr die Ansicht, dass es hauptsächlich darauf ankomme, ob der Makler die Treuepflichten verletzt habe[227].

Ein Makler kann darüber hinaus aus positiver Vertragsverletzung nach § 280 BGB schadensersatzpflichtig sein, wenn er gegen die allgemeinen vertraglichen Pflichten verstößt. Die Schadensersatzpflicht erstreckt sich dabei auf alle unmittelbaren und mittelbaren Nachteile, die dem Auftraggeber aus dem schädigenden Verhalten des Maklers entstehen[228]. Die aus der positiven Vertragsverletzung abgeleiteten Schadensersatzansprüche können in Abhängigkeit von dem beim Auftraggeber angefallenen Schaden sehr groß werden. Der Schadensersatzanspruch ist dabei grundsätzlich auf den Ersatz des Vertrauensschadens gerich-

---

224 BGH, Urt. V. 13.3.1985 – IV a ZR 222/83, NJW 1986, S. 2573. Kritisch dazu Dieter Reuter, in: Staudingers Kommentar zum Bürgerlichen Gesetzbuch, 13. Auflage, Berlin 1995, § 654 BGB, Rn. 2.

225 Vgl. Dieter Reuter, in: Staudingers Kommentar zum Bürgerlichen Gesetzbuch, 13. Auflage, Berlin 1995, § 654 BGB, Rn. 10 mit weiteren Nachweisen zur Rechtsprechung.

226 BGH, Urt. v. 13.3.1985 – IV a ZR 222/83, NJW 1986, S. 2573.

227 BGH, Urt. v. 24.6.1981 – IV a ZR 225/80, NJW 1981, S. 2297.

228 Helmut Heinrichs, in Palandt: Bürgerliches Gesetzbuch, 63. Auflage, München 2004, v. § 249, Rn. 15.

tet[229]. Problematisch ist allerdings, dass es keinen einheitlichen Sorgfaltsstandard gibt, den Makler einhalten müssen. Es ist unstreitig, dass Makler aus positiver Vertragsverletzung nach § 280 BGB schadensersatzpflichtig werden, wenn sie gegen die allgemeinen vertraglichen Pflichten verstoßen. Genauso unstreitig ist es, dass die von der Rechtsprechung bisher anerkannten Haftungsgründe kein System bestimmter Vertragspflichten erkennen lassen. Die Rechtsprechung hat eine Schadensersatzpflicht bejaht bei beispielsweise fehlerhafter Beratung[230], bei Verschweigen eines wesentlichen Umstands, der den Auftraggeber bei Kenntnis vom Vertragsschluss abgehalten hätte[231] und bei Nichteinhaltung einer Reservierungsvereinbarung[232]. Ein Makler ist aber beispielsweise nicht zu eigenen Nachforschungen und Erkundigungen verpflichtet, es sei denn, dass dies extra vereinbart war[233]. Dies entspricht der in der Rechtsprechung vertretenen Auffassung, dass ein Makler grundsätzlich nur Informationsvermittler sei und deswegen nicht für Sachmängel des vermittelten Objekts zu haften habe[234]. Eine Haftung des Maklers scheidet auch dann aus, wenn eine Immobilie überteuert gekauft wird[235]. Selbst wenn der Makler erkennt, dass der Kaufpreis für den Käufer von erheblicher Bedeutung ist, ist er nicht verpflichtet, den Verkehrswert zu ermitteln[236]. Dies alles geht mit der auch jüngst vom OLG Koblenz vertretenen Meinung, dass ein Makler nur seinem Auftraggeber Tatsachen bekannt machen muss, wenn dieser aufgrund zielgerichteter Fragen ein Informationsinteresse erkennen lässt, konform[237]. Die von der Rechtssprechung anerkannten Haftungsgründe sind also nicht nur verwirrend, sondern teilweise auch einander widersprechend.

Die Auslegung des § 654 BGB als Strafvorschrift tritt als eigenständige Sanktion neben den Schadensersatzanspruch. Kommt es somit durch die Treuepflichtverletzung beim Maklerkunden zusätzlich zu einem von ihm zu beweisenden Vermögensschaden, so bedeutet dies für den Makler, dass er nicht nur der Provision verlustig geht, sondern zusätzlich Schadensersatz leisten muss. Der Wegfall

---

229 OLG Düsseldorf, Urt. v. 18.12.1992 - 7 U 290/91.

230 OLG Frankfurt, Urt. v. 20.4.1988 – 17 U 281/87, NJW-RR 1988, S. 1200.

231 BGH, Urt. v. 18.12.1981 – V ZR 207/80, NJW 1982, S. 1145.

232 OLG Köln, Urt. v: 22.1.1996 – 10 U 23/95.

233 LG Landshut, Urt. v. 21.11.2001 - 55 O 2555/00.

234 LG Hannover, Urt. v. 05.09.2000 - 18 S 1515/99.

235 OLG Koblenz, Urt. v. 08.09.1999 - 7 U 232/99.

236 OLG Stuttgart, Urt. v. 09.02.2000 - 3 U 224/97.

237 OLG Koblenz, Urt. v. 07.02.2002 – 5 U 1060/01. In einem ähnlichen Fall auch BGH, Urt. v. 08.07.1981 – IVa ZR 244/80, NJW 1981, S. 2685.

der Provision wird allerdings bei der Berechnung der Schadensersatzsumme mindernd berücksichtigt[238].

Die zivilrechtlichen Regelungen sind nur eingeschränkt geeignet, die aufgezeigten vertragsspezifischen Probleme zu lösen. Falls der Auftraggeber in der Lage ist, einen hinreichend spezifizierten Vertrag mit dem Makler zu schließen und Gerichte bei Streitigkeiten den Vertrag entsprechend durchsetzen, kann opportunistisches Verhalten von Maklern unterbunden werden. In der Realität scheitert dies regelmäßig daran, dass die Auftraggeber einen entsprechend spezifizierten Vertrag weder entwerfen noch durchsetzen können. Deshalb greifen die gesetzlich definierten Standardregeln des Maklervertrages.

Eine Lenkungsfunktion des Maklervertragsrechts scheitert jedoch oft an der fehlenden gesetzlichen Systematik, die der Rechtssprechung keine einschlägigen Normen an die Hand gibt. Diese ist vielmehr gezwungen, die in der Praxis durchaus erkannten Probleme über Analogieschlüsse und allgemeine Regelungen zu lösen. Dies führt zu einer heterogenen Rechtssprechung und daraus resultierend sowohl auf Seite der Gerichte als auch auf Seiten der Makler und Auftraggeber zu Unsicherheiten bezüglich der tatsächlich geforderten Sorgfaltsstandards und Mindestaufgaben.

3.5. Lizensierungen

Das Gewerberecht legt über die in § 34 c GewO geregelte Genehmigungspflichtigkeit Mindeststandards fest, die Wohnungs- und Immobilienmaklern erfüllen müssen. Eine Unterschreitung dieser Mindeststandards führt entweder dazu, dass eine Genehmigung zur Berufsausübung entweder nicht erteilt oder widerrufen wird. Man kann deshalb sagen, dass es für Wohnungs- und Immobilienmakler in der Bundesrepublik einen Lizensierungszwang gibt. Der Lizensierungszwang hat unterschiedliche Auswirkungen: Auf der einen Seite wird eine vorgegebene Mindestqualität der Maklerdienstleistung sicher gestellt, auf der anderen Seite wird der freie Marktzugang behindert.

Durch Lizensierung gesetzlich festgelegte Mindeststandards sind hauptsächlich auf Märkten mit asymmetrischer Information anzutreffen, wenn marktbasierte Lösungen zu teuer und aus dem Haftungsrecht resultierende Anreize zu schwach sind. In einem solchen Fall können Lizensierungen einen sinnvolle Möglichkeit darstellen, das aus asymmetrischer Information erwachsende Marktversagen zu regulieren[239].

---

[238] Vgl. Walter Dehner: Das Maklerrecht – Leitfaden für die Praxis, Heidelberg 2001, S. 158 mit weiteren Nachweisen.

[239] Vgl. Hayne E. Leland: Quacks, Lemons, and Licensing: A Theory of Minimum Quality Standards, Journal of Political Economy, Vol. 87 (6), December 1979, S. 1328 ff.

Die in der Bundesrepublik Deutschland für Wohnungs- und Immobilienmakler geltende Genehmigungspflichtigkeit der Berufsausübung ist eine typische Form der Lizensierung. Sie soll sicherstellen, dass bestimmte gesetzlich festgelegte, die Arbeit des Maklers berührende Mindeststandards eingehalten werden. Hiervon verspricht man sich eine höhere Qualität der Maklerdienstleistung. Die letztendliche Qualität von Maklerdienstleistungen lässt sich nur schwer erfassen, denn sie ist eine subjektive, beim Auftraggeber des Maklers gebildete Größe. Sie wird sowohl dadurch bestimmt, welches Ergebnis der Auftraggeber aus der Tätigkeit des Maklers erhält als auch aus der Art und Weise, wie die Maklerdienstleistung dem Auftraggeber gegenüber erbracht wird[240]. Unzufriedenheit des Auftraggebers mit der Maklerdienstleistung kann also nur durch entsprechende Mitteilungen des Auftraggebers kommuniziert werden. Möchte man nun Aussagen über die Servicequalität der Maklerdienstleistung treffen, liegt es nahe, Beschwerden von Auftraggebern über die Makler als Unzufriedenheitsindikator zu interpretieren. Eine höhere Servicequalität sollte demnach mit niedrigen Beschwerdequoten einhergehen während hohe Beschwerdequoten auf schlechte Servicequalität schließen lassen.

Qualität kann als das Erfüllen oder Übertreffen von Kundenerwartungen definiert werden. Dies bedeutet, dass die Servicequalität dann besonders groß ist, wenn die Erwartungen des Kunden besonders weit übertroffen werden. Es ist zu bedenken, dass die Konsumenten in der Lage sein müssen, *ex ante* Erwartungen zu bilden um die Qualität beurteilen zu können. Dies ist eine Annahme, die gerade bei selten durchgeführten Transaktionen problematisch ist[241].

SERVQUAL ist ein Instrument, mit welchem sich die Qualität einer Dienstleistung beschreiben lässt. Hierzu werden fünf Kernbereiche festgelegt, die die Servicequalität unmittelbar beeinflussen[242]:

---

240 Für eine kurze Darstellung des Servicequalitätskonzepts vgl. etwa Christian Grönroos: The Marketing of Services, in: Keith Blois (Hrsg.): The Oxford Textbook of Marketing, Oxford 2000, S. 500 ff.

241 Vgl. Carol A. Reeves und David A. Bednar: Defining Quality: Alternatives and Implications, The Academy of Management Review, Vol. 19 (3), July 1994, S. 419 ff.

242 Vgl. etwa William J. Kettinger und Choong C. Lee: Pragmatic Perspectives on the Measurement of Information Systems Service Quality, MIS Quarterly, Vol. 21 (2), July 1997, S. 223 ff. mit weiteren Nachweisen.

Tangibles	Äußeres Erscheinungsbild von Personal, Einrichtung und Gebäuden
Reliability	Zuverlässigkeit und Sorgfalt, mit der eine versprochene Leistung durchgeführt wird
Responsiveness	Bereitschaft, Kunden zu helfen und die Dienstleistung schnell durchzuführen
Assurance	Wissen und Freundlichkeit der Angestellten
Empathy	Zuvorkommendes und auf den einzelnen Kunden konzentriertes Verhalten

Tabelle 6

Dieses generische Instrument kann mit einigen Abänderungen auch dazu benutzt werden, die Servicequalität von Maklerdienstleistungen zu bewerten. *Nelson* und *Nelson* befragten Hausverkäufer nach ihrer Zufriedenheit mit der von Maklern geleisteten Servicequalität[243]. Interessanterweise werden selbst die Erwartungen von Verkäufern, die die Maklerdienstleistung insgesamt mit „gut" bewerteten, in fast allen Bereichen nicht erfüllt. Auch Verkäufer, die die Dienstleistung insgesamt mit „hervorragend" bewerteten, sind unzufrieden mit der Zuverlässigkeit der Makler. Aufgrund der geringen und nur auf ein geografisches Gebiet beschränkten Stichprobe ist das Ergebnis allerdings nur eingeschränkt brauchbar.

Eine andere Möglichkeit, die Servicequalität der Makler zu beurteilen, liegt in der Messung der Beschwerden von Maklerkunden bei den Lizensierungsstellen. *Gunthermann* und *Smith* untersuchen die Beschwerdequoten in 4 US-amerikanischen Bundesstaaten und finden signifikante Unterschiede. Interessanterweise sind die Beschwerdequoten in Illinois, einem Staat mit nur geringen Lizenzvoraussetzungen am niedrigsten, während sie in Florida, einem Staat mit höheren Anforderungen, deutlich höher sind. Auch in Texas ist die Zahl der Beschwerden pro lizensiertem Makler höher. Dies ist vor allem deshalb bemerkenswert, da Texas sowohl vor der Lizensierung als auch während der Berufsausübung von den Maklern weitreichende Weiterbildung verlangt und man deshalb eine höhere Maklerqualität erwarten würde. *Gunthermanns* und *Smiths* Regressionsergebnisse legen aber nahe, dass die Weiterbildungserfordernisse keinen statistisch signifikanten Einfluss auf die Beschwerdequote haben. Die Qualität der Maklerdienstleistung wird vor allem davon bestimmt, wie häufig und wie stark die Lizensierungsstelle auf Verstöße reagiert. Mit zunehmender erwarteter Strafe nehmen die Beschwerdequoten ab und nimmt folglich die Qua-

243 Vgl. Susan Logan Nelson und Theron R. Nelson: RESERV: An Instrument for Measuring Real Estate Brokerage Service Quality, Journal of Real Estate Research, Vol. 10 (1), 1995, S. 99ff.

lität der Maklerdienstleistungen zu[244]. Lizensierungen beeinflussen also die Qualität von Maklerdienstleistungen nur dann positiv, wenn die Lizensierungsstellen Verstöße wirkungsvoll ahnden können.

Shilling und *Sirmans* weisen einen starken und statistisch signifikanten Einfluss von Lizensierung auf die Qualität der Maklerdienstleistung nach[245]. Die mit Daten der *National Association of Real Estate License Law Officials* über Lizensierungsanforderungen und Beschwerden über Makler durchgeführte Untersuchung zeigt, dass eine Erhöhung der Lizensierungsanforderungen zu steigender Qualität führt. Der Einfluss der Lizensierung ist dabei stark: eine Abnahme der Lizensierungsrate um 10 % führt zu 27 % weniger Beschwerden. Allerdings wird auch ein antikompetitiver Effekt erkennbar, denn höhere Lizensierungsanforderungen schränken *ceteris paribus* das Angebot von Maklerdienstleistungen ein und führen zu höheren Preisen. *Johnson* und *Loucks* können ebenfalls steigende Qualität nachweisen, betonen aber auch, dass Lizensierungen den freien Marktzutritt behindern. Allerdings unterstützen die empirischen Ergebnisse nicht die Annahme, dass Lizensierungen zu einem höheren Preis der Maklerdienstleistungen führen[246]. *Jud* und *Winkler* weisen nach, dass Lizensierungen zu einem steigenden Einkommen der Makler führen[247]. Es ist allerdings nicht klar, ob dies auf höhere Preise oder mehr vermakelte Immobilien pro Makler zurückzuführen ist.

Die hier betrachteten Ergebnisse sind ambiguent: es gibt keinen eindeutigen Beleg dafür, dass Lizensierungen zwingend zu einer höheren Qualität der Maklerdienstleistungen führen noch dass Lizensierungen mit *ceteris paribus* höheren Preisen einher gehen. Es scheint jedoch deutlich zu sein, dass Lizensierungen nur dann zu einer höheren Qualität führen, wenn die Lizensierungsstellen Verstöße gegen die Lizenzregeln wirksam ahnden können. Ebenso muss bedacht werden, dass die hier dargestellten Untersuchungen auf die USA beschränkt sind. Die dort geltenden Lizensierungsregeln unterscheiden sich grundlegend von den in der Gewerbeordnung festgelegten Auflagen. Während in den USA eine Lizensierung stets einen erfolgreich absolvierten Zulassungstest und in den meisten Fällen eine Schulung und berufsbegleitende Weiterbildung voraus-

---

244 Vgl. Karl L. Gunthermann und Richard L. Smith: Licensing Requirements, Enforcement Effort and Complaints Against Real Estate Agents, Journal of Real Estate Research, Vol. 3 (2), 1988, S. 11 ff.

245 Vgl. James D. Shilling und C. F. Sirmans: The Effects of Occupational Licensing on Complaints against Real Estate Agents, Journal of Real Estate Research, Vol. 3 (2), 1988, S. 1 ff.

246 Vgl. Linda L. Johnson und Christine Loucks: The Effect of State Licensing Regulations on the Real Estate Brokerage Industry, AREUEA Journal, Vol. 14 (4), 1986, S. 567 ff.

247 Vgl. G. Donald Jud und Daniel T. Winkler: A Note on Licensing and the Market for Real Estate Agents, Journal of Real Estate Finance and Economics, Vol. 21 (2), 2000, S. 175 ff.

setzt[248], bedarf eine Lizensierung in Deutschland vor allem der Erfüllung gewerberechtlicher Voraussetzungen. Die fachbezogene Qualität der Makler spielt hingegen in der Bundesrepublik Deutschland keine Rolle.

Weiterhin ist zu bedenken, dass die Regelungen nicht explizit darauf ausgerichtet sind, opportunistisches Verhalten von Maklern zu regulieren. So ist es beispielsweise durchaus denkbar, dass Makler die Dienstleistung zwar schnell und freundlich anbieten und auch eine gute Markteinschätzung vornehmen können, sich aber trotzdem opportunistisch verhalten.

Die in der Bundesrepublik Deutschland in § 34 c GewO festgelegten Erfordernisse versprechen auf den ersten Blick eine Regulierung des Prinzipal-Agenten-Problems, da sie scheinbar weitergehende Informationspflichten des Maklers festlegen. Die Informations- und Aufklärungspflichten betreffen jedoch nur Sachverhalte, die für den Auftraggeber selbst relativ einfach nachzuprüfen sind, wie etwa die Größe und die Nutzungsmöglichkeiten einer Immobilie. Kompliziert zu überprüfende Größen, wie tatsächlicher Wert in Abhängigkeit der Marktsituation und Ausschluss strategischen Handelns seitens des Maklers können auch durch die Informations- und Aufklärungspflichten nicht offen gelegt werden. Die öffentlich-rechtlichen Normen stellen vielmehr nur sicher, dass gewissen Mindestanforderungen an einen geregelten Geschäftsablauf genügt wird. Die Regelungen dienen weitgehend dazu, den vom Gesetzgeber als notwendig vorausgesetzten Mindeststandard gewerblicher Tätigkeit festzulegen und zielen nicht darauf ab, die aus der besonderen, dem Makler-Auftraggeberverhältnis zugrunde liegenden Informationsasymmetrie erwachsenden Prinzipal-Agenten-Probleme zu lösen.

Die den Lizensierungsstellen zur Verfügung stehenden Sanktionsmöglichkeiten ergeben sich unter anderem unmittelbar aus § 18 der MaBV, da hier Bußgeldtatbestände festgelegt werden, die als Ordnungswidrigkeit mit einer Geldbuße geahndet werden können[249]. Allerdings sind die Bußgeldobergrenzen mit ungefähr € 2500 auffallend niedrig[250]. Da ein Verstoß gegen die Regelungen der MaBV von den rational handelnden Immobilienmaklern bewusst vorgenommen und von den zuständigen Stellen nur mit einer Wahrscheinlichkeit von $0 \leq p \leq 1$ festgestellt wird, liegt die erwartete Strafe im Regelfall sogar noch unter der oh-

---

248 Vgl. Linda L. Johnson und Christine Loucks: The Effect of State Licensing Regulations on the Real Estate Brokerage Industry, AREUEA Journal, Vol. 14 (4), 1986, S. 567 ff. für eine Darstellung der Voraussetzungen.

249 Vgl. Peter Marcks, in: Landmann/Rohmer: Gewerbeordnung und ergänzende Vorschriften, München, Stand Februar 2004, § 18 MaBV, Rn. 1.

250 Für einen kurzen Überblick vgl. Ulrich Wegener, Erwin Sailer, Stephan W. Raab: Der Makler und sein Auftraggeber, 5. Auflage, Stuttgart 1997, S. 377 ff.

nehin schon niedrigen Bußgeldobergrenze und wird demnach keine signifikante Abschreckungswirkung haben[251].

Eine weitergehende Sanktion stellt der Widerruf der Maklererlaubnis wegen Unzuverlässigkeit dar. Die Rechtssprechung hat die Unzuverlässigkeit eines Maklers beispielsweise bei erheblichen Steuerrückständen[252], ungeordneten Vermögensverhältnissen[253] sowie wegen wiederholter Verstöße gegen die in § 34 c GewO festgelegten Aufzeichnungs- und Prüfpflichten[254] bejaht. Da es sich hier um gewerberechtliche Bewertungsmaßstäbe handelt, wird die Unzuverlässigkeit eines Maklers also nicht an den den Maklerkunden unmittelbar interessierenden Sachverhalten festgemacht, sondern an den verwaltungsrechtlichen Grundsätzen. Somit ist nicht sichergestellt, dass die Sanktionen die zuvor angesprochenen, durch opportunistisches Verhalten des Maklers entstehenden Missstände verhindern können.

Somit lässt sich als Zwischenergebnis festhalten, dass Lizensierungen zwar zu einer höheren Qualität und eventuell höheren Preisen der angebotenen Maklerdienstleistungen führen können, das Problem des aus Informationsasymmetrien herrührenden opportunistischen Verhaltens durch sie aber nicht zwingend gelöst wird. Dies gilt gerade auch für die in der Bundesrepublik Deutschland geltenden Lizensierungsvoraussetzungen, da diese sich vor allem an gewerberechtlichen Maßstäben orientieren und nur mit geringer Intensität überwacht werden.

3.6. Drittwirkungen

Das gesetzliche Leitbild der §§ 652 ff. BGB unterscheidet zwischen Nachweismaklern und Vermittlungsmaklern. Ein Nachweismakler muss den Auftraggeber lediglich von der Vertragsgelegenheit in Kenntnis setzen. Weitere Anstrengungen seitens des Maklers sind nicht notwendig. Allein durch den Nachweis der Vertragsgelegenheit ist der Auftraggeber provisionspflichtig[255]. Der Vermittlungsmakler hingegen muss nicht nur dem Auftraggeber von der Vertragsgelegenheit in Kenntnis setzen, sondern zusätzlich selbst auf den Hauptvertragspartner einwirken. Dies bedeutet, dass der Hauptvertragspartner ohne die Anstren-

---

[251] Für einen Überblick über das Modell rationalen kriminellen Verhaltens und die daraus abgeleiteten Abschreckungswirkungen vgl. Henning Curti: Abschreckung durch Strafe: Eine ökonomische Analyse der Kriminalität, Wiesbaden 1999, S. 5 ff. sowie insbesondere S. 97 ff., jeweils mit weiteren Nachweisen.

[252] VG Karlsruhe, Urt. v. 25.07.2001 – 6 K 934/01.

[253] VG Meiningen, Urt. v. 13.09.1999 – 8 E 635/99.Me, Gewerbearchiv 2000, S. 27.

[254] Hessischer VGH, Urt. v. 10.09.1996 – 8 UE 3817/95, Gewerbearchiv 1997, S. 67 f.

[255] Vgl. Dieter Reuter, in: Staudingers Kommentar zum Bürgerlichen Gesetzbuch, 13. Auflage, Berlin 1995, §§ 652, 653, Rn. 28 ff.

gung des Maklers nicht bereit wäre, zu den Konditionen des Auftraggebers das Geschäft abzuschließen. Eine reine Unterstützung des Auftraggebers durch den Makler ohne Teilnahme an den Verhandlungen reicht für die Provisionspflichtigkeit nicht aus[256].

Der reine Nachweismakler ist für den Hauptvertragspartner weitgehend unbekannt, denn er tritt nach außen nur wenig in Erscheinung. Vor allem hat er nichts mit den Verhandlungen über den Hauptvertrag zu tun, sondern stellt nur den Kontakt zwischen seinem Auftraggeber und dessen Hauptvertragspartner her. Es besteht also nicht die Gefahr, dass die Tätigkeit des Nachweismaklers direkte Wirkungen auf den Hauptvertragspartner entfaltet.

Der Vermittlungsmakler hingegen tritt mit dem Hauptvertragspartner in Kontakt, denn dies gehört zu seinen wesentlichen Aufgaben. Dies legt nahe, dass der Makler und der Hauptvertragspartner im Verhandlungsprozess wichtige Informationen austauschen, die für den Abschluss des Hauptvertrages unmittelbar wichtig sind. Betrachtet man den Makler als Agenten seines Auftraggebers, so sollte er mit allen Mitteln versuchen, die Interessen des Prinzipals zu vertreten. Fraglich ist jedoch, wo hier die Grenze zu ziehen ist, wann also das Verhalten des Maklers gegenüber dem Hauptvertragspartner zu einer Haftung des Auftraggebers oder des Maklers selbst führen könnte.

Eine Haftung des Maklers gegenüber dem Hauptvertragspartner kann unterschiedlich begründet sein. Das eindeutige und im Maklerrecht auch dezidiert geregelte Instrument der Doppelmaklerstellung belegt etwa den Makler mit besonderen Treuepflichten beiden Auftraggebern gegenüber. Dies bedeutet, dass der Makler einen Maklervertrag mit beiden Hauptvertragsparteien abgeschlossen hat und allein deshalb unparteiisch sein muss. Somit darf keine der beiden Parteien bevorzugt mit Informationen versorgt werden[257]. Doch selbst wenn der Makler nur Interessenvertreter einer Partei ist, schränken gesetzliche Regelungen seinen Verhaltensspielraum gegenüber dritten Parteien ein.

Der Informationsaustausch zwischen Makler und Hauptvertragspartner findet in der Regel vorvertraglich statt, denn der eigentliche Hauptvertrag ist zu diesem Zeitpunkt noch nicht abgeschlossen. Durch die Aufnahme von Vertragsverhandlungen wird jedoch ein vorvertragliches Schuldverhältnis nach § 311 Abs. 2, Nr. 1 BGB ausgelöst. Das Rechtskonstrukt der *culpa in contrahendo* verpflichtet nun die an einer Vertragsverhandlung Beteiligten zu besonderer Sorgfalt, ein

---

256 Vgl. Dieter Reuter, in: Staudingers Kommentar zum Bürgerlichen Gesetzbuch, 13. Auflage, Berlin 1995, §§ 652, 653, Rn. 38 ff.

257 Vgl. Dieter Reuter, in: Staudingers Kommentar zum Bürgerlichen Gesetzbuch, 13. Auflage, Berlin 1995, § 654, Rn. 8 f. und Michael Rozijn: Der Unternehmensmaklervertrag, Frankfurt 2001, S. 446 ff. mit weiteren Nachweisen.

Verstoß gegen diese Sorgfaltspflichten löst eine Schadensersatzpflicht aus[258]. Diese Schadensersatzpflicht, die regelmäßig die Parteien des zukünftigen Hauptvertrags trifft, kann dann bei Dritten liegen, wenn diese eine besondere Vertrauenswürdigkeit erwecken. Dies kann der Fall sein, wenn den Dritten besonders hohe Sachkunde oder persönliche Zuverlässigkeit auszeichnet[259]. Außerdem können Dritte dann schadensersatzpflichtig sein, wenn sie selbst ein erhebliches wirtschaftliches Interesse am Vertragsschluss haben[260]. Dieses Eigeninteresse des Dritten muss aber über eine bloße Provision hinausgehen[261]. Ein derartiges wirtschaftliches Interesse des Maklers ist regelmäßig nicht gegeben.

Eine Haftung aus einem Vertrag mit Schutzwirkung zugunsten Dritter wird von der Rechtsprechung dann in Betracht gezogen, wenn eine vertraglich bestimmte Leistung dazu verwendet werden soll, an Dritte weitergegeben zu werden[262]. Der geschützte Dritte muss also leistungsnah sein. Außerdem muss dies dem Auftraggeber beim Vertragsschluss unmittelbar erkennbar sein[263]. Verträge mit Schutzwirkung zugunsten Dritter zeichnen sich also dadurch aus, dass sie eine vertragliche Leistung umfassen, die auch anderen Personen zugute kommen soll. Außerdem muss der Dritte unter einer Schlechleistung ebenso leiden wie der Vertragspartner und darf nicht in einem vertraglichen Verhältnis mit dem Auskunftgeber stehen[264].

Die gesetzlichen Regelungen sind nur bedingt in der Lage, opportunistisches Verhalten von Maklern gegenüber Dritten zu regulieren. Ein Vertrag mit Schutzwirkung zugunsten Dritter führt bei einem Verstoß gegen die Sorgfaltspflichten zu einer Haftung des Auftraggebers, nicht aber zwingend zu einer Haftung des Maklers selbst. Zwar kann sich der Auftraggeber dann gegenüber dem Makler entweder aus dem Maklervertrag selbst oder aufgrund einer positiven Vertragsverletzung desselben schadlos halten, aber es ist nicht sichergestellt, dass der Makler letztendlich den vollen Schadensersatz tragen muss. Denn es ist immer noch denkbar, dass dem Dritten gerichtlich ein höherer Schadensersatz

---

258 Vgl. Dieter Medicus: Schuldrecht: Allgemeiner Teil, 11. Auflage, München 1999, S. 57 ff.

259 Vgl. Dieter Medicus: Schuldrecht: Allgemeiner Teil, 11. Auflage, München 1999, S. 63 f.

260 Vgl. etwa BGH, Urt. v. 17.10.1989 – XI ZR 173/88, NJW 1990, S. 506 f.

261 Vgl. Hans Brox: Allgemeines Schuldrecht, 25. Auflage, München 1998, S. 45.

262 Vgl. Helmut Heinrichs, in Palandt:, Bürgerliches Gesetzbuch, 63. Auflage, München 2004, § 328, Rn. 18.

263 Vgl. Dieter Medicus: Bürgerliches Recht, 19. Auflage, 2002, S. 588. Vgl. auch Hans Brox: Allgemeines Schuldrecht, 25. Auflage, München 1998, S. 229 f. mit weiteren Nachweisen.

264 Vgl. Hans Brox: Allgemeines Schuldrecht, 25. Auflage, München 1998, S. 228 f.

zugesprochen wird als der Auftraggeber nachher vom Makler wirksam einklagen kann. Somit ist es letztendlich nur dann egal, ob der Schadensersatzanspruch des Dritten beim Makler oder beim Auftraggeber geltend gemacht wird, wenn der Auftraggeber die Schadensersatzsumme vollständig vom Makler fordern kann. Es kommt jedoch hinzu, dass die Rechtsprechung einen Vertrag mit Schutzwirkung zugunsten Dritter nur dann anerkennt, wenn der Auskunftgeber über besonderes, staatlich anerkanntes Fachwissen verfügt, welches regelmäßig nicht nur gegenüber dem Auftraggeber offenbart wird, sondern auch zur Information Dritter gedacht ist. Dabei ist es unwichtig, dass die Interessen zwischen dem Auftraggeber und dem Dritten entgegengesetzt sind[265]. Da es sich beim Beruf des Wohnungs- und Immobilienmaklers nicht um eine Tätigkeit mit staatlich anerkannter Sachkunde handelt und die Auskunft, die ein Makler erteilt, kein Gutachten ist, das regelmäßig auch an Dritte weitergegeben wird, scheidet eine Haftung aufgrund eines Vertrages mit Schutzwirkung zugunsten Dritter aus[266].

Eine Haftung aus *culpa in contrahendo* wegen unrichtiger Angaben eines Maklers wird von der Rechtsprechung allgemein anerkannt. Fraglich ist dabei, ob sich der Schadensersatzanspruch gegen den Auftraggeber oder den Makler selbst richtet. Der Bundesgerichtshof hat grundlegend entschieden, dass die Handlungen eines Maklers nur dann seinem Auftraggeber zugerechnet werden können, wenn der Makler als Erfüllungsgehilfe des Auftraggebers auftritt, so etwa, wenn der Makler mehr als die maklertypischen Aufgaben anbietet[267]. Dies ist dann der Fall, wenn ein Vermittlungsmakler vorvertragliche Pflichten des Auftraggebers wahrnimmt, beispielsweise die Führung der wesentlichen Vertragsverhandlungen. Dabei ist es unwichtig, ob der Makler einen eigenen Ermessensspielraum hatte. Verstößt der Makler nun gegen die vorvertraglichen Sorgfaltspflichten, kann es zu einer Haftung aus *culpa in contrahendo* kommen, für die der Auftraggeber einzustehen hat[268].

Es ist jedoch auch eine Haftung aus *culpa in contrahendo* des Maklers selbst gemäß § 311, Abs. 3 BGB denkbar. Hierbei muss der Makler gegenüber dem Hauptvertragspartner seines Auftraggebers in einem besonderen Maße Vertrauen für sich in Anspruch nehmen oder ein erhebliches wirtschaftliches Eigeninteresse am Abschluss des Hauptvertrages haben[269]. Ein besonderes Maß an Vertrauen kann sich aus der Person oder dem Verhalten des Maklers selbst ergeben,

---

265 Vgl. BGH, Urt. v. 02.04.1998 – III ZR 245/96, NJW, 1998, S. 1948 f.

266 Vgl. für den Unternehmensmakler überzeugend Michael Rozijn: Der Unternehmensmaklervertrag, Frankfurt 2001, S. 456 ff.

267 Vgl. BGH, Urt. v. 24.11.1995 – V ZR 40/94, NJW, 1996, S. 451 f.

268 Vgl. beispielsweise OLG Schleswig, Urt. v. 27.01.2000 – 7 U 120/98.

269 Vgl. Hans Schulte-Nölke, in: Bürgerliches Gesetzbuch – Handkommentar, 2. Auflage, Baden-Baden 2002, § 311, Rn 19.

etwa wenn er eine persönliche Garantie für die Seriösität eines Geschäfts übernimmt oder auf seine beruflichen Kenntnisse und seine berufliche Stellung Anlass für das Vertrauen sind.

Unabhängig davon, ob die Schadensersatzpflicht nun beim Auftraggeber oder beim Makler liegt, stellt sich die Frage, welche vorvertraglichen Sorgfaltspflichten des Maklers gegenüber Dritten verletzt sein müssen, damit eine Haftung aus *culpa in contrahendo* greift. Von besonderem Interesse sind hier die Aufklärungs- und Mitteilungspflichten. So hat die Rechtsprechung etwa fehlerhafte Wohnflächenberechnungen, falsche Zusagen vor Mietvertragsabschluss[270] und fehlerhafte Beratung als haftungsauslösende Gründe anerkannt. Insgesamt sind somit Verletzungen der Sorgfaltspflichten über *culpa in contrahendo* abgedeckt. Die Anreize auf den Makler, opportunistisches Verhalten zu vermeiden, sind aber recht eingeschränkt, da die von der Rechtsprechung angelegten Maßstäbe hoch sind und eine deutliche Pflichtverletzung voraussetzen, bevor es zu einer Haftung kommt. Wie im Falle des Vertrages mit Schutzwirkung zugunsten Dritter ist es letztendlich nur dann egal, ob der Schadensersatzanspruch des Dritten beim Makler oder beim Auftraggeber geltend gemacht wird, wenn der Auftraggeber die Schadensersatzsumme vollständig vom Makler fordern kann.

Zusammenfassend lässt sich festhalten, dass die Position des Hauptvertragspartners durch Haftungsansprüche aufgrund *culpa in contrahendo*, nicht jedoch aus Verträgen mit Schutzwirkung zugunsten Dritter geschützt ist. Allerdings lässt sich auch erkennen, dass die von der Rechtsprechung angelegten Maßstäbe eine deutliche Pflichtverletzung des Maklers voraussetzen, eine einfache fahrlässige Pflichtverletzung reicht als Haftungsauslöser nicht aus. Vergegenwärtigt man sich jedoch die typische asymmetrische Informationsverteilung zwischen Auftraggeber als Prinzipal, Makler als Agent und dem Hauptvertragspartner als Drittem, so ist der Makler, wie bereits gezeigt, regelmäßig die am besten informierte Partei. Es ist deshalb nahe liegend, ihm sowohl gegenüber seinem Auftraggeber als auch gegenüber der dritten Partei umfassende Informationspflichten aufzuerlegen, um die Informationsasymmetrie zu lindern. Dies geschieht über die gegenwärtige rechtliche Regulierung nicht.

3.7. Zusammenfassung

Der Markt für Wohnungs- und Immobilienmaklerdienstleistungen wird auf der Anbieterseite in der Bundesrepublik von kleinen Maklerfirmen mit geringen durchschnittlichen Umsätzen dominiert. Maklerverbünde und Franchisesysteme dienen dem Zusammenschluss der Makler und sollen die Nachteile geringer Firmengröße teilweise ausgleichen. Die Nachfragerseite besteht vor allem aus Maklerkunden, die selten auf dem Markt tätig werden, dabei aber zumindest bei

[270] Vgl. OLG Hamm, Urt. v. 10.03.1988 – 18 U 130/87.

Kauf- und Verkaufstransaktionen Verträge über einen Großteil ihres gegenwärtigen und zukünftigen Vermögens eingehen.

Die Informationen über den Markt sind zwischen Käufern, Verkäufern und Maklern asymmetrisch verteilt. Auch können weder Käufer noch Verkäufer die Qualität des Maklers zufrieden stellend bewerten. Makler können deshalb ihren Informationsvorsprung opportunistisch zu Lasten der anderen Parteien einsetzen. Aufgrund der mangelnden Information und der geringen Transaktionsfrequenz können weder Anreizbezahlungen noch Reputationseffekte das potentiell opportunistische Verhalten der Makler vollkommen kontrollieren.

Auch die durch den Maklervertrag zwischen dem Prinzipal als Auftraggeber und dem Makler als Agenten bestimmten Haupt- und Nebenpflichten können opportunistisches Verhalten der Makler nicht wirkungsvoll beschränken. Auch die gegenwärtig geltenden öffentlich-rechtlichen Lizensierung der Wohnungs- und Immobilienmakler in der Bundesrepublik dient nicht der Kontrolle opportunistischen Verhaltens. Gleiches gilt für die Regeln, die mögliches pflichtwidriges Verhalten zu Lasten der dritten Partei, also des Hauptvertragspartners, zum Inhalt haben.

Zusammenfassend lässt sich feststellen, dass die Wohnungs- und Immobilienmakler aus den oben genannten Gründen *ceteris paribus* mit einer höheren Wahrscheinlichkeit opportunistisches Verhalten an den Tag legen. Weder die marktbasierten Instrumente noch die rechtlichen Regeln liefern ihnen Anreize, opportunistisches Verhalten zu unterlassen.

4. Reisemittler

Die Touristik- und Reisebranche gehört in weiten Teilen der Welt zu den wichtigen Wirtschaftszweigen. Dies gilt sowohl für entwickelte Volkswirtschaften als auch für Schwellen- und Entwicklungsländer. Weltweit betrug im Jahr 2003 der geschätzte Anteil des Tourismus am Bruttoinlandsprodukt 10,2 %. In Frankreich lag er zur gleichen Zeit bei 13,8 %, in Deutschland bei 9,9 %, in Spanien bei 18,3 %, in der Schweiz bei 12,7 % und in den USA bei 10,9 %. Die Abhängigkeit vom Tourismus ist in Entwicklungs- und Schwellenländern weit gestreut. In Vietnam machte der Tourismus im Jahr 2003 nur geschätzte 6,9 % des Bruttoinlandsprodukts aus, auf den Seychellen hingegen 39,9 %[271].

Mit dem Tourismus sind viele Dienstleistungen verbunden, deren wichtigste die Beförderungs- und Unterkunftsleistungen sind. Diese Dienstleistungen können entweder einzeln oder als Paket nachgefragt werden. Der Vertrieb erfolgt sowohl direkt durch den Dienstleister als auch über einen Reisemittler.

Ein nennenswerter Vertrieb von Touristikdienstleistungen begann in der Mitte des 19. Jahrhunderts. Im Jahre 1865 eröffnete *Thomas Cook* in London ein erstes Reisebüro, dem bereits 1869 Büros in Brüssel, Köln, Paris und Wien folgen. Das Netz an Büros erstreckte sich in den Folgejahren über ganz Europa[272]. Es wurden hauptsächlich Bahnpauschal- und Schiffsreisen sowie Bahnfahrscheine verkauft. In der Bundesrepublik Deutschland lässt sich die Geschichte der Reisemittler vor allem auf die internationalen Reedereien *Hamburg-Amerika-Linie (HAPAG)* in Hamburg und *Norddeutscher Lloyd* in Bremen zurück führen. Ihr Kerngeschäft bestand zu Anfang vor allem aus dem Verkauf von Schiffspassagen, welches zu Beginn des 20. Jahrhunderts über ein verzweigtes Netz von Niederlassungen deutschlandweit betrieben wurde. Auch die deutschen Staatsbahnen begannen zu Beginn des 20. Jahrhunderts, einen Verbund von Reisebüros zum Vertrieb der Bahnfahrkarten zu entwickeln. Im Jahre 1917 gründeten sie zusammen mit der *HAPAG* und dem *Norddeutschen Lloyd* ein eigenes Reisebüro, welches 1918 die Erlaubnis erhielt, auch außerhalb von Bahnhöfen auf Provisionsbasis Bahnfahrscheine zum Originalpreis zu verkaufen[273]. Nach diesem Beispiel entstanden danach eine Vielzahl von Reisemittlern, deren Tätigkeit vor allem darin besteht, Reisedienstleistungen zwischen den Produzenten und den Nachfragern zu vermitteln.

---

[271] Vgl. World Travel&Tourism Council: The 2003 Travel&Tourism Economic Research, London 2003.

[272] Eine informative Abhandlung über Thomas Cook und seinen Einfluss auf die Entstehung des Tourismus gibt Piers Brendon: Thomas Cook: 150 Years of Popular Tourism, London 1991.

[273] Vgl. Werner Sülberg: Entwicklungsgeschichte der Reisebüros in Deutschland, in: Walter Freyer und Wilhelm Pompl (Hrsg.): Reisebüromanagement, München 1999, S. 31 f.

Reisebüros sind in der Regel durch Agenturverträge an Veranstalter oder Fluggesellschaften gebunden[274]. Sie sind somit Handelsvertreter nach §§ 84 ff. HGB. Die Reisebüros sind dabei ständig damit betraut, für einen oder mehrere Handelsherren Geschäfte abzuwickeln. Kennzeichnend ist, dass das Reisebüro wirtschaftlich selbständig ist und sich um die Vermittlung von Geschäften für seine Handelsherren bemüht. Für seine Bemühungen hat das Reisebüro Anspruch auf eine angemessene Entschädigung, in der Regel eine Provision, die sich nach den tatsächlich vermittelten Reiseverträgen richtet[275].

Neben den über Agenturverträge gebundenen Reisebüros gibt es auch die freien Reisebüros. Sie sind nicht über Agenturverträge gebunden, sondern wickeln die Geschäfte als so genannte Einzelbuchungen ab. In diesem Fall ist das Reisebüro nicht ständig von einem Reiseveranstalter mit der Vermittlung betraut, es kann deshalb nicht Handelsvertreter sein. Vielmehr ist ein solches freies Reisebüro Handelsmakler nach §§ 93 ff. HGB.

Diese in der Rechtstheorie anzutreffende Unterscheidung zwischen dem idealtypischen Agenturreisebüro als Handelsvertreter und dem freien Reisebüro als Handelsmakler ist jedoch wirklichkeitsfremd. Vielmehr ist praktisch jedes Reisebüro sowohl Handelsvertreter als auch Handelsmakler, da es neben dem eigenen, durch abgeschlossene Agenturverträge definierten Sortiment auch Verträge außerhalb des Sortiments vermittelt. Es gibt allerdings eine Reihe von Reisebüros, die ausschließlich Handelsmakler sind, da sie keinerlei Agenturverträge abgeschlossen haben. Dabei handelt es sich in der Regel um kleine Reisebüros, die meist auf die Vermittlung von Linienflügen spezialisiert sind ohne anerkannter IATA-Agent zu sein und nur im Ausnahmefall im Einzelverkauf Pauschalreisen verkaufen.

Aus ökonomischer Sicht unterscheidet sich somit die Tätigkeit eines Reisemittlers nicht von der Tätigkeit eines Wohnungs- und Immobilienmaklers, denn beiden geht es darum, als Intermediär Käufer und Verkäufer von Dienstleistungen zusammen zu bringen und einen Vertragsabschluss zwischen den Parteien zu ermöglichen. Im Falle asymmetrischer Informationsverteilung und nur schwer überprüfbarer Qualität der Vermittlungsleistung können sie deshalb, wie bereits in vorstehenden Kapiteln erläutert, einen Anreiz zu opportunistischem Verhalten haben. Im Folgenden bleibt zu klären, ob Reisemittler ihr opportunistisches Potential tatsächlich ausnutzen können. Dazu werden zuerst die Aufgaben und Tätigkeiten der Reisemittler dargestellt, um dann mögliche Probleme opportunistischen Verhaltens zwischen Reisemittlern und den anderen Transaktionsparteien zu erkennen. Daran anschließend wird geprüft, ob die Struktur des Marktes für

---

[274] Im folgenden werden die Begriffe Veranstalter und Leistungsträger synonym benutzt.

[275] Vgl. hierzu Jörg Dewenter: Die rechtliche Stellung des Reisebüros, Baden-Baden 2000, S. 30 mit weiteren Nachweisen zum Handelsvertreterstatus.

Reisevermittlung opportunistisches Verhalten wirkungsvoll unterbinden kann. Abschließend wird untersucht, ob die aktuellen rechtliche Regeln in der Lage sind, die erkannten Schwierigkeiten zu lösen.

4.1. Aufgaben und Tätigkeiten der Reisemittler

Die Grundfunktion des Reisebüros ist als Mittler das Angebot von touristischen Leistungen mit der Nachfrage zusammen zu bringen[276]. Der Kunde kann den Mittler sowohl zur Informationssammlung als auch zum letztendlichen Abschluss des Reisevertrages nutzen. Bei Pauschalreisen greift der Kunde in der Regel auf Reiseveranstalterkataloge und Informationen der Reisebüromitarbeiter zurück. Werden Leistungen individueller Leistungsträger nachgefragt, also etwa Flüge und Hotelübernachtungen, gibt es meist nur allgemeine Informationen vom Leistungsträger, beispielsweise Flugpläne und Hotelprospekte, und das Reisebüro wird als Informationsmittler weitaus wichtiger[277].

Eine weitere Hauptaufgabe des Reisebüros liegt in der Beratung des Kunden. Die Angestellten des Reisebüros analysieren in Zusammenarbeit mit dem Kunden dessen Reisewünsche soweit, dass aus dem im Reisebüro geführten Angebot[278] derjenige Veranstalter oder Leistungsträger herausgesucht wird, der die Präferenzen des Kunden am besten erfüllt.

Der tatsächliche Abschluss eines Vertrages zwischen Reisendem und Leistungsträger wird als Buchung bezeichnet und stellt eine weitere Hauptfunktion des Reisemittlers dar.

Zusätzliche Leistungen des Reisebüros sind Ausstellung bzw. Weiterleitung der Reisedokumente und Übernahme des Zahlungsverkehrs mit dem Leistungsträger, es sei denn, dass die Bezahlung per Kreditkarte oder Direktinkasso an diesen erfolgt. Im Geschäftsreisebereich kommen weitergehende Serviceleistungen hinzu, wie beispielsweise die Durchsetzung einer Reiserichtlinie, die Erstellung von Reisekostenabrechnungen sowie eventuell die Bereitstellung einer elektronischen Buchungsmöglichkeit im Intranet eines Unternehmens[279].

---

[276] Vgl. etwa Wilhem Pompl: Reisebüros – Einführung, in: Walter Freyer und Wilhelm Pompl (Hrsg.): Reisebüromanagement, München 1999, S. 3.

[277] Vgl. etwa Wilhem Pompl: Reisebüros – Einführung, in: Walter Freyer und Wilhelm Pompl (Hrsg.): Reisebüromanagement, München 1999, S. 18.

[278] Idealerweise sollte sich diese Suche auf alle Anbieter erstrecken. Da jedoch nur wenige Reisebüros das volle Sortiment führen, erstreckt sich die Auswahl realistischerweise nur auf das im jeweiligen Büro geführte Sortiment.

[279] Vgl. Wilhem Pompl: Reisebüros – Einführung, in: Walter Freyer und Wilhelm Pompl (Hrsg.): Reisebüromanagement, München 1999, S. 18 f.

Durch die zunehmende Wichtigkeit der Internetreisebüros ist davon auszugehen, dass sich die Rolle klassischer Reisemittler ändert. *Wimmer*, *Townsend* und *Chezum*[280] betonen, dass die im Internet verfügbaren Informationen und die einfache und schnelle elektronische Buchungsmöglichkeit zu einer Konzentration der klassischen Mittler auf komplexe Tätigkeiten führt. Einfache Mittlertätigkeiten würden zukünftig verstärkt von den elektronischen Reiseportalen wahrgenommen. *Anckar* und *Walden*[281] untersuchen, ob sich bei der Planung komplexerer Reisen Nachteile ergeben, wenn auf die Einschaltung eines Reisemittlers verzichtet wird. Hierzu wurden Studenten mit der Planung und Buchung einer komplexen Reise über das Internet beauftragt. Die von ihnen gefundenen Preise unterscheiden sich stark und lagen im Regelfall über den Preisen, die von Reisebüros angegeben wurden. Die Studenten gaben an, dass vor allem das Finden der richtigen Leistungsträger, also sowohl Fluggesellschaften und Hotels als auch Internetreiseprotale, problematisch sei. Ferner sei das fehlende Wissen über den Reisemarkt hinderlich. Als negativ wurde auch der Zeitaufwand bei Internetbuchungen angegeben. *Anckar* und *Walden* schlussfolgern daraus, dass gerade bei komplexen Buchungen Reisemittler vorzuziehen sind.

Die häufigsten von Reisemittlern vermittelten Verträge sind solche über Linienflüge und touristische Pauschalreisen. Der Anteil der durch Reisebüros gebuchten Hotelübernachtungen und Bahnfahrscheine ist hingegen gering[282].

4.1.1. Linienflugvermittlung

Linienflüge werden definiert als diejenigen Flüge, die nach einem festen, voraus bekannten Flugplan unabhängig von der tatsächlichen Auslastung gewerbsmäßig und öffentlich angeboten werden[283]. Hiervon abgegrenzt werden die Bedarfsflüge, deren Flugplan veränderlich ist und die nicht zwingend regelmäßig verkehren[284]. Für den Bedarfsflugverkehr hat sich der Begriff des Charterfluges eingebürgert.

---

280 Vgl. Bradley S. Wimmer, Anthony M. Townsend und Brian E. Chezum: Information Technologies and the Middleman: The Changing Role of Information Intermediaries in an Information-Rich Economy, Journal of Labor Research, Vol. 21 (3), Summer 2000, S. 407 ff.

281 Vgl. Bill Anckar und Pirrko Walden: Destination Maui? An Exploratory Assessment of the Efficiacy of Self-Booking in Travel, Electronic Markets, Vol. 10 (2), 2000, S. 110 ff.

282 Vgl. Wilhem Pompl: Reisebüros – Einführung, in: Walter Freyer und Wilhelm Pompl (Hrsg.): Reisebüromanagement, München 1999, S. 13.

283 Vgl. beispielsweise Wilhelm Pompl: Luftverkehr: Eine ökonomische und politische Einführung, 4. Auflage, Berlin 2002, S. 28 ff. Vgl. auch §21 Abs. 1 und 2 LuftVG.

284 Vgl. Wilhelm Pompl: Luftverkehr: Eine ökonomische und politische Einführung, 4. Auflage, Berlin 2002, S. 30 ff.

Die Grenzen zwischen Linienflug- und Bedarfsflugverkehr sind jedoch fließend. Während beim klassischen Vollcharter ein Reiseveranstalter der Fluggesellschaft sämtliche vertraglich festgelegten Kapazitäten auf einer bestimmten Strecke abnimmt, hat sich in den letzten Jahren zumindest in der Bundesrepublik Deutschland die Situation dahingehend verändert, dass weitgehend Teilcharter auf dem Markt zu finden sind. Dies bedeutet, dass es nicht einen einzelnen, die gesamten Kapazitäten abnehmenden Reiseveranstalter gibt, sondern dass zwei oder mehr Veranstalter jeweils einen Teil der Kapazität vertraglich an sich gebunden haben. Die Fluggesellschaften kommen damit zumindest teilweise für das wirtschaftliche Risiko auf, da sie zuerst die Flugkette planen und dann anschließend auf dem Markt anbieten. Falls nicht alle Kapazitäten an Reiseveranstalter verchartert werden können, greifen die Fluggesellschaften zum Einzelplatzverkauf, bei dem sie direkt oder über Reisebüros die freien Plätze an die Konsumenten verkaufen. Gerade dieser Einzelplatzverkauf hat deswegen für den Endverbraucher die Grenzen von Linien- und Bedarfsflugverkehr verwischt. Dies gilt insbesondere auf der Mittelstrecke zu touristisch geprägten Zielen, da hier meist häufige Nonstop-Flüge[285] stattfinden und der Bedarfsflugverkehr damit die Präferenzen der Konsumenten besser erfüllt als der auf diesen Strecken oft durch Umsteigeverbindungen gekennzeichnete Linienflugverkehr. Es kommt hinzu, dass in Europa auch der Bedarfsflugverkehr, getrieben durch den Einzelplatzverkauf, mittlerweile nach festen Flugplänen verkehrt und somit ein Substitut zum klassischen Linienflugverkehr darstellt[286]. Für die folgenden Ausführungen soll deshalb dieses Segment unter die Linienflüge gefasst werden.

Für den durchschnittlichen Reisebürokunden ist das Angebot an Linienflügen und deren Tarife undurchschaubar. Dies erklärt sich schon daraus, dass es das genau definierte, homogene Gut *Linienflug* nicht gibt. Selbst auf einer Flugstrecke kann sich das Angebot verschiedener Fluggesellschaften deutlich unterscheiden, und zwar sowohl hinsichtlich der Abflug- und Ankunftszeiten, der Flugdauer und des Komforts. Unterschiedliche Abflugzeiten sind gerade für Geschäftsreisende ein wichtiger Serviceaspekt. Auf Kurz- und Mittelstreckenflügen können es Tagesrandverbindungen nämlich ermöglichen, Geschäftstermine ohne auswärtige Hotelübernachtungen zu organisieren. Eine unterschiedliche Flugdauer ergibt sich vor allem dadurch, dass einige Gesellschaften Nonstop-Flüge anbieten während andere Gesellschaften nur Umsteigeverbindungen bieten. Außerdem ist es denkbar, dass gerade auf Kurzstrecken einige Gesellschaften mit Düsenmaschinen fliegen, andere hingegen mit Turboprop-Maschinen.

---

[285] Oftmals mehrmals pro Woche, in manche Zielgebiete aber auch täglich oder sogar mehrmals täglich stattfindende Flüge.

[286] Seitdem auch die klassischen Linienfluggesellschaften verstärkt auf Servicezusatzleistungen wie etwa kostenlose Bordverpflegung verzichten, gilt dies umso mehr.

Im Bereich des Komforts sind die Unterschiede zwischen den Fluggesellschaften am größten. Dies gilt vor allem für den Mittel- und Langstreckenverkehr in der *First Class* und *Business Class*: während die Leistungen der internationalen Linienfluggesellschaften in der *Economy Class* weitgehend standardisiert sind (ähnlicher Sitzabstand, wenig differierender Standard in der Bordunterhaltung, ähnliche Essens- und Getränkequalität), gibt es in den höheren Klassen große Abweichungen.

Durch die Allianzbildung[287] und das so genannte *Code Sharing* im Luftverkehr wird es für den Endverbraucher immer schwieriger, die einen Flug tatsächlich durchführende Fluggesellschaft zu identifizieren. Beim *Code Sharing* ist ein Flug nicht nur unter der Flugnummer der durchführenden Fluggesellschaft buchbar, sondern auch unter den Flugnummern des oder der *Code Share*-Partner. Für den Konsumenten wird es deshalb deutlich schwieriger, die Qualität der Leistung *ex ante* zu bestimmen, da, wie bereits oben angeführt, zwischen den verschiedenen Fluggesellschaften teilweise deutliche Komfort- und Serviceunterschiede bestehen. Das immer angeführte Argument, dass gerade *Code Share*-Partner in Allianzen versuchen würden, die Qualität der Leistungen zu vereinheitlichen[288], ist nicht stichhaltig. Vielmehr werden in vielen Allianzen zwar die Flugpläne und Flugpreise koordiniert, nicht jedoch die Service- und Qualitätsstandards der teilnehmenden Fluggesellschaften. So wird etwa innerhalb der *Star Alliance* eine Angleichung von Service und Komfort gar nicht angestrebt[289].

Der Qualitätsaspekt des Gutes Linienflug ist deshalb für die Kunden schwer einzuschätzen. Es handelt sich also nicht um ein Inspektions- sondern um ein Erfahrungsgut, dessen Qualität erst nach dem Konsum hinreichend bewertet werden kann.

Das Tarifsystem im Linienflugbereich ist sehr umfangreich. Neben den allgemein gültigen IATA-Tarifen gibt es auch eine Vielzahl so genannter *Carrier Fares*. IATA-Tarife sind weitgehend unbeschränkt und erlauben neben der Wahl unterschiedlicher Flugrouten, Flugunterbrechungen, Stornierungen und Umbuchungen auch die Kombination unterschiedlicher Fluggesellschaften, so lange

---

287 Für eine Einführung in die Luftverkehrsallianzen und ihre Wirkungen vgl. etwa Jan K. Brueckner und W. Tom Whalen: The Price Effects of International Airline Alliances, Journal of Law and Economics, Vol. 43 (2), October 2000, S. 503 ff., Wilhelm Pompl: Luftverkehr: Eine ökonomische und politische Einführung, 4. Auflage, Berlin 2002, S. 143 ff. und Alexander T. Wells: Air Transportation: A Management Perspective, 3rd Ed., Belmont 1993, S. 309 f.

288 Vgl. etwa Wilhelm Pompl: Luftverkehr: Eine ökonomische und politische Einführung, 4. Auflage, Berlin 2002, S. 138 ff.

289 Vgl. Lufthansa Report: Weltnetzwerk: 5 Jahre Star Alliance, Frankfurt 2002, S. 11.

diese über *Interline Agreements* verfügen[290]. Dies ist besonders im Geschäftsreiseverkehr interessant, erlaubt es doch die Reisezeiten ausschließlich am Terminplan des Reisenden auszurichten und nicht zwingend an den Flugzeiten der Fluggesellschaften. Im Gegensatz zu den IATA-Tarifen sind *Carrier Fares* restriktiv: sie erlauben in der Regel keine oder nur eine begrenzte Zahl von Flugunterbrechungen, sind meist an bestimmte, von den Fluggesellschaften vorgegebene Routenführungen gebunden und gestatten größtenteils nur die Benutzung einer einzigen Fluggesellschaft. Innerhalb der Allianzen gelten manche *Carrier Fares* auch für Flüge von Partnergesellschaften. Eine weitere spezielle Art der *Carrier Fares* sind die *Consolidator Fares*. Diese werden von den Fluggesellschaften mit Ticketgroßhändlern vereinbart. *Consolidator Fares* variieren von Großhändler zu Großhändler und sind über die klassischen Vertriebskanäle der Fluggesellschaften nicht zu beziehen sondern werden von den Ticketgroßhändlern nur über Reisebüros vertrieben. Sie sind häufiger weniger restriktiv als normale *Carrier Fares* und erlauben Flugunterbrechungen, eine Vielzahl von Umsteigeverbindungen und oftmals freie Routenwahl. Alle Tarife haben unterschiedliche Geltungszeiträume, verschiedene Minimal- und Maximalaufenthaltsbestimmungen und so weiter.

Für den Reisenden ist es ob dieser Konstellation schwierig, einen Marktüberblick zu erlangen. Lange Zeit waren Reisebüros mit ihrem monopolisierten Zugang zu den Computerreservierungssystemen die einzige Möglichkeit, um einen vollständigen Überblick über die angebotenen Flüge zu bekommen[291]. Durch die Vielzahl von Internet-Reisewebsites ist es mittlerweile möglich, sich auch ohne klassische Reisebüros einen recht genauen Überblick über die Reiseoptionen zu verschaffen. Ähnliches gilt auch für die Bewertung der Qualität einer Fluggesellschaft: auch hier gibt es im Internet genug Quellen, die eine Qualitätseinschätzung ermöglichen. Problematisch bleibt aber immer noch die Tarifierung. So ist es zwar auch über die Internet-Reisesites möglich, Flugpreise zu erhalten, jedoch scheitern die Systeme regelmäßig bereits an recht einfachen Aufgaben. Während alle Websites unkomplizierte Hin- und Rückflüge und begrenzt auch Interlining beherrschen, sind Strecken in unterschiedlichen Beförderungsklassen (beispielsweise Hinweg in der *Economy Class* und Rückweg in der *Business Class*), auf dem Landweg zurückgelegte Teilstrecken oder Flüge mit vielen Zwischenstops für sie nicht darstellbar. Hierfür muss sich der Reisende nach wie vor an einen Reisemittler wenden.

---

290 Durch Interline Agreements verpflichten sich Fluggesellschaften, von anderen Fluggesellschaften ausgestellte Flugscheine zur Beförderung zu akzeptieren. Vgl. Wilhelm Pompl: Luftverkehr: Eine ökonomische und politische Einführung, 4. Auflage, Berlin 2002, S. 224.

291 Vgl. Pat Hanlon: Global Airlines: Competition in a Transnational Industry, Oxford 1996, S. 54 zur Rolle der Computerreservierungssysteme.

4.1.2. Pauschalreisevermittlung

Unter einer Pauschalreise wird ein Paket aus mindestens zwei aufeinander abgestimmten Leistungen verstanden, das zu einem Gesamtpreis verkauft wird. Dabei wird zwischen nur einmalig, wie etwa Studienreisen, und regelmäßig durchgeführten Reisen unterschieden. Pauschalreisen können entweder auf Veranlassung eines Kunden oder auf Veranlassung eines Veranstalters ausgearbeitet werden. Die typische Veranstalterpauschalreise ist also ein vorgefertigtes, auf eine Vielzahl von potentiellen Kunden zielendes Produkt, während die kundenbestimmte Pauschalreise auf die Vorgaben des oder der Reisenden zugeschnitten wird[292].

In der Bundesrepublik Deutschland werden Pauschalreisen von einer Vielzahl von Veranstaltern angeboten. Eine genaue Zahl kann nicht bestimmt werden, denn neben den etablierten Veranstaltern gibt es eine Reihe von Reisebüros, die neben ihrer Haupttätigkeit als Reisemittler auch als Veranstalter tätig sind. Allerdings wird der Markt von großen Reisekonzernen dominiert: bei einem Gesamtumsatz des Reiseveranstaltermarktes im Jahre 2003 von rund € 17,8 Mrd.[293] setzten die 4 führenden Veranstalter gut € 10,5 Mrd. um[294]. Nichtsdestotrotz gibt es gerade Spezialveranstalter, die trotz geringerer Größe in ihrem jeweiligen Gebiet ein ernstzunehmender Anbieter sind. Dies gilt etwa für Anbieter von Bildungsreisen oder auch für auf bestimmte Zielgebiete spezialisierte Veranstalter. Insgesamt ist der Pauschalreisemarkt damit für den Reisenden intransparent, da es stets eine Vielzahl von Anbietern für eine geplante Reise gibt, die unterschiedliche Pauschalangebote haben.

Für den Reisenden ist es durch die Intransparenz sehr schwierig, einen Marktüberblick zu erlangen. Er ist deshalb auf die Information eines Spezialisten angewiesen. Der Verkauf von Pauschalreisen über das Internet ist zur Zeit noch nicht weit verbreitet. Dies liegt vor allem an der Beratungsintensität des Produktes, die eine Weitergabe von vielen Informationen erfordert. Für den Onlinebetrieb bedeutet dies, dass die notwendigen Datenmengen groß und gerade kleine Veranstalter oftmals nicht in der Lage sind, entsprechende Systeme zu installieren. Anbieterübergreifende Websites können diese technischen Limitierungen in der Regel einfacher umgehen, haben aber noch nicht die notwendige Akzeptanz erreicht. Das Reisebüro ist für den Reiseinteressenten zumindest zur Zeit noch die beste Anlaufstelle für die Buchung einer Pauschalreise.

---

292 Vgl. Wilhelm Pompl: Touristikmanagement: Qualitäts- Produkt-, Preismanagement, Berlin, Heidelberg, 1996, S. 7 f.

293 Vgl. Deutscher Reisebüro und Reiseveranstalter Verband (Hrsg.): Fakten und Zahlen zum deutschen Reisemarkt, Ausgabe 2004.

294 Vgl. FVW Dokumentation: Deutsche Veranstalter 2002, Beilage zur FVW International Nr.32 vom 20.12.2002, S. 5.

4.2. Marktstruktur

4.2.1. Die Nachfragerseite

Im Jahre 2003 haben Bundesbürger rund 121,8 Millionen Urlaubsreisen durchgeführt, wobei 76,5 Millionen mindestens 5 Tage dauerten. Knapp 50 % aller Urlaubsreisen waren Auslandsreisen. Bei den mindestens 5 Tage dauernden Urlaubsreisen gingen sogar gut 66 % ins Ausland. 37 % aller Urlaubsreisen ab fünf Tagen Dauer wurden über Reiseveranstalter beziehungsweise Reisebüros gebucht. Dies ist eine Abnahme von 5 % im Vergleich zum Jahr 2002[295]. Hinzu kommen die Besuchsreisen zu Verwandten und Bekannten sowie Geschäftsreisen. Die hieraus abgeleitete Nachfrage nach Reisemittlerdienstleistungen ist heterogen. Einerseits werden Reisemittlerdienstleistungen von Privatpersonen, andererseits von Unternehmen nachgefragt.

Die in der Literatur vorgenommene Kategorisierung der Reisen nach ihrem Anlass führt zur Unterteilung in Privatreisen und in berufliche Reisen[296]. Privatreisen können beispielsweise Urlaubsreisen oder Verwandtenbesuche, berufliche Reisen etwa Geschäftsreisen oder Incentive-Reisen sein. Hiervon abhängig sind die Erwartungen, die die Kunden an den Reisemittler stellen.

So wünschen Privatpersonen vor allem Beratungsqualität und Leistungskompetenz. Dies zeigt sich etwa in fachlich geschultem Personal. Außerdem wird auf neutrale Beratung Wert gelegt. Der Reisemittler soll also nicht dasjenige Produkt vermitteln, welches seinen Gewinn maximiert, sondern vielmehr auf die Kundenwünsche eingehen und das Produkt vermitteln, welches den Kundennutzen maximiert. Ein weitere wichtige Kundenerwartung ist die Preisminimierung und eine fehlerfreie Preisberechnung. Das Reisebüro soll also vor allem darauf achten, dass bei vergleichbaren Produkten dasjenige mit dem geringsten Gesamtpreis ausgewählt wird. Dazu gehört auch die fehlerfreie Preisberechnung, da besonders bei Pauschalreisen auf den ersten Blick preisgünstige Angebote durch verschiedene Zuschläge teurer werden können als Produkte, die bei höherem Grundpreis zuschlagsfrei sind. Dies impliziert, dass der Reisemittler über ein möglichst breites Sortiment verfügen sollte, um die Zahl der Substitute möglichst groß zu halten. Das ausschlaggebende Kriterium zur Wahl eines Reisebüros ist aber für Privatpersonen vor allem in der Beratungsqualität und dessen Erreichbarkeit zu sehen[297].

---

295 Vgl. Deutscher Reisebüro und Reiseveranstalter Verband (Hrsg.): Fakten und Zahlen zum deutschen Reisemarkt, Ausgabe 2004.

296 Vgl. Bülent Menekse: Leistungspalette und Kundengruppen in Reisebüros, in: Walter Freyer und Wilhelm Pompl (Hrsg.): Reisebüromanagement, München 1999, S. 61 ff.

297 Vgl. hierzu Sabine Frommer: Kundenerwartungen an Reisebüros, in: Walter Freyer und Wilhelm Pompl (Hrsg.): Reisebüromanagement, München 1999, S. 81 ff.

Die Anforderungen von Unternehmen an den Reisemittlern sind anders geartet. Aufgrund ihres regelmäßig höheren Reiseaufkommens und standardisierterer Reiseabläufe ist die individuelle Beratungsfunktion weniger ausgeprägt. Vielmehr geht es vor allem darum, die Reiserichtlinien der Unternehmen bei den Buchungen einzuhalten und umzusetzen. So soll das Reisebüro darauf achten, dass nur bestimmte Leistungsträger und Beförderungsklassen gebucht werden und das es zu einem regelmäßigen *Reporting* an die für Reisen verantwortliche Stelle im Unternehmen kommt. Reiseunterlagen sollten möglichst umgehend zugestellt werden und der Reisemittler eine für die Reisenden stets erreichbare Notrufstelle sein, die beispielsweise bei Umbuchungen und Ticketverlusten helfen kann[298].

Die Nachfrage nach Reisemittlerdienstleistungen ist von mehreren Einflussfaktoren abhängig. Die Einschaltung eines Reisemittlers senkt vor allem die Such- und Informationskosten des Kunden. Deshalb ist *ceteris paribus* zu erwarten, dass besser informierte Reisende seltener auf Reisemittler zurückgreifen als unerfahrene Reisende. Ebenso ist zu erwarten, dass unkomplizierte Reisen seltener durch Reisemittler organisiert werden als komplexe Reisen. Diese Hypothesen können empirisch gestützt werden[299]. Die Nachfrage nach Reisemittlerdienstleistungen ist also dann besonders hoch, wenn es sich um komplizierte, mit *ceteris paribus* höheren Informations- und Suchkosten verbundene Reisen handelt und der Reisende uninformiert ist. Mit zunehmender Reiseerfahrung und bei einfachen Reisen geht die Nachfrage nach Reisemittlerdienstleistungen zurück.

4.2.2. Die Anbieterseite

In der Bundesrepublik Deutschland gab es im Jahr 2003 rund 17.100 Reisebüros. Davon waren rund 5.000 so genannte Vollsortimentsbüros, die Agenturverträge mit einem oder mehreren der großen drei Veranstalter sowie eine IATA und/oder eine DB-Lizenz haben[300]. Diese Büros können somit die gesamte Bandbreite touristischer Leistungen unmittelbar selbst anbieten. Gut 8.700 der restlichen Reisebüros sind reine Touristikbüros und verfügen über keine Verkehrsträgerlizenz sondern ausschließlich über mindestens zwei Veranstalterlizenzen. Sie können somit nur eingeschränkte Reisebürodienstleistungen erbringen.

---

298 Vgl. Andreas Wilbers: Partner Reisebüro: Richtige Auswahl, moderne Vergütung, München, 2000, S. 35 ff.

299 Vgl. James Mak und James E. T. Moncur: The Demand for Travel Agents, in: Journal of Transport Economics and Policy, Vol. 14 (2), May 1980. S. 221 ff.

300 Vgl. Deutscher Reisebüro und Reiseveranstalter Verband (Hrsg.): Fakten und Zahlen zum deutschen Reisemarkt, Ausgabe 2004.

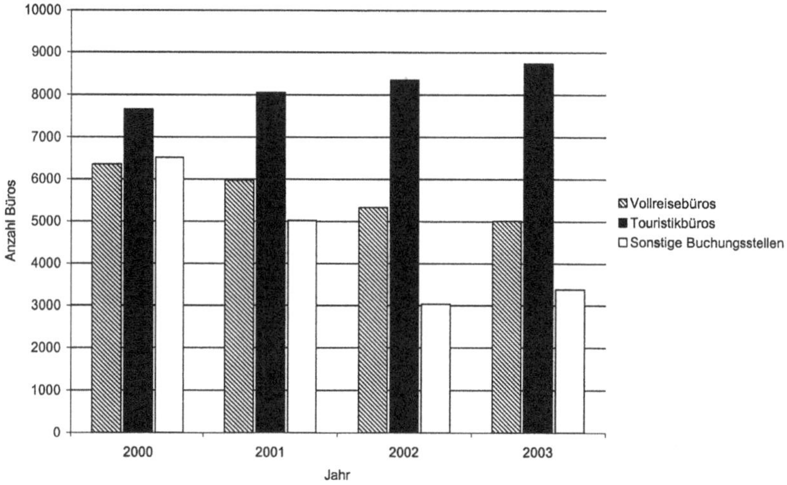

Abbildung 4-1:Anzahl Reisebüros in der Bundesrepublik Deutschland

Auffallend ist die stetige Abnahme der Vollreisebüros im Zeitablauf, während die Zahl der Touristikbüros zwischen 2000 und 2003 deutlich gestiegen ist.

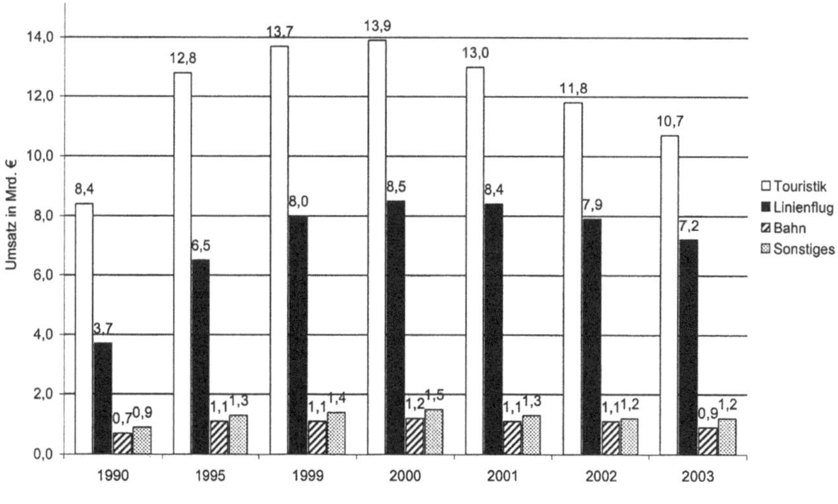

Abbildung 4-2: Umsatzentwicklung 1990-2003[301]

301 Vgl. Deutscher Reisebüro und Reiseveranstalter Verband (Hrsg.): Fakten und Zahlen zum deutschen Reisemarkt, Ausgabe 2002, Deutscher Reisebüro und Reiseveranstalter Verband (Hrsg.): Fakten und Zahlen zum deutschen Reisemarkt, Ausgabe 2003 und

Die Umsätze der Reisebüros sinken seit dem Jahr 2001, und zwar von rund € 25 Mrd. im Jahr 2000 über € 23,8 Mrd. im Jahr 2001[302] und € 22 Mrd. im Jahr 2002 auf € 19,9 Mrd. im Jahr 2003[303].

Reisebüros sind entweder unabhängig oder gehören einer Reisebüroorganisationen an. In den letzten Jahren ist eine deutliche Abnahme der freien, das heißt weder an einer Kooperation noch an einer Kette teilnehmenden Reisebüros zu beobachten. Während 1999 noch knapp die Hälfte aller Büros unabhängig waren, sind es im Jahr 2003 gerade noch 2 % gewesen[304]. Insgesamt ist die Reisebürobranche trotz der zunehmenden Dominanz der Reisebüroketten immer noch mittelständisch geprägt. Die durchschnittliche Betriebsgröße liegt bei knapp 5 Mitarbeitern. In vielen Büros ist der Eigentümer sowohl Führungskraft als auch im operativen Geschäft tätig[305].

Die an eine Reisebüroorganisation angegliederten Büros gehören entweder zu Reisebüroketten, Franchisesystemen oder Reisebürokooperationen. Reisebüroketten haben in den letzten Jahren am stärksten an Bedeutung gewonnen. Bei ihnen ist jedes Büro eine Filiale eines Unternehmens und wird zentral gesteuert. Diese Steuerung umfasst das Sortiment, den Markenauftritt und im Regelfall auch das für die Information und Buchung verwendete Computerreservierungssystem. Reisebüroketten betreiben sowohl Vollsortimentsbüros als auch getrennte Touristik- beziehungsweise Geschäftsreisebüros.

Die Büros der Franchiseketten treten nach außen mit einem identischen bzw. ähnlichen Markenauftritt auf. Ihnen werden Vorgaben vom Franchisegeber bezüglich Sortiment und technischer Ausstattung gemacht. Das wirtschaftliche Risiko liegt im Gegensatz zu Kettenbüros vollständig beim Franchisenehmer. Franchiseketten können entweder eigenständig sein (dies ist etwa bei den *Lufthansa City Center* der Fall) oder eine Ergänzung der veranstaltereigenen Kettenbüros darstellen. So betreibt etwa die TUI mit den First Reisebüros veranstaltereigene Reisebüros und ergänzt den Marktauftritt mit den Franchisebüros von TUI ReiseCenter. Ähnlich agiert ITS/Rewe, die sowohl mit den veranstalterei-

---

Deutscher Reisebüro und Reiseveranstalter Verband (Hrsg.): Fakten und Zahlen zum deutschen Reisemarkt, Ausgabe 2004.

302 Vgl. Deutscher Reisebüro und Reiseveranstalter Verband (Hrsg.): Fakten und Zahlen zum deutschen Reisemarkt, Ausgabe 2001.

303 Vgl. Deutscher Reisebüro und Reiseveranstalter Verband (Hrsg.): Fakten und Zahlen zum deutschen Reisemarkt, Ausgabe 2004.

304 Vgl. FVW Dokumentation: Reisebüro 2003: Ketten und Kooperationen, Beilage zur FVW International Nr. 14 vom 11.06.2004, S. 3.

305 Vgl. Walter Freyer: Reisebüro-Management: allgemeine Grundlagen, in: Walter Freyer und Wilhelm Pompl (Hrsg.): Reisebüromanagement, München 1999, S. 99 ff.

genen DER-Büros als auch mit den DER-Part-Büros der Franchisekette auftreten.

Die loseste Form der Reisebürozusammenschlüsse stellt die Kooperation dar. Die Mitgliedsbüros treten unter eigenem Namen auf, für Außenstehende ist teilweise die Bürozugehörigkeit nicht erkennbar[306]. Die Reisebürokooperationen nehmen für ihre Mitglieder eine Bündelung der Nachfrage vor, damit bei den Leistungsträgern bessere Konditionen, beispielsweise höhere Provisionen, erreicht werden können. Außerdem können Aufgaben wie gemeinsames Marketing oder auch der Zugang zu günstigeren Finanzierungen von der Kooperation übernommen werden[307].

Der durchschnittliche Umsatz pro Reisebüro ist zwischen Ketten- und Franchisebüros auf der einen Seite und Kooperations- und unabhängigen Reisebüros auf der anderen Seite unterschiedlich. So lag der durchschnittliche Umsatz bei den Kooperationsbüros im Jahr 2002 bei rund € 1,1 Mill. (gegenüber € 1,26 Mill. im Jahr 2001 und € 1,49 Mill. im Jahr davor), während Büros von Ketten und Franchisesystemen durchschnittlich € 2,3 Mill. (gegenüber € 2,6 Mill. im Jahr 2001) umsetzten[308]. Die Gesamtumsätze der Vertriebsorganisationen sind ebenfalls recht unterschiedlich: während der stärkste Verbund im Jahr 2001 insgesamt € 5,3 Mrd. umsetzte, kam der zehntstärkste Vertriebsverbund lediglich auf € 400 Mio.

---

306 Dies ist allerdings von Kooperation zu Kooperation unterschiedlich. So fordern einige Kooperationen von ihren Mitgliedern eine einheitliche Außendarstellung. Vgl. FVW, Nr. 26 vom 19.10.00, S. 110.

307 Vgl. Wilhem Pompl: Reisebüros – Einführung, in: Walter Freyer und Wilhelm Pompl (Hrsg.): Reisebüromanagement, München 1999, S. 9 f.

308 Vgl. FVW Dokumentation: Reisebüro 2001: Ketten und Kooperationen, Beilage zur FVW International Nr. 13 vom 31.05.02, S. 3. Es muss jedoch beachtet werden, dass innerhalb der Reisebüroketten und –kooperationen deutliche Umsatzspannen anzutreffen sind. So setzen im Jahr 2001 beispielsweise die zur TUI gehörenden Geschäftsreisebüros der Kette TQ3 durchschnittlich knapp € 6,7 Mio. um, während die weitgehend Touristik verkaufenden Ketten- und Franchisebüros der TUI-Gruppe im gleichen Zeitraum nur rund € 1,9 Mio. umsetzten.

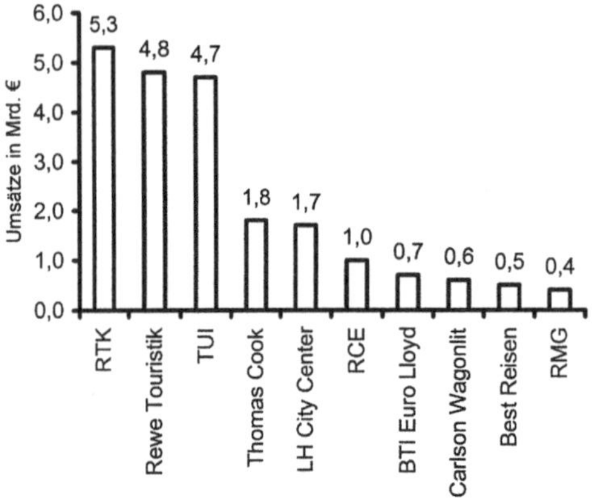

Abbildung 4-3: Die 10 größten deutschen Reisevertriebsorganisationen 2001[309]

Der Umsatz pro Reiseagentur ist zwischen den einzelnen Ketten und Franchises stark schwankend. So setzte etwa im Jahr 2002 eine *Carlson Wagonlit Travel*-Agentur durchschnittlich € 8,8 Mill. um, während ein durchschnittlicher *Alltours Reisecenter* nur auf € 0,91 Mill. kam.

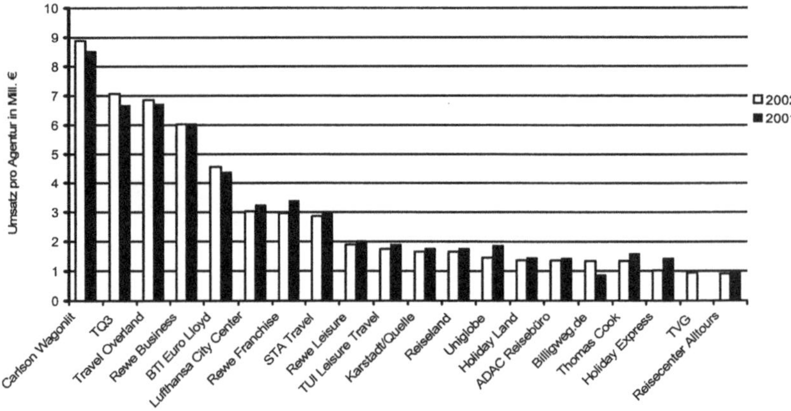

Abbildung 4-4: Umsatz pro Ketten- bzw. Franchisebüro, 2001 und 2002[310]

---

[309] Vgl. FVW Dokumentation: Reisebüro 2001: Ketten und Kooperationen, Beilage zur FVW International Nr. 13 vom 31.05.2002, S. 1.

Auch bei den kooperationsgebundenen Reisebüros gibt es deutliche Unterschiede. So setzte im Jahr 2002 eine *BTC*-Agentur knapp € 2,5 Mill. um, während eine *Prima Urlaub*-Agentur nur einen Umsatz von € 140.000 schaffte.

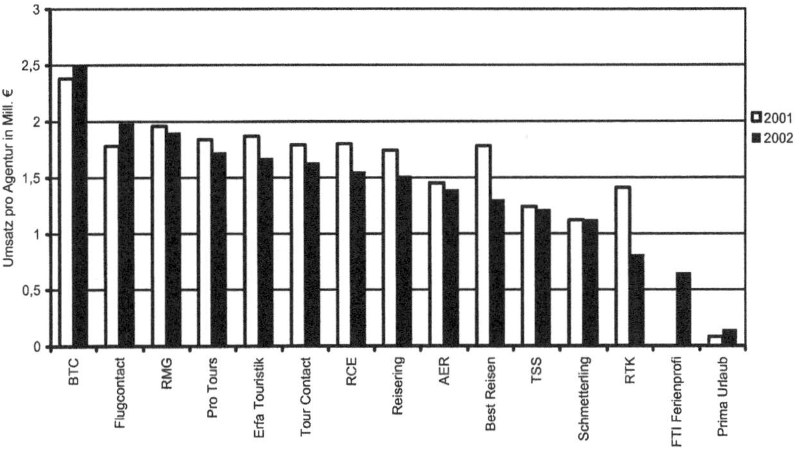

Abbildung 4-5: Umsatz pro Kooperationsbüro, 2001 und 2002[311]

Da kein Reisemittler alle am Markt vertretenen Leistungsträger im angebotenen Sortiment führt, spielt sowohl die Auswahl der vertriebenen Leistungsträger als auch die Steuerung der gewinnmaximalen Umsätze eine wichtige Rolle, um die Profitabilität zu maximieren.

Die Verkaufssteuerung im Reisebüro bedeutet, dass grundsätzlich diejenigen Leistungsträger vorrangig vermittelt werden, die dem Büro die höchste Provision bringen. Vor allem wird darauf geachtet, dass die ausgelobten Zusatzprovisionen erreicht werden[312]. Dies geschieht dadurch, dass die geführten Leistungsträger in so genannte A- und B-Sortimente eingeteilt werden. Leistungsträger aus dem A-Sortiment werden aktiv verkauft, also dem Reisebürokunden während der Beratung direkt angeboten. Die im B-Sortiment enthaltenen Leistungsträger werden von den Reisebüros nur auf Anfrage des Kunden verkauft. So-

---

310 Vgl. FVW Dokumentation: Reisebüro 2002: Ketten und Kooperationen, Beilage zur FVW International Nr. 12 vom 22.05.2003, S. 6.

311 Vgl. FVW Dokumentation: Reisebüro 2002: Ketten und Kooperationen, Beilage zur FVW International Nr. 12 vom 22.05.2003, S. 17.

312 Vgl. Axel Schulz: Potentialmanagement, in: Walter Freyer und Wilhelm Pompl (Hrsg.): Reisebüromanagement, München 1999, S. 141 ff.

wohl Pauschalreiseveranstalter als auch Fluggesellschaften gehören zu den aktiv gesteuerten Leistungsträgern.

Kette/Franchisesystem	Veranstalter im A-Sortiment	Umsatz in %
ADAC Reisen	22	86,0
BTI Euro Lloyd	3	70,0
Derpart	6	62,0
Holiday Express	23	79,0
Holiday Land	7	50,0
Lufthansa City Center	2	50,2
Reiseland	17	83,0
Rewe Touristik Leisure	6	62,0
Thomas Cook	7	71,7
TUI Leisure Travel (Kette)	35	91,0
TUI Leisure Travel (Franchise)	32	88,0

Tabelle 7: Sortimentsstruktur Reisebüroketten/Franchisesysteme 2001[313]

Es fällt auf, dass keine Kette bzw. kein Franchisesystem weniger als 50 % des Umsatzes mit Reiseveranstaltern aus dem A-Sortiment macht. Reisebürokooperationen haben weniger starke Steuerungsvorgaben. Ein Vergleich von Reisebüroketten und Franchisesystemen mit Reisebürokooperationen zeigt, dass letztere zwar mit einem kleineren Kernsortiment arbeiten, sich der Umsatzanteil der im jeweiligen A-Sortiment geführten Veranstalter aber nicht auffällig unterscheidet.

Reisebürokooperation	Veranstalter im A-Sortiment	Umsatz in %
AER	6	k.A.
Best Reisen	11	78,0
BTC	6	76,0
CSH	6	42,0
Reisering	5	k.A.
DTT	28	83,0
Prima Urlaub	15	90,0
Pro Tours	6	47,0
RCE	10	72,0
RMG	10	79,0
RTK	6	k.A.
Schmetterling	12	k.A.
Tour Contact	21	k.A.

Tabelle 8: Sortimentsstruktur Reisebürokooperationen 2001[314]

313 Vgl. FVW Dokumentation: Reisebüro 2001: Ketten und Kooperationen, Beilage zur FVW International Nr. 12 vom 31.05.2002, S. 12.

Die Bezahlungsstruktur der Leistungsträger legt nahe, dass es bei Reisemittlern Größenvorteile gibt. Die typische Zahlung des Leistungsträgers an den Reisemittler im Falle eines Reisevertragsabschlusses ist eine Provision. Reiseveranstalter zahlen den Reisemittlern eine vom Umsatz abhängige Basisprovision und eine zusätzliche Leistungsprovision, die eine Umsatzsteigerung gegenüber dem Vorjahr belohnt. Dies lässt sich anschaulich am Beispiel der Provisionsregelung des Touristikjahres 2001/2002 der *Thomas Cook AG* zeigen. Die Basisprovision wird für alle Reisemittler, die Produkte der *Thomas Cook AG* verkaufen, nach folgender Staffel ausbezahlt:

Umsatz in €	Provision in Prozent
bis 125.000	7,00
125.001-150.000	9,00
150.001-200.000	9,50
200.001-385.000	10,00
385.001-500.000	10,50
500.001-750.000	11,00
750.001-1.025.000	11,50
1.025.001-1.275.000	11,75
Über 1.275.000	12,00

Tabelle 9: Basisprovisions Thomas Cook, 2001/2002[315]

Die Reisemittler haben einen klaren Anreiz, einen möglichst hohen Umsatz bei diesem Veranstalter zu erzielen. Betrachtet man einen Mittler, der insgesamt € 350.000 mit Thomas Cook-Produkten umsetzt, so erhält er aufgrund der Basisprovisionsstaffel eine Zahlung in Höhe von €125.000 · 0,07 + €24.999 · 0,09 + €49.999 · 0,095 + €149.999 · 0,1 = €30.749,71. Hat sich der Gesamtumsatz des Reisemittlers mit *Thomas Cook*-Produkten gegenüber dem Vorjahr erhöht, so erhält er auf den Mehrumsatz folgende Leistungsprovision:

Umsatzwachstum ggü. Vorjahr	Leistungsprovision in Prozent
0,1 % bis 5 %	5,00
über 5 % bis 10 %	7,00
über 10 %	9,00

Tabelle 10: Leistungsprovision Thomas Cook, 2001/2002[316]

---

[314] Vgl. FVW Dokumentation: Reisebüro 2001: Ketten und Kooperationen, Beilage zur FVW International Nr. 12 vom 31.05.2002, S. 20.

[315] Vgl. Ira Lanz und Tobias Jüngert: Provisionsmodelle der drei großen Veranstalter, FVW International Nr. 18, 27.07.01.

Falls der Reisemittler also den Vorjahresumsatz von €321.100 um 9 % auf jetzt €350.000 gesteigert hat, erhält er zusätzlich €28.900 · 0,07 = €2023 Leistungsprovision, so dass die Gesamtsumme bei € 32.772,71 liegt. Würde der Gesamtumsatz von € 350.000 nun zu gleichen Teilen von zwei Agenturen erbracht, so käme jede auf eine Basisprovisionszahlung von € 13.375 zuzüglich einer Leistungsprovision von € 1.011,46, also gesamt € 14.386,46. Wird also der Umsatz von € 350.000 von einem anstatt von zwei Reisemittlern erbracht, liegt die Gesamtzahlung um € 3.999,79 höher.

Neben der wertabhängigen Provision als traditionelles Entlohnungssystem zwischen Leistungsträgern und Reisemittlern setzt sich in letzter Zeit vermehrt eine Stückprovision durch. Besonders Fluggesellschaften gehen dazu über. Bei einer Stückprovision werden die Reisemittler durch eine vom Wert unabhängige, pro vermittelter Leistungseinheit ausbezahlte Provision entlohnt[317].

4.3. Rechtlicher Rahmen der Reisemittlertätigkeit

Die Aufgabe des Reisemittlers liegt darin, einen Reisevertrag zwischen dem Leistungsträger und dem Reisenden zu vermitteln. Aus rechtlicher Sicht kann der Mittler diese Aufgabe entweder als Handelsvertreter oder als Handelsmakler wahrnehmen.

4.3.1. Die rechtliche Stellung gegenüber dem vertretenen Unternehmen

4.3.1.1. Das Agenturreisebüro

In der Praxis sind Reisemittler in der Regel per Agenturvertrag an die Leistungsträger gebunden. Dies gilt nicht nur für die Beziehungen zwischen Reisemittler und den klassischen Pauschalreiseveranstaltern, sondern auch für die zwischen Reisemittler und den in der *IATA* vertretenen Linienfluggesellschaften[318]. Reisemittler sind somit nach herrschender Meinung Handelsvertreter im Sinne der §§ 84 ff. des Handelsgesetzbuches. Durch die Agenturverträge sind sie ständig damit betraut, die Produkte der Reiseveranstalter zu vermitteln[319].

---

316 Vgl. Ira Lanz und Tobias Jüngert: Provisionsmodelle der drei großen Veranstalter, FVW International Nr. 18, 27.07.01.

317 Die Stückprovision wird von vielen Reisemittlern kritisch gesehen. Das für das Jahr 2002 angedachte, aber letztendlich nicht eingeführte Stückprovisionsmodell der Lufthansa für Reisemittler in Deutschland hätte bei gleich bleibender Transaktionszahl zu teilweise deutlichen Provisionsrückgängen geführt. Vgl. Tobias Jüngert und Ira Lanz: Flat-Fee-Alarm, FVW International Nr. 17, 13.07.01.

318 Vgl. IATA Travel Agent's Handbook, 2002, Resolution 824.

319 Vgl. Jörg Dewenter: Die rechtliche Stellung des Reisebüros, Baden-Baden 2000, S. 30.

Als Handelsvertreter ist der Reisemittler verpflichtet, die Interessen des von ihm vertretenen Unternehmens wahrzunehmen. Welche Pflichten diese Interessenvertretung genau beinhaltet, kann über den Agenturvertrag geregelt werden. Allgemein kann ein Handelsherr seinem Handelsvertreter untersagen, Konkurrenzprodukte zu vertreiben. Das Wettbewerbsverbot kann allerdings kartellrechtlich problematisch und deshalb nichtig sein[320]. So hat das Bundeskartellamt im Jahr 1988 die Konkurrenzverbotsklausel in den Agenturverträgen der TUI AG untersagt, mit denen die TUI AG den Reisemittlern verbot, Produkte der Firmen NUR Touristik und ITS zu vertreiben. Es wurde vor allem bemängelt, dass durch den TUI-Agenturvertrag eine große Zahl von Reisebüros in ihrer Wettbewerbsfreiheit unzulässig eingeschränkt sowie den Firmen NUR Touristik und ITS der Marktzutritt unbillig beschränkt werde. Außerdem sei durch die Ausschließlichkeitsklausel der TUI-Agenturverträge der Wettbewerb auf dem Markt für Reisevermittlungsdienstleistungen faktisch eingeschränkt[321].

Der Reisemittler ist verpflichtet, jeden Vertragsabschluss unmittelbar dem Leistungsträger anzuzeigen. Wird dieser Informationspflicht gegenüber dem Handelsherrn nicht nachgekommen, liegt eine positive Vertragsverletzung vor. Dies kann sogar zur Kündigung des Handelsvertretervertrages führen[322].

Aus dem Handelsvertreterstatus ergeben sich nicht nur Pflichten des Handelsvertreters, sondern auch unmittelbare Pflichten des Handelsherrn. So muss das vertretene Unternehmen dem Handelsvertreter durch Informationen und Unterlagen ermöglichen, die Tätigkeit sinnvoll auszuüben. Der Reiseveranstalter als vertretenes Unternehmen muss beispielsweise dem Reisemittler Kataloge zur Verfügung stellen und ihn mit denjenigen Informationen versorgen, die der Mittler nach §§ 4 ff. BGB-InfoV als Vertreter des Veranstalters an den Reisenden weiterzuleiten hat[323]. Der Veranstalter darf die vom Handelsvertreter vermittelten Geschäfte nicht grundlos ablehnen. Andererseits hat der Handelsvertreter keinen Anspruch darauf, dass das Unternehmen ein vermitteltes Geschäft zwingend abschließt[324]

Für die vermittelten und wirksam mit einem Dritten zustande gekommenen Geschäfte schuldet das vertretene Unternehmen dem Handelsvertreter eine vom Wert des Geschäfts abhängige Provision[325]. Dabei ist es fraglich, ob das Unter-

---

320 Vgl. Karsten Schmidt: Handelsrecht, 5. Auflage, Köln 1999, S. 730 ff.

321 Vgl. Beschluß des BKartA vom 6. Mai 1988 – B5 – 717100 – AV – 72/87, WuW, BKartA, S. 2283 ff.

322 Vgl. Karsten Schmidt: Handelsrecht, 5. Auflage, Köln 1999, S. 729 f.

323 Vgl. Jörg Dewenter: Die rechtliche Stellung des Reisebüros, Baden-Baden 2000, S. 30.

324 Vgl. Klaus Hopt: Handelsvertreterrecht, München 2003, § 87, Rn. 8.

325 Vgl. Karsten Schmidt: Handelsrecht, 5. Auflage, Köln 1999, S. 735 ff.

nehmen den Handelsvertreter an von ihm vorgegebene Preise binden kann. Einerseits wird betont, dass dies durchaus in der Definitionsmacht des Unternehmens liegt und durch den Vertrag zwischen dem Unternehmen und dem Handelsvertreter geregelt werden kann. Obwohl es sich hier um eine vertikale Preisbindung handelt, die geeignet ist, den Wettbewerb teilweise auszuschalten, hat der BGH ein solches Vorgehen als mit § 14 GWB vereinbar erkannt[326]. Diese Ansicht ist nicht unumstritten[327]. Der Handelsvertreter hat aber stets die Möglichkeit, einen Teil seiner Provision an den Kunden weiterzureichen. Dieses Verhalten ist bei Reisemittlern in der Praxis durchaus verbreitet. Besonders im Firmengeschäft sind so genannte Kickbacks zu beobachten[328].

4.3.1.2. Der freie Reisemittler

Es ist grundsätzlich denkbar, dass Reisemittler auf Wunsch des Kunden eine Reise außerhalb des geführten Sortiments vermitteln. In einem solchen Fall gibt es keinen Agenturvertrag zwischen dem Mittler und dem Reiseveranstalter, der den Mittler ständig mit der Vermittlung von Reisen betraut. Der Mittler ist dann nicht Handelsvertreter sondern Handelsmakler. Im Gegensatz zum Agenturbüro, das durch seinen Handelsvertreterstatus vor allem Interessenvertreter des Unternehmens ist, ist das ungebundene Reisebüro im Sinne des § 93 HGB interessenneutral. Es hat sowohl die Interessen des Unternehmens als auch die des Reisebürokunden zu vertreten[329].

Der Handelsmakler erhält eine vom Wert des Geschäfts abhängige Provision. Sie wird mit dem Zustandekommen des Hauptvertrags, also des Vertrags zwischen dem Leistungsträger und dem Reisenden, fällig. Getragen wird die Provision des Handelsmaklers nach § 99 HGB hälftig von beiden Parteien, es sei denn, dass es abweichende Vereinbarungen oder Handelsbräuche gibt[330].

In der Praxis sind solche als Zubuchung bezeichneten Geschäfte allenfalls bei kleinen, ungebundenen Reisebüros üblich. Sie werden in der Regel mit geringeren Provisionssätzen abgegolten. Im Zuge der zunehmenden Vertriebsbindung geht die Relevanz der Zubuchungen vor allem deshalb zurück, da sowohl die

---

326 Vgl. BGH, Urt. v. 15. April 1986 - KVR 3/85, WuW, BGH, S. 2238 ff. Der in der Urteilsbegründung zentrale, damals geltende § 15 GWB entspricht dem jetzt geltenden § 14 GWB.

327 Vgl. etwa Karsten Schmidt: Handelsrecht, 5. Auflage, Köln 1999, S. 730.

328 Vgl. Ernst Führich: Reiserecht, 4. Auflage, Heidelberg 2002, S. 554 f.

329 Vgl. Jörg Dewenter: Die rechtliche Stellung des Reisebüros, Baden-Baden 2000, S. 31, 36.

330 Vgl. Karsten Schmidt: Handelsrecht, 5. Auflage, Köln 1999, S. 713 f. für den Versicherungsmakler.

Leistungsträger den Verkauf über nicht durch Agenturverträge gebundene Mittler einschränken als auch die Reisebüros vermehrt an Kooperationen teilnehmen und deshalb sowieso zu Agenturbüros werden[331].

4.3.2. Das Eigengeschäft des Reisemittlers

Neben der Vermittlung von Fremdleistungen Dritter kann auch der Reisemittler auch Eigengeschäfte durchführen. Unter einem Eigengeschäft wird das Angebot von Reiseeinzelleistungen oder der Gesamtheit von Reiseleistungen im Sinne des § 651a, Abs. 1, also die Eigenveranstaltung, im eigenen Namen verstanden[332].

Die typische Eigenveranstaltung spielt nur eine Nebenrolle, denn die wenigsten Reisemittler bieten eigene Pauschalreisen in nennenswertem Umfang an. Einzelne Reiseleistungen spielen hingegen eine deutlich wichtigere Rolle. Besonders der Verkauf von so genannten Consolidator-Flugscheinen ist keine Vermittlungstätigkeit.

Ein Consolidator ist ein Zwischenhändler, der von den Fluggesellschaften ein größeres Kontingent an Plätzen einkauft. Die Fluggesellschaften verkaufen das Kontingent zu Nettopreisen mit einem Nachlass an den Consolidator, der größer ist als die übliche Provision[333]. Der Consolidator wiederum verkauft die Kontingente an Reisebüros, die diese mit einem selbst kalkulierten Aufschlag an ihre Kunden weiterveräußern. Da der Reisemittler in diesem Fall selbst preisbildend tätig wird, handelt es sich nicht um die bloße Vermittlung einer Reiseleistung. Der Verkauf von solcher Consolidatortickets ist somit ein Eigengeschäft des Reisebüros[334].

4.3.3. Die rechtliche Stellung gegenüber dem Reisenden

Die rechtliche Stellung des Reisebüros gegenüber dem Reisenden hängt davon ab, ob das Reisebüro rein vermittelnd tätig wird oder selbst Leistungsträger ist.

Wenn der Kunde eine gemeinhin als Pauschalreise bezeichnete Gesamtheit von Reiseleistungen in Sinne des § 651a Abs. 1 BGB nachfragt, vermittelt das Reisebüro einen Reisevertrag zwischen dem Veranstalter und dem Kunden. Das Reisebüro ist ausschließlich für die Vermittlung zuständig, während der Veran-

---

331 Vgl. Jörg Dewenter: Die rechtliche Stellung des Reisebüros, Baden-Baden 2000, S. 32.

332 Vgl. Ernst Führich: Reiserecht, 4. Auflage, Heidelberg 2002, S. 526 ff.

333 Vgl. Wilhelm Pompl: Luftverkehr, 4. Auflage, Berlin 2002, S. 283 f.

334 Vgl. Ernst Führich: Reiserecht, 4. Auflage, Heidelberg 2002, S. 526 f.

stalter die Vertragsdurchführung besorgt. Daraus folgt, dass dem Reisebüro aus dem Reisevertrag selbst keine Rechte und Pflichten erwachsen[335].

Geht man vom Standardfall des per Agenturvertrag gebundenen Reisebüros aus, wird in der rechtswissenschaftlichen Literatur teilweise die Meinung vertreten, dass das Reisebüro keinerlei vertragliche Bindungen zum Reisenden habe. Dies wird damit begründet, dass das Reisebüro als Handelsvertreter besonders eng an den Veranstalter gebunden sei und dessen Interessen zu vertreten habe. Eine vertragliche Bindung an den Kunden sei schon deswegen zu verneinen, weil dies den Handelsvertreter in einen Interessenkonflikt bringe[336]. *Dewenter* betont hierzu jedoch richtig, dass kein Reisebüro nur Einfirmenvertreter sei, sondern in Abhängigkeit vom geführten Sortiment eine große Zahl von Leistungsträgern vertrete. Allein schon deshalb weiche das Reisebüro vom gesetzlichen Leitbild des Handelsvertreters ab. Da das Reisebüro aber dem Kunden regelmäßig bei der Auswahl einer Reise aus dem geführten Sortiment helfe, unterscheide es sich vom einfachen Handelsvertreter allein schon dadurch, dass es im Gegensatz zu diesem nicht nur Bestellungen entgegen nehme sondern auch Beratungen durchführe. Da für den Kunden nicht ersichtlich sei, dass das Reisebüro nur als Agent für die in seinem Sortiment geführten Leistungsträger handele sondern vielmehr beim Kunden das Bild entstehe, dass das Reisebüro unabhängiger Vermittler sei, sei das Reisebüro weit vom gesetzlichen Leitbild des Handelsvertreter entfernt. Deshalb sei davon auszugehen, dass das Reisebüro sowohl die Interessen der Leistungsträgern als auch die der Kunden zu vertreten habe. Im Ergebnis bestehe somit eine eigenständige Vertragsbeziehung zwischen Reisebüro und Kunden in Form eines Reisevermittlungsvertrages[337].

Der Reisevermittlungsvertrag ist ein Geschäftsbesorgungsvertrag nach §§ 675, 631 BGB[338]. Aus dem Reisevermittlungsvertrag lassen sich Sorgfaltspflichten des Reisebüros ableiten. Besonders sind hier Sorgfaltspflichten sowie Informations- und Aufklärungspflichten zu nennen. Zu den Sorgfaltspflichten gehört neben der Pflicht der ordnungsgemäßen Buchung und der fehlerlosen Übergabe der Reiseunterlagen auch die sorgfältige Annahme und Weiterleitung von Zahlungen. Die Informations- und Aufklärungspflichten des Reisebüros sind umfangreicher[339]. So muss der Reisemittler vom Kunden die Präferenzen zur Reise

---

[335] Vgl. Jörg Dewenter: Die rechtliche Stellung des Reisebüros, Baden-Baden 2000, S. 37 f.

[336] Vgl. Otto Tempel: Informationspflichten bei Pauschalreisen, NJW 1996, S. 1625 ff.

[337] Vgl. Jörg Dewenter: Die rechtliche Stellung des Reisebüros, Baden-Baden 2000, S. 40 ff. mit weiteren Nachweisen.

[338] Vgl. Ronald Schmid: Die Tätigkeiten des Reisebüros aus dem Blickwinkel des Rechts, in: Walter Freyer und Wilhelm Pompl (Hrsg.): Reisebüromanagement, München 1999, S. 267 ff. Vgl. auch Ernst Führich: Reiserecht, 4. Auflage, Heidelberg 2002, S. 521 f.

[339] Vgl. Walter Löwe: Interessenwahrnehmungspflichten bei der Vermittlungstätigkeit durch Reisebüros und Reiseveranstalter, Reiserecht aktuell, 1996, S. 215 f.

erfragen. Dies ist die Basis, um ihn dann sowohl hinsichtlich des Zielorts als auch des Veranstalters beraten zu können[340]. Hinzu kommen Informations- und Beratungspflichten zum Reiseablauf[341]. Ferner wird vom Reisemittler verlangt, dass er über nicht allgemein bekannte, ortsabhängige Gefahren informiert, wie beispielsweise Unruhen, Kriege oder besondere Überfallgefahren[342]. Außerdem muss der Reisemittler über Einreise- und Durchreisebestimmungen informieren. Diese Information muss vom Reisebüro jedoch nur auf Nachfrage des Reisenden gegeben werden[343]. Dies gilt für vom Reisebüro vermittelte Einzelleistungen[344]. Der Umfang der Pflicht, dem Reisenden stets das billigste Angebot zu vermitteln, ist umstritten. Grundsätzlich ist der Reisemittler nämlich nicht verpflichtet, von sich aus das günstigste Angebot zu unterbreiten. Fragt der Reisende jedoch ausdrücklich nach dem günstigsten Angebot, so ist der Reisemittler verpflichtet, das günstigste Angebot seines Sortiments zu unterbreiten. Er muss jedoch darauf hinweisen, dass es möglicherweise billigere Reisen außerhalb des von ihm geführten Sortiments gibt[345]. Schließlich muss das Reisebüro dafür Sorge tragen, dass die organisatorische Abwicklung funktioniert. Dazu gehören Prüfung und Aushändigung der Reiseunterlagen und Weiterleitung sonstiger, vom Leistungsträger für den Reisenden bestimmter Informationen[346].

4.4. Reisemittler und das Prinzipal-Agenten-Problem

Der Reisemittler ist sowohl mit dem Reisenden durch einen Reisevermittlungsvertrag als auch mit dem Leistungsträger durch einen Agentur- oder Maklervertrag verbunden. Zwischen dem Reisenden und den Leistungsträgern besteht entweder ein Reise- oder ein Werkvertrag.

---

340 Vgl. Otto Tempel: Die Pflichten des vermittelnden Reisebüros, NJW 1999, S. 3660.

341 Vgl. Ronald Schmid: Die Tätigkeiten des Reisebüros aus dem Blickwinkel des Rechts, in: Walter Freyer und Wilhelm Pompl (Hrsg.): Reisebüromanagement, München 1999, S. 275.

342 Vgl. Ernst Führich: Reiserecht, 4. Auflage, Heidelberg 2002, S. 534.

343 Vgl. AG Hamburg, Urt. v. 30. Dezember 1993 – 8 C 1875/92.

344 Vgl. Ernst Führich: Reiserecht, 4. Auflage, Heidelberg 2002, S. 535. Bei Pauschalreisen obliegt nach BGB-InfoV die Informationspflicht dem Reiseveranstalter, vgl. hierzu auch Otto Tempel: Informationspflichten bei Pauschalreisen, NJW 1996, S. 1625 ff.

345 Vgl. Ernst Führich: Reiserecht, 4. Auflage, Heidelberg 2002, S. 535 f. Vgl. auch Rainer Noll: Besteht eine Pflicht des Reisevermittlers, den billigsten Reiseveranstalter zu empfehlen?, Reiserecht aktuell, 1996, S. 67 ff.

346 Vgl. Otto Tempel: Die Pflichten des vermittelnden Reisebüros, NJW 1999, S. 3660.

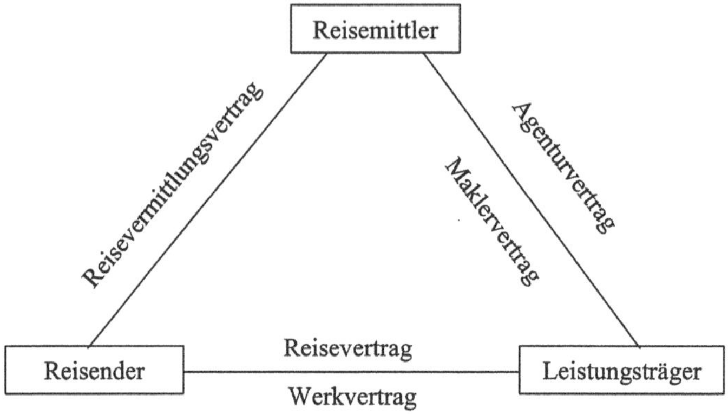

Abbildung 4-6: Verträge zwischen Mittlern, Leistungsträgern und Reisenden

Aus oben stehender Abbildung erkennt man, dass der Reisemittler sowohl Agent des Reisenden als auch des Leistungsträgers ist. Sowohl in der Beziehung zum Leistungsträger als auch zum Reisenden können sich dann Prinzipal-Agenten-Probleme ergeben, wenn der Reisemittler aufgrund beispielsweise asymmetrischer Information opportunistisch handelt.

Im Verhältnis zwischen Leistungsträger und Reisemittler gibt es keine Partei, die in allen Belangen besser informiert ist. Der Leistungsträger ist besser über das von ihm angebotene Produkt informiert, und zwar sowohl hinsichtlich der Qualität als auch der allgemeinen Marktsituation. Da Leistungsträger ihre Produkte regelmäßig und wiederholt verkaufen, können sie genug Erfahrungen über die Marktsituation sammeln. Sie lernen somit, welche Menge sie zu welchem Preis absetzen können. Die Qualität ihrer Produkte ist ihnen besser bekannt als dem Reisemittler. Der Reisemittler hat hingegen den Vorteil, dass er über den direkten Zugang zum Reisenden verfügt. Dadurch ist er besser über die Präferenzen des Reisenden informiert. Er ist also die Schnittstelle zwischen Kunde und Leistungsträger. Die asymmetrische Informationsverteilung zwischen dem Reisenden und dem Reisemittler ist eindeutig. Der Reisende ist aufgrund der intransparenten Märkte nicht in der Lage, die Qualität der Reiseleistungen hinreichend zu bewerten. Gleiches gilt für die Preise. Der Reisemittler hingegen ist als Spezialist über die für die Entscheidung des Reisenden wesentlichen Punkte besser informiert. Dies gilt sowohl für die Qualität der Produkte als auch ihren Preis. Es kommt hinzu, dass die Qualität des Reisemittlers weder vom Reisenden noch vom Leistungsträger vollständig festgestellt werden kann. Diese Informationsasymmetrien ermöglichen es dem Reisemittler, weitgehend im eigenen Interesse und sowohl zu Lasten der Leistungsträger als auch der Reisenden zu handeln.

Der Leistungsträger ist vor allem daran interessiert, möglichst viele Reisen zu einem möglichst hohen Preis abzusetzen. Er erwartet vom Reisemittler, dass dieser seine Interessen vertritt. Für den Reisemittler ist es bei gegebenen Präferenzen des Reisenden aber *ceteris paribus* schwerer, eine teurere Reise zu vermitteln, denn er muss eine höhere Anstrengung in die Beratung investieren. Da er die Kosten hierfür alleine trägt, die zusätzlichen Gewinne aber nur teilweise an ihn fallen, ist es für ihn rational nicht die teure, sondern die günstige Reise zu vermitteln. Dies sei wie folgt verdeutlicht: Der Reisemittler kann an einen Kunden zwei für diesen akzeptable Reisen vermitteln, nämlich Reise A zu einem Preis von € 600 und Reise B zu einem Preis von € 700. Für beide Reisen beträgt der Provisionssatz 10 %. Die Kosten der Reisevermittlung betragen bei Reise A € 30, bei Reise B wegen des erhöhten Beratungsaufwands € 60. Der Gewinn des Reisemittlers beträgt bei vermittelter Reise A damit $G = 0{,}1 \cdot 600 - 30 = 30$. Für die Vermittlung der Reise B kann er einen Gewinn von $G = 0{,}1 \cdot 700 - 60 = 10$. Als Gewinnmaximierer wird der Mittler folglich Reise A vermitteln. Handelt es sich beim Reisemittler um einen Mehrfirmenvertreter kommt hinzu, dass der Mittler eventuell ein Konkurrenzprodukt vermittelt. Auch dies steht den Interessen des Leistungsträgers entgegen.

Durch die ausgeprägtere Informationsasymmetrie zwischen Reisemittler und Reisendem ergibt sich hier ein größerer Spielraum für opportunistisches Verhalten. Da die Gewinne des Reisemittlers *ceteris paribus* dann maximiert werden, wenn er bei gegebenen Arbeitsaufwand höchstpreisige Reisen vermittelt, gibt es keinen Anreiz, eine preisgünstige Reise zu vermitteln. Dies kann dazu führen, dass Reisemittler bei Flügen nicht die günstigste Verbindung vermitteln, sondern die, die am einfachsten in den Computerreservierungssystemen zu finden ist. Die Schätzung, dass rund 90 % aller gebuchten Flüge auf der ersten Seite einer im Computerreservierungssystem durchgeführten Verfügbarkeitsabfrage angezeigt werden, unterstützt diese Annahme[347]. Es kommt hinzu, dass der Reisemittler durch die Verkaufssteuerung Produkte desjenigen Leistungsträgers vermitteln wird, der die höchsten Provisionen zahlt[348]. Der Reisemittler vertritt folglich nicht die Interessen des Reisenden, sondern vor allem seine eigenen.

Grundsätzlich geeignete, das opportunistische Verhalten in Prinzipal-Agenten-Situationen beschränkende Instrumente können entweder marktbasiert sein oder auf rechtliche Regelungen zurückgreifen. Ihre jeweilige Wirksamkeit hängt von der konkreten Situation ab. Im folgenden soll deshalb untersucht werden, ob marktbasierte Lösungen und rechtliche Regelungen das opportunistische Verhal-

---

[347] Vgl. Batya Friedman und Helen Nissenbaum: Bias in Computer Systems, ACM Transactions on Information Systems, Vol. 14 (3), July 1996, S. 330 ff.

[348] Vgl. beispielsweise Edgar Kuebtschka: Steuerung zieht an, Touristik Report, Extra Marketing und Vertrieb, 2002, S. 76 ff.

ten des Reisemittlers gegenüber Leistungsträger und Reisendem unterbinden können.

4.4.1. Marktbasierte Lösungsansätze

Reisemittler werden in der Regel mit einer vom Wert der vermittelten Leistung abhängigen Provision bezahlt. Wie bereits oben geschildert, steht neben der linearen Provisionszahlung das System aus Basis- und Leistungsprovisionen. Zunehmend werden wertunabhängige Bezahlungsformen in der Reisebranche eingeführt, und zwar sowohl von den Leistungsträgern als auch von den Kunden der Reisemittler. Auch wiederholte Transaktionen zwischen Reisemittlern und Reisenden sowie zwischen Reisemittlern und Leistungsträger können ebenso wie Reputation dazu beitragen, dass opportunistisches Verhalten des Mittlers unterbleibt.

4.4.1.1. Wertabhängige Bezahlungsformen

4.4.1.1.1. Lineare Provisionszahlungen

Obwohl der als Handelsvertreter auftretende Reisemittler sowohl mit dem Leistungsträger als auch mit dem Reisenden in einer vertraglichen Beziehung steht und damit Agent zweier Prinzipale ist, wird er ausschließlich vom Leistungsträger durch eine lineare Provisionszahlung entlohnt. Der Reisemittler ist demnach *ceteris paribus* angereizt, bei jeder Transaktion die teuerste Leistung zu vermitteln. Durch diese Provisionsregelung werden also die Interessen des Prinzipals mit den Interessen des Agenten abgestimmt. Fraglich ist jedoch, ob die uniformen Provisionsregeln den unterschiedlichen Kostenstrukturen der Reisemittler Rechnung tragen. Vielmehr ist zu erwarten, dass diese allgemein geltenden Provisionssätze nur eine zweitbeste Lösung sind und somit die Interessen von Leistungsträger und Reisemittler einander annähern, aber nicht in Einklang bringen.

Da der Reisemittler in der Regel kein Einfirmenvertreter ist, konkurriert der Leistungsträger mit anderen Leistungsträgern um die zu vermittelnde Reise. Bei gleich teuren Reisen wird demnach das Reisebüro *ceteris paribus* die Reise vermitteln, die mit dem höchsten Provisionssatz verknüpft ist. Für den Leistungsträger bedeutet dies, dass eine Provisionszahlung nur dann wirkt, wenn sie stärkere Anreize sendet als die anderer Anbieter. Folglich kommt es zu einer Steigerung der Provisionssätze bis sich der Reisemittler die Gewinne aus der Transaktion weitgehend aneignen kann. Die Leistungsträger können diese Entwicklung unterbinden, wenn sie untereinander eine Absprache bezüglich der Provisionssätze treffen. Dies war lange Zeit bei den der IATA angehörenden Fluggesellschaften zu beobachten. In der bis 1990 geltenden Fassung der IATA *Resolution 814*, die die Zusammenarbeit zwischen den Fluggesellschaften und den Reisebüros regelt, waren einheitliche Provisionssätze festgelegt. Dieses eindeutig Kartellzüge tragende System wurde 1991 in Europa genehmigt. Die Fluggesellschaften mussten jedoch auf einheitliche Provisionen verzichten[349]. Die zur Zeit geltenden Provisionssätze sind zwischen den einzelnen Fluggesellschaften unterschiedlich, so dass es zum Provisionswettbewerb kommen kann.

Da die Provisionszahlung ein Anreizinstrument des Leistungsträgers ist und dessen Interessen den Interessen des Reisenden entgegen gesetzt sind, ist die Lösung des Prinzipal-Agenten-Problems zwischen Reisemittler und Reisendem unwahrscheinlich. Wie bereits bei den Immobilienmaklern gezeigt, kann ein normales Provisionsschema dem Mittler keinen Anreiz geben, ein preisgünstiges Produkt zu vermitteln. Dies gilt auch für Reiseleistungen.

Es lässt sich also zusammenfassen, dass lineare Provisionszahlungen das Prinzipal-Agenten-Problem zwischen Leistungsträger und Reisemittler verringern, das zwischen Reisemittler und Reisendem hingegen verschärfen. Eine solche Bezahlungsregel ist also nicht geeignet, beide Prinzipal-Agenten-Probleme gleichzeitig zu lösen.

4.4.1.1.2. Progressive Provisionszahlungen

Unter einer progressiven Provisionszahlung wird ein System aus Basisprovision und einer zusätzlichen Leistungsprovision verstanden, die bei Erreichen zuvor festgesetzter Umsätze gezahlt wird. Der Reisemittler hat somit den Anreiz, die Umsätze auf einen Veranstalter zu bündeln. Wenn der Reisemittler als Einfirmenvertreter auftritt, gibt ihm die progressive Provisionszahlung einen verstärkten Anreiz, den Umsatz seines Auftraggebers zu steigern. Durch die progressive Provisionszahlung wird außerdem möglicher Mehraufwand beim Verkauf, wie etwa umfassendere Beratung, ausgeglichen. Ist der Reisemittler Mehrfirmenvertreter, kann sich ein Leistungsträger durch progressive Provisionszahlungen so lange eine bessere Vermittlungsposition sichern, bis andere Leistungsträger mit dieser Entlohnungsregel nachziehen.

Für den Reisenden verschärfen die progressiven Provisionszahlungen das Prinzipal-Agenten-Problem. Während bei linearen Provisionszahlungen für den Reisemittler lediglich der Anreiz bestand, die Präferenzen des Reisenden mit einer zu teuren Reise zu bedienen, gibt es bei der progressiven Provisionszahlung einen Anreiz, eine teure und die Präferenzen des Reisenden möglicherweise nur teilweise berücksichtigende Reise zu vermitteln. Denn der Reisemittler wird versuchen, die Umsätze bei demjenigen Leistungsträger zu erzielen, der durch die Leistungsprovision die höchste Durchschnittsprovision zahlt. Dies stellt aber nicht sicher, dass die Präferenzen des Reisenden umfassend berücksichtigt werden. Vielmehr muss der Reisemittler nur diejenige Leistung finden, die bei ge-

349 Vgl. Wilhelm Pompl: Luftverkehr, 4. Auflage, Berlin 2002, S. 285.

gebenem Preis gerade noch für den Reisenden akzeptabel ist. Dies lässt sich an folgendem Beispiel verdeutlichen:

Ein Reisender kontaktiert einen Reisemittler zwecks Buchung einer Reiseleistung, deren Qualität er nur teilweise erkennen kann. Er hat Präferenzen, die sich durch einen Vektor **P(•)** ausdrücken lassen[350]. Es gibt für jeden Reisepreis p mindestens 2 Leistungsträger, von denen einer die Präferenzen vollständig, der andere nur teilweise bedient. Der Reisende fällt seine Entscheidung aufgrund der in seinem Präferenzvektor enthaltenen Größen und dem Preis. Im Fall der linearen Provisionszahlungen hat der Reisemittler den Anreiz, denjenigen Leistungsträger zu vermitteln, der die Leistung zum höchsten Preis p anbietet, der gerade der maximalen Zahlungsbereitschaft des Reisenden entspricht. Bei progressiver Provision kann der Reisemittler durch die Verkaufssteuerung dazu angereizt werden, dem Reisenden eine Leistung zu vermitteln, deren Preis der maximalen Zahlungsbereitschaft entspricht und zusätzlich die Präferenzen des Reisenden nur teilweise erfüllt. Hierbei ist zu beachten, dass wegen der asymmetrisch verteilten Information der Reisende *ex ante* nicht in der Lage ist, die Qualität der Leistung ausreichend zu bewerten und deshalb der Empfehlung des Mittlers folgt. Hätte der Reisende kostenlose Qualitätsinformationen, würde er zum Preis p nur diejenige Leistung nachfragen, die seinen Präferenzen entspricht.

Die progressive Provision stellt weder den Leistungsträger noch den Reisenden besser als die lineare Provision. Für den Reisenden bedeutet die progressive Provision und die damit einhergehende aktive Verkaufssteuerung durch den Reisemittler sogar eine mögliche Verschlechterung, da seine Präferenzen eventuell schlechter erfüllt werden als in Situationen mit linearer Provision. Für den Leistungsträger ist die progressive Provision wirkungsgleich zur linearen Provision. Die durch die Progressivität steigende Anreizintensität wirkt nur so lange, bis alle Leistungsträger auf progressive Provisionsmodelle umsteigen.

4.4.1.2. Wertunabhängige Bezahlungen

Die Bezahlung eines Reisemittlers kann auch durch wertunabhängige Zahlungen geschehen, und zwar sowohl von Leistungsträger- als auch von Reisendenseite. Da sich bei wertunabhängiger Stückprovision des Leistungsträgers ein erhöhter Beratungsaufwand des Mittlers nur in höheren Kosten, nicht aber in höheren Provisionen niederschlägt, verstärkt dies beim Reisemittler die Tendenz, das erste für den Reisenden akzeptable Angebot zu vermitteln. Bei entsprechend niedrigen Stückprovisionen kann die Beratungsleistung des Mittlers gegen Null gehen und nur ein Angebot als *take-it-or-leave-it offer* an den Reisenden gegeben werden. Durch die Wertunabhängigkeit der Provision nimmt der Leistungsträger

---

350 Im einfachsten Fall ist **P** einelementig. Der Reisende orientiert sich dann etwa bei einer Flugreise nur an der Flugdauer, die er versucht, zu minimieren.

auf den ersten Blick dem Reisemittler den Anreiz, höherpreisige Leistungen zu vermitteln. Da Stückprovisionen aber weitgehend von Fluggesellschaften benutzt werden, ist die Anreizabschwächung zweitrangig: Wie bereits ausgeführt, ist das Flugprodukt aus Reisendensicht nicht nur durch die physische Beförderungsklasse, sondern auch durch die Tarifrestriktionen gekennzeichnet. Generell sind Tarife mit keinen oder nur geringen Restriktionen teurer als hochrestriktive Sondertarife[351]. Die Nachfrage nach nichtrestriktiven Flügen ist relativ preisunelastisch, wobei die Preiselastizität der Nachfrage von der *First Class* zur *Economy Class* zunimmt[352]. Somit ist der Einfluss des Reisemittlers auf den letztendlichen Wert der Transaktion gering. Die Reisenden sind nämlich aufgrund der Tarif- und Zeitrestriktionen und des oftmals nichtdispositiven Charakters von Geschäftsreisen an die teuren Tarife gebunden. Es bedarf damit keiner Anstrengungen des Reisebüros, diese zu vermitteln.

Für den Reisenden könnte eine vom Leistungsträger an den Mittler gezahlte Stückprovision zu einer objektiveren Beratungsleistung führen. Da der Mittler eben nicht mehr den Anreiz hat, eine hochpreisige Leistung zu vermitteln, können die Präferenzen des Reisenden von ihm besser berücksichtigt werden. Dies gilt besonders, wenn wiederholte Transaktionen zwischen Reisemittler und Reisendem betrachtet werden. Höhere Kundenzufriedenheit steigert nämlich die Wahrscheinlichkeit für einen Folgeauftrag. Somit kann der Gegenwartswert aus einer Reihe von Transaktionen unter Stückprovision höher sein als der Wert einer Einzeltransaktion unter linearen oder progressiven Provisionsschemata. Allerdings kann auch die wertunabhängige Stückprovision opportunistisches Verhalten des Mittlers gegenüber dem Reisenden, wie später gezeigt wird, nicht ausschließen.

Wertunabhängige Bezahlungen des Reisemittlers gibt es auch durch Reisende. Dies ist vor allem bei Firmenkunden zu beobachten. Firmen entlohnen Reisemittler entweder durch eine *Management Fee* oder durch eine Transaktionsgebühr. Beide Bezahlungsregeln sind Instrumente, um die starken Anreize des Leistungsträgers auf den Reisemittler abzuschwächen. *Management* und Transaktionsgebühr sind wie folgt gekennzeichnet:

---

351 Für eine Darstellung des Flugtarifsystems vgl. Wilhelm Pompl: Luftverkehr, 4. Auflage, Berlin 2002, S. 215 ff. und Alexander T. Wells: Air Transportation: A Management Perspective, Belmont 1993, S. 315 ff.

352 Vgl. Wilhelm Pompl: Luftverkehr, 4. Auflage, Berlin 2002, S. 205 f. mit weiteren Nachweisen.

Entlohnungsmodell	Regelung
Management Fee	• Provisionen des Leistungsträgers werden an die Kunden weitergereicht • Kunde erstattet dem Mittler alle Kosten zuzüglich einer vertraglich festgelegten Pauschale. Nicht erstattet werden jedoch die mit einer Transaktion zusammenhängenden variablen Kosten
Transaktionsgebühr	• Provisionen des Leistungsträgers werden an die Kunden weitergereicht • Reisebürokunde zahlt eine Gebühr für jede Tätigkeit des Reisemittlers

Tabelle 11: Kennzeichen von *Management* und Transaktionsgebühr[353]

Der Unterschied zwischen *Management Fee* und Transaktionsgebühr liegt somit in der Zahlung des Kunden an den Reisemittler. Da der Kunde bei der *Management Fee* dem Reisemittler dessen Kosten zuzüglich einer vorher festgelegten Pauschale ersetzt, werden *ceteris paribus* die Anreize für hochpreisige Vermittlungen verringert. Eine komplette Abkoppelung des Reisemittlers von der Provision des Leistungsträgers findet aber nicht statt. Für die Leistungsträger sind die gesamten Umsätze eines Mittlers ausschlaggebend für die Berechnung möglicher Leistungsprovisionen. Obwohl die Provisionen bei *Management Fee*-Verträgen vom Mittler an den Reisenden weitergereicht werden, hat der Mittler trotzdem den Anreiz, die Vermittlungen zu steuern. Wenn Reisemittler und Reisender eine Transaktionsgebühr vereinbart haben, sinkt auch hier der Anreiz des Reisemittlers für hochpreisige Vermittlungen. Wie im Falle der *Management Fee* ist die Abkoppelung des Mittlers vom Leistungsträger nicht vollständig. Für die Reisenden ist eine wertunabhängige Bezahlung des Mittlers durch eine *Management Fee* oder Transaktionsgebühr ein geeignetes Instrument, um Prinzipal-Agenten-Probleme zwischen Mittler und Reisendem zu verringern.

Für die Leistungsträger bedeutet eine *Management Fee* oder Transaktionsgebühr zwischen Mittler und Reisendem eine Abschwächung der durch die Provisionen gesetzten Anreize. Dies ist gleichzusetzen mit einer geringeren Interessenvertretung durch den Mittler. Aus Sicht der Leistungsträger sind deshalb solche Vereinbarungen kontraproduktiv, um das Prinzipal-Agenten-Problem zwischen Mittler und Leistungsträger durch eine Anreizbezahlung zu mildern.

---

353 Vgl. Axel Schrand: Operatives Marketing: Der Einsatz und die Gestaltung der Marketinginstrumente im Reisebüro, in: Walter Freyer und Wilhelm Pompl (Hrsg.): Reisebüromanagement, München 1999, S. 210 und Andreas Wilbers: Partner Reisebüro: Richtige Auswahl, moderne Vergütung, München, 2000, S. 70 ff.

Clemons, *Hann* und *Hitt*[354] untersuchten am Beispiel verschiedener Onlinereisebüros den Einfluss unterschiedlicher Entlohnungsregeln auf das Verhalten der Reisemittler. Die Autoren starteten hierzu simultan über 900 Anfragen für Flugtickets an 5 unterschiedliche Onlinereisebüros. Die Angebote der Mittler zeigten deutliche Unterschiede: sowohl die angebotenen Verbindungen als auch die beobachteten Preisdifferenzen zeigen, dass die Onlinereisebüros systematisch unterschiedliche Leistungen anboten. Betrachtet man den reinen Preisunterschied zeigen sich Variationen von 28 % für die gleiche Ticketanfrage. Selbst wenn die unterschiedliche Qualität der angebotenen Flüge mit in die Betrachtung einbezogen wird, ergeben sich immer noch Preisunterschiede von ungefähr 18 %. Die Autoren führen diese Unterschiede jedoch vor allem auf technische Einschränkungen zurück und weniger auf das Prinzipal-Agenten-Problem. Sie führen aus, dass eines der betrachteten Onlinereisebüros alle Provisionen an die Reisenden weiterreichen würde und von diesen nur eine preisunabhängige Transaktionsgebühr fordere. Deswegen sei zu erwarten, dass dieser Mittler die niedrigsten Tarife anbiete, da es keine Anreize zur Vermittlung teurer Flüge gäbe und niedrige Tarife die Kundenzufriedenheit, und damit die Wahrscheinlichkeit von Folgebuchungen, steigern würde. Tatsächlich böte dieser Mittler jedoch die zweithöchsten durchschnittlichen Tarife an. Dies sehen die Autoren als Hinweis, dass der Preisunterschied nicht aus dem Prinzipal-Agenten-Problem resultiere.

Diese Ansicht ist nicht überzeugend. Wie bereits erwähnt, hat ein Reisemittler bei wertunabhängigen Transaktionszahlungen den Anreiz, diejenige Leistung zu vermitteln, die für ihn die geringsten Kosten aufwirft. Dies sind regelmäßig teure Flugverbindungen, da sie *ceteris paribus* die höchste Verfügbarkeit haben und somit am einfachsten gebucht werden können. Die von *Clemons*, *Hann* und *Hitt* attestierte höhere Qualität der nachgewiesenen Flüge, die sich in einer nah am gewünschten Zeitpunkt liegenden Abflugzeit, wenigen Umsteigevorgängen und daraus resultierender kurzer Flugzeit zeigt, unterstützt sogar die Annahme opportunistischen Verhaltens. Denn die Kombination aus hohem Preis und hoher Qualität legt nahe, dass vor allem Verbindungen gebucht werden, die von den der Abfrage zugrunde liegenden Reservierungssystemen bevorzugt ausgegeben werden. Die Computerreservierungssysteme stellen bei vorgegebener Abflugzeit Nonstopverbindungen vor Umsteigeverbindungen und Verbindungen mit kurzer Gesamtflugzeit vor solchen mit längerer Gesamtflugzeit dar. Das Onlinereisebüro hat folglich die erste freie, den gewünschten Abflugzeiten entsprechende Verbindung gebucht, auch wenn diese teurer war als andere Verbindungen. Dieses Verhalten ist das Ergebnis der wertunabhängigen Transaktionsge-

[354] Vgl. Eric K. Clemons, Il-Horn Hann und Lorin M. Hitt: Price Dispersion and Differentiation in Online Travel: An Empirical Investigation, Management Science, Vol. 48 (4), April 2002, S. 534 ff.

bühr und stärkt somit die These, dass auch solche Bezahlungsregeln opportunistisches Verhalten der Reisemittler nicht unterbinden können.

Weder wertabhängige noch wertunabhängige Bezahlungsformen der Reisemittler können die Prinzipal-Agenten-Probleme zwischen den Mittlern und ihren Prinzipalen vollständig auflösen. Falls ein Reisemittler Einfirmenvertreter ist, kann eine lineare oder progressive Provisionsregel das Prinzipal-Agenten-Problem des Leistungsträgers weitgehend eliminieren. Ist der Mittler Mehrfirmenvertreter, verringert sich die Gleichschaltung der Interessen zwischen Leistungsträger als Prinzipal und Reisemittler als Agent. Insgesamt kann deshalb eine transaktionswertabhängige Bezahlung des Mittlers durch den Leistungsträger ein wirksames Instrument zur Verringerung des Prinzipal-Agenten-Problems sein. Aus der Sicht des Reisenden ist eine wertabhängige Provisionsvereinbarung zwischen Leistungsträger und Reisemittler abzulehnen, denn sie führt nicht dazu, dass die Interessen des Reisenden als Prinzipal durch seinen Agenten, den Reisemittler, vertreten werden. Ebenso wirkt eine wertunabhängige Stückprovision des Leistungsträgers an den Reisemittler. Dies ergibt sich aus der Struktur der Prinzipal-Agenten-Beziehungen des Reisemittlers zu Leistungsträger und Reisendem. Da die Interessen der letzteren einander entgegengesetzt sind, kann ein vom Leistungsträger eingesetztes Anreizinstrument nie die Interessen des gegnerischen Prinzipals fördern. Ähnliches gilt für die wertunabhängige Bezahlung des Mittlers durch den Reisenden. *Management Fee* und Transaktionsgebühr führen dazu, dass die Anreizinstrumente des Leistungsträgers zumindest teilweise untergraben werden. Die Verbesserung der Position der Reisenden führt zu einer Verschlechterung der Leistungsträgerposition. Es lässt sich somit erkennen, dass die betrachteten, in der Reisebranche etablierten Bezahlungsschemata nicht in der Lage sind, die Prinzipal-Agenten-Probleme für alle Prinzipale zufrieden stellend aufzulösen.

4.4.1.3. Reputation und wiederholte Transaktionen

In der wirtschaftswissenschaftlichen Literatur sind die Wirkungen von Reputation und wiederholten Transaktionen auf das Verhalten von Reisemittlern noch nicht klar untersucht worden. Es lassen sich jedoch aus den allgemeinen Erkenntnissen über Erfahrungsgütern die Wirkungen von Reputation auf opportunistisches Verhalten der Reisemittlern ableiten.

Reisemittler und Leistungsträger führen wiederholt Transaktionen durch. Dies ergibt sich aus der Handelsvertreterstellung die den Mittler dauernd damit betraut, die Interessen des Leistungsträgers zu vertreten. Da die Agenturverträge zwischen Leistungsträger und Reisemittler mit normalerweise einjähriger Laufzeit regelmäßig verlängert werden, können eine Vielzahl von Transaktionen und das zugehörige Verhalten der anderen Partei beobachtet werden. Der Leistungsträger kann also aus der Vergangenheit Aussagen über das zukünftige Verhalten des Mittlers ableiten sowie Vergleiche mit anderen von ihm betrauten Mittlern anstellen. Zur Einschätzung der Qualität des Reisemittlers und dessen Neigung zu opportunistischem Verhalten ist er nicht auf die Erfahrungen Dritter angewiesen.

Für den Leistungsträger kann es unmöglich sein, Verhalten, welches seinen Interessen entgegenläuft, im Einzelfall zu entdecken. Denn dieses Verhalten könnte bedeuten, dass der Mittler die Leistung eines anderen Leistungsträgers vermittelt hat. Wenn ein Reisemittler jedoch regelmäßig die Interessen des Leistungsträgers vernachlässigt, so kann dieses entdeckt werden. Beim Leistungsträger werden nämlich die Informationen über viele Reisemittler gesammelt. Somit kann der Leistungsträger die Leistung eines Reisemittlers mit dem Durchschnitt ähnlicher Reisemittler vergleichen und so systematische Abweichungen identifizieren[355]. Wiederholte Transaktionen zwischen Reisemittler und Leistungsträger beschränken demnach die Wahrscheinlichkeit opportunistischen Verhaltens.

Auch zwischen einzelnen Reisemittlern und ihren Kunden ist die Transaktionsfrequenz recht hoch. So wurden beispielsweise von den im Jahre 2002 rund 127,4 Millionen durchgeführten Urlaubsreisen 42 % über Reisebüros gebucht[356]. Rund 50 % der Urlauber sind Reisebürostammkunden[357]. Dies bedeutet, dass der durchschnittliche Reisende wiederholte Transaktionen mit einem bestimmten Reisemittler durchführt. Dadurch kann er das Erfahrungsgut der Reisemittlerdienstleistung im Zeitablauf immer besser beurteilen. Durch den Vergleich der vom Leistungsträger gelieferten mit der vom Reisemittler versprochenen Qualität der Reisedienstleistung kann die Beratungsqualität des Mittlers bewertet werden. Wiederholte Beobachtungen können konsistente Einschätzungen der Zuverlässigkeit ergeben. Demnach können die Reisenden *ex post* feststellen, ob der Reisemittler eine Leistung vermittelte, die ihre Präferenzen befriedigte. Es kann jedoch vom Reisenden nicht zwingend festgestellt werden, ob dies zum geringsten Preis geschah. Hierzu bedarf es erweiterter Marktkenntnis oder der Information anderer Reisender über deren gezahlte Preise. Durch die Verfügbarkeit der Informationen im Internet ist es für den Reisenden besser möglich, eine konsistente Preiseinschätzung für die von ihm gewünschten Reiseleistungen zu bekommen. Hierdurch sollte es den Reisemittlern schwerer fallen, opportunistisch zu handeln und beispielsweise teurere oder qualitativ schlechtere Leistun-

---

355 *Adams* beschreibt am Beispiel der Produkthaftung, wie das zentralisierte Erfassen von Informationen zu besseren Entscheidungen führen kann. Vgl. Michael Adams: Ökonomische Analyse der Produkthaftung, in Michael Adams: Ökonomische Theorie des Rechts: Konzepte und Anwendungen, 2. Auflage, Frankfurt 2004, S. 183 ff.

356 Vgl. Deutscher Reisebüro und Reiseveranstalter Verband (Hrsg.): Fakten und Zahlen zum deutschen Reisemarkt, Ausgabe 2003.

357 Vgl. Michael Krane: Nie war der Kunde so wertvoll, FVW International Nr. 124 05.10.01.

gen zu vermitteln. Die Informationssammlung ist für den Reisenden aber nicht kostenlos. Denn er muss die Preise bei all denjenigen Leistungsträgern abfragen, die die von ihm gewünschte Reiseleistung auch anbieten. Der hierfür notwendige Zeitaufwand und das nötige Wissen sind beträchtlich[358]. Sind die Informationskosten höher als der mögliche Gewinn durch geringeren Opportunismus des Mittlers, wird der Reisende die Information nicht sammeln. Der Mittler bleibt unkontrolliert. Ist hingegen der Nettogewinn der Informationssammlung positiv, wird sich der Reisende informieren und schließlich den Mittler kontrollieren. Insgesamt besteht also trotz wiederholter Transaktionen die Möglichkeit opportunistischen Verhaltens durch den Reisemittler.

Die Reputation von Reisemittlern erlaubt es den Reisenden, auch bei einmaligen Transaktionen und ohne direkte Erfahrung denjenigen Mittler auszuwählen, der eine hohe Vermittlungsqualität anbietet. Die Reputation eines Mittlers kann beispielsweise an seiner Zugehörigkeit zu einer Kette oder Kooperation festgemacht werden. Wie bereits bei den Immobilienmaklern gezeigt, können Dachorganisationen besser als einzelne Konsumenten in der Lage sein, die Qualität des Mittlers zu beurteilen. Dieser Reputationstransfer von der Kette beziehungsweise Kooperation auf den zugehörigen Reisemittler kann folglich das opportunistische Potential senken, nicht aber völlig beseitigen.

4.4.2. Vertragliche Pflichten und Haftung

Die Informationsasymmetrie zwischen Reisemittler und Reisendem sowie zwischen Reisemittler und Leistungsträger kann wie gezeigt zu Prinzipal-Agenten-Problemen führen, die durch Bezahlungsregeln, wiederholte Transaktionen und Reputation zwar gemindert, nicht aber aufgelöst werden können. Eine Lösung des Prinzipal-Agenten-Problems könnte dann gelingen, wenn rechtliche Regelungen dem Reisemittler Anreize geben, das opportunistische Verhalten zu unterlassen. Da sowohl zwischen Reisemittler und Reisendem als auch zwischen Reisemittler und Leistungsträger vertragliche Beziehungen bestehen, könnte das Vertragsrecht ein geeignetes Instrument sein.

Zwischen dem Reisemittler und dem Reisenden besteht ein Reisevermittlungsvertrag. Aus diesem ist der Mittler zu Sorgfalt, Aufklärung und Information verpflichtet. Ein Verstoß gegen die vertraglichen Pflichten kann haftungsauslösend sein. Grundsätzlich ist dabei zu unterscheiden ob der Reisemittler dem Reisenden eine Pauschalreise im Sinne des § 651 a Abs. 1 BGB und damit einen Reisevertrag oder einzelne Reiseleistungen und damit einen Dienst- oder Werkvertrag vermittelt. Zwischen Reisemittler und Leistungsträger besteht entweder ein

---

358 Vgl. Bill Anckar und Pirrko Walden: Destination Maui? An Exploratory Assessment of the Efficiacy of Self-Booking in Travel, Electronic Markets, Vol. 10 (2), 2000, S. 110 ff.

Agenturvertrag oder ein Maklervertrag. Nach diesen regelt sich die Haftung des Mittlers gegenüber dem Leistungsträger.

4.4.2.1. Haftung des Reisemittlers gegenüber dem Reisenden

4.4.2.1.1. Haftung bei Vermittlung eines Reisevertrages

Die Haftung des Reiseveranstalters ist über die §§ 651 a ff. BGB geregelt. Er hat für Mängel seines Produktes gegenüber dem Reisenden einzustehen. Der Reisemittler selbst ist für Mängel des Reiseveranstalterprodukts nicht haftbar zu machen. Für Mängel, die in seinen Einflussbereich fallen, ist er jedoch verantwortlich[359]. Allgemein kann die Haftung des Reisemittlers durch Fehler bei der Anbahnung und bei der Abwicklung des Reisevertrags ausgelöst werden. Eine Haftung des Reisemittlers greift bei der schuldhaften Verletzung von Sorgfalts- und Informationspflichten. Die Haftung begründet sich somit auf die positive Vertragsverletzung des Vermittlungsvertrags. Kann der Reisemittler nicht belegen, dass die Pflichtverletzung nicht von ihm zu verantworten ist, greift die Schadensersatzpflicht[360].

Ein erster wichtiger Aufgabenbereich des Reisemittlers ist die Beratung des Reisenden über einen dessen Präferenzen entsprechenden Reiseort und Reiseveranstalter. Die Auswahl des Reiseveranstalters kann nur dann haftungsauslösend sein, wenn der Reisemittler dem Reisenden einen Reisevertrag mit einem Veranstalter vermittelt, dessen Qualität branchenintern als mangelhaft bekannt ist[361]. Ferner ist der Reisemittler verpflichtet, dem Reisenden den billigsten Reiseveranstalter zu nennen. Der Reisende muss diesen Wunsch jedoch explizit kundtun[362]. Der Mittler hat bei der Nennung des billigsten Veranstalters darauf hinzuweisen, dass sich diese Auswahl nur auf das geführte Sortiment bezieht und nicht den gesamten Markt umfasst[363]. Weiterhin stellt sich die Frage, ob ein Reisemittler nach erfolgter Auswahl des Veranstalters den Kunden auf die billigste Buchungsmöglichkeit innerhalb des Veranstalterprogramms hinweisen werden muss. Die Rechtssprechung hat diese Pflicht bejaht. So entschied das AG Bad Homburg, dass das Reisebüro als Erfüllungsgehilfe des Reiseveranstalters verpflichtet sei, bei der Buchung der Reise ungefragt auf einen preislich günstigeren Abflughafen hinzuweisen, wenn der Wohnort des Reisenden etwa gleich weit von zwei Flughäfen entfernt sei und diese in vergleichbarer Zeit zu erreichen wären. Zwar obläge die Informationspflicht dem Reiseveranstalter, dieser

---

359 Vgl. Jörg Dewenter: Die rechtliche Stellung des Reisebüros, Baden-Baden 2000, S. 56 ff.

360 Vgl. Ernst Führich: Reiserecht, 4. Auflage, Heidelberg 2002, S. 533.

361 Vgl. Jörg Dewenter: Die rechtliche Stellung des Reisebüros, Baden-Baden 2000, S. 61 f.

362 Vgl. Otto Tempel: Informationspflichten bei Pauschalreisen, NJW 1996, S. 1625 ff.

363 Vgl. Jörg Dewenter: Die rechtliche Stellung des Reisebüros, Baden-Baden 2000, S. 65.

habe sich die unzureichende Beratung des Reisemittlers aber nach § 278 BGB zurechnen zu lassen[364]. *Dewenter* führt dazu überzeugend aus, dass der Reisemittler zum Reisenden selbst eine vertragliche Beziehung in Form des Reisevermittlungsvertrages unterhalte und sich aus dem Reisevermittlungsvertrag eine Haftung wegen fehlerhafter Beratung ergäbe. Somit seien sowohl Reiseveranstalter als auch Reisemittler selbst verpflichtet, den Reisenden auf die billigste Buchungsmöglichkeit hinzuweisen[365]. Die Haftung des Reiseveranstalters ergibt sich dabei aus *culpa in contrahendo*, die des Reisemittlers aus positiver Vertragsverletzung.

Der Reiseveranstalter muss aufgrund der BGB-InfoV weitreichende Informationspflichten erfüllen. Diese umfassen etwa genaue Prospektangaben zu Bestimmungsort, Transportmittel, Unterbringung, Mahlzeiten, Pass- und Einreisebestimmungen, Mahlzeiten, Reiseroute und gegebenenfalls die zur Reisedurchführung erforderliche Mindestteilnehmerzahl. Der Reisemittler leitet als Erfüllungsgehilfe des Reiseveranstalters diese Informationen an seinen Kunden weiter. Falsche Angaben des Reisemittlers muss sich der Veranstalter in der Regel zurechnen lassen[366]. Zusätzlich zur Haftung des Reiseveranstalters bejaht die Rechtsprechung aber auch eine Haftung des Reisemittlers. Diese greift dann, wenn beispielsweise im Fall von Informationen zu Einreise- und Passbestimmungen der Mittler bei der Auskunft nicht ausdrücklich auf die Angaben des Reiseveranstalters verweist und der Kunde somit den Eindruck bekommt, dass es sich um eigenständige Auskünfte des Mittlers handelt. Eine Haftung des Mittlers wird auch dadurch ausgelöst, dass er die Informationen des Veranstalters fehlerhaft weitergibt. Der Mittler muss den Reisenden allerdings nicht über nach der Vertragsvermittlung eingetretene Änderungen der Einreise- und Passbestimmungen informieren[367]. Zusammenfassend lässt sich auch hier erkennen, dass der Reiseveranstalter Informations- und Aufklärungspflichten hat, die durch die Eigenhaftung des Reisemittlers ergänzt werden.

Erfährt der Reisemittler nun konkret von Umständen, die die vermittelte Reise beeinträchtigen könnten, so hat er den Reisenden zu benachrichtigen. Der Mittler ist allerdings nicht verpflichtet, aktiv nach solchen Informationen zu suchen. Es besteht insofern keine Nachfragepflicht des Mittlers[368]. Vielmehr müssen dem Mittler diese Informationen zugänglich gemacht worden sein, entweder

---

364 AG Bad Homburg, Urt. v. 06. Juni 1997, 2 C 431/97.

365 Vgl. Jörg Dewenter: Die rechtliche Stellung des Reisebüros, Baden-Baden 2000, S. 70 f.

366 Vgl. Jörg Dewenter: Die rechtliche Stellung des Reisebüros, Baden-Baden 2000, S. 72 ff. mit weiteren Hinweisen.

367 Vgl. AG Karlsruhe, Urt. v. 28. Juli 1994, Az: 12 C 180/94.

368 Vgl. LG Hannover, Urt. v. 15. September 1982, Az: 11 S 274/82. Zustimmend auch Jörg Dewenter: Die rechtliche Stellung des Reisebüros, Baden-Baden 2000, S. 111 f.

vom Leistungsträger oder durch die Fachpresse. Die Rechtsprechung hat die Pflicht des Mittlers auf Informationsweitergabe in Fällen von Unruhen, Kriegen, Epidemien und besonderer Überfallgefahr anerkannt. Der Mittler ist jedoch nicht verpflichtet, auf die Thrombosegefahr bei Langstreckenflügen hinzuweisen[369]. Ebenso ist der Mittler nicht verpflichtet, die Solvenz des Reiseveranstalters zu prüfen[370]

4.4.2.1.2. Haftung bei Vermittlung eines Dienst- oder Werkvertrages

Ein Großteil der Informations- und Aufklärungspflichten des Reiseveranstalters oder Reisemittlers bei Pauschalreisen ergeben sich aus den Regelungen der §§ 651 a ff. BGB. Diese Regelungen erstrecken sich nicht auf einzelne, von einem Reisemittler vermittelte Leistungen. Insbesondere gilt die BGB-InfoV nur für Reiseveranstalter, nicht jedoch für Reisemittler. Eine analoge Anwendung ist nicht möglich[371]. Vermittelt ein Reisemittler mehrere zeitlich und örtlich zusammen hängende Leistungen verschiedener Leistungsträger und keine Gesamtheit von Leistungen, so hat er darauf hinzuweisen, dass es sich nicht um eine Pauschalreise handelt und die Leistungen deshalb nicht unter die Regelungen der §§ 651 a ff. BGB fallen. Unterlässt er dies, verletzt er seine Aufklärungspflichten[372].

Auch bei der Vermittlung einer Individualreise und damit eines oder mehrerer Dienst- oder Werkverträge gelten für den Reisemittler die aus dem Reisevermittlungsvertrag vorstehend abgeleiteten Sorgfaltspflichten. Eine Reiseleistung zu vermitteln, sich um den Vertragsschluss zu bemühen und die erforderlichen Beratungen und Informationen zu geben sind die vertragstypischen Hauptpflichten des Reisemittlers[373]. Die bei Pauschalreisen für den Veranstalter nach BGB-InfoV geltenden Aufklärungs- und Informationspflichten liegen im Fall der Vermittlung von Individualreisen weitgehend beim Reisemittler. Insbesondere ist er verpflichtet, den geeigneten, und auf Nachfrage des Reisenden, preisgünstigsten Leistungsträger auszusuchen und den Reisenden bei der Auswahl eines geeigneten Zielortes zu beraten[374]. Außerdem muss der Mittler den Reisenden über Einreiseregeln aufklären. Die Informationen hierzu müssen ungefragt erteilt werden. Es besteht jedoch kein Anspruch des Reisenden auf eine umfassende und

---

369 Vgl. Ernst Führich: Reiserecht, 4. Auflage, Heidelberg 2002, S. 534 mit weiteren Nachweisen.

370 Vgl. LG Düsseldorf 22. Zivilkammer, Urt. v. 19. Mai 1995, Az.: 22 S 633/94.

371 Vgl. Jörg Dewenter: Die rechtliche Stellung des Reisebüros, Baden-Baden 2000, S. 119.

372 Vgl. Otto Tempel: Die Pflichten des vermittelnden Reisebüros, NJW 1999, S. 3657 ff.

373 Vgl. Ernst Führich: Reiserecht, 4. Auflage, Heidelberg 2002, S. 532 f.

374 Vgl. Otto Tempel: Die Pflichten des vermittelnden Reisebüros, NJW 1999, S. 3660.

richtige Information durch den Mittler. Vielmehr ist es ausreichend, wenn der Mittler auf die Einreisebestimmungen hin- und den Reisenden an Konsulate verweist[375].

Die Rechtsprechung hat eindeutig festgelegt, dass Reisemittler bei der Vermittlung von Transportleistungen für die Bekanntgabe der richtigen Abreisezeit verantwortlich sind[376]. Ferner müssen sie die vom Leistungsträger übersandten Unterlagen vor der Aushändigung an den Reisenden prüfen[377].

4.4.2.2. Haftung des Reisemittlers gegenüber dem Leistungsträger

Wenn der Reisemittler einen Agenturvertrag mit dem Leistungsträger abgeschlossen hat, so ist der Mittler Handelsvertreter. Als solcher ist er verpflichtet, die Interessen seines Handelsherrn ständig zu vertreten und die gesetzlich und vertraglich definierten Pflichten zu erfüllen. Der Reisemittler hat beispielsweise Namen und Anschriften aller Reisenden festzuhalten. Er muss weiterhin alle Erklärungen des Reisenden an den Leistungsträger weiterleiten und Allgemeine Geschäftsbedingungen, die das Verhältnis zwischen Kunden und Leistungsträger regeln, dem Kunden zugänglich machen[378]. Verstöße gegen diese Pflichten sind positive Vertragsverletzungen[379]. Dies führt zu einer Schadensersatzpflicht des Reisemittlers gegenüber dem Leistungsträger, die den Ersatz aller Nachteile, einschließlich der Folgeschäden einschließt. Bei schwerwiegender Pflichtverletzung des Handelsvertreters kann der Handelsherr den Vertrag außerordentlich kündigen[380].

Sind Reisemittler und Leistungsträger nicht per Agenturvertrag aneinander gebunden, so gilt der Mittler als Handelsmakler. Er hat die handelsrechtlich definierten Pflichten gegenüber

---

375 Vgl. Jörg Dewenter: Die rechtliche Stellung des Reisebüros, Baden-Baden 2000, S. 120 f. mit weiteren Nachweisen.

376 Vgl. etwa LG Frankfurt 21. Zivilkammer, Urt. v. 14. November 1997, Az.: 2/21 O 221/97, NJW-RR 1998, S. 1669 f. und AG Frankfurt, Urt. v. 4. Dezember 2002, Az: 29 C 7150/02, RRa 2003, S. 35 f.

377 Vgl. Ernst Führich: Reiserecht, 4. Auflage, Heidelberg 2002, S. 537 f.

378 Vgl. Ronald Schmid: Die Tätigkeiten des Reisebüros aus dem Blickwinkel des Rechts, in: Walter Freyer und Wilhelm Pompl (Hrsg.): Reisebüromanagement, München 1999, S. 277 f.

379 Vgl. Karsten Schmidt: Handelsrecht, 5. Auflage, Köln 1999, S. 729 f.

380 Vgl. Karsten Schmidt: Handelsrecht, 5. Auflage, Köln 1999, S. 738 f.

dem Leistungsträger zu erfüllen. Verstöße gegen diese Pflichten begründen auch für den Handelsmakler eine Haftung wegen positiver Vertragsverletzung[381].

4.4.2.3. Die Wirksamkeit der Haftungsregeln

Verstößt der Reisemittler schuldhaft gegen die aus dem Reisevermittlungsvertrag abgeleiteten Pflichten, so ist er schadensersatzpflichtig. Als Sorgfaltsmaßstab wird das Verhalten eines ordentlichen Kaufmanns angelegt[382]. Hierbei ist es unerheblich, welche Art von Vertrag vermittelt wird. Handelt es sich um einen Reisevertrag, so überlagern die Pflichten des Reiseveranstalters[383] teilweise die des Reisemittlers, ohne letzteren von der Haftung zu befreien.

Der Umfang der Haftung des Reisemittlers aus Pflichtverstößen gegen den Reisevermittlungsvertrag ist nach den Grundsätzen der positiven Vertragsverletzung unbegrenzt. Zu ersetzen sind alle unmittelbaren und mittelbaren Schäden. Hierzu zählen etwa auch der entgangene Gewinn, wenn ein wichtiger Geschäftstermin versäumt wurde, Mehrkosten für zusätzliche Übernachtungen und Verdienstausfall[384]. Die Haftungssumme bei Nichtpersonenschäden kann über eine Regelung in den Allgemeinen Geschäftsbedingungen auf den dreifachen Preis der vermittelten Leistung zulässig begrenzt werden[385]. Dies gilt nicht, wenn der Reisemittler vorsätzlich oder grob fahrlässig handelt[386]. Die praktische Relevanz dieser Haftungsbeschränkung ist jedoch gering. Damit Allgemeine Geschäftsbedingungen ihre Wirkungen entfalten können, muss ein ausdrücklicher Hinweis im geschriebenen Vertragstext erfolgen und sich der Kunde mit den Bedingungen einverstanden erklären. Ein Reisevermittlungsvertrag wird in der Regel aber nicht ausdrücklich abgeschlossen. Die Rechtsprechung sieht ihn vielmehr als stillschweigend zustande gekommen an. Deshalb spielen Allgemeine Geschäftsbedingungen, und damit auch die rechtlich mögliche Haftungsbeschränkung, im

---

381 Trotz der durch die Deutsche Lufthansa gekündigten Agenturverträge und dem damit verbundenen Wegfall des Handelsvertreterstatus der Reisemittler gegenüber Lufthansa ist die praktische Relevanz der Handelsmaklerstellung der Reisemittler noch von geringer praktischer Bedeutung. Auf eine ausführliche Darstellung der den Handelsmakler betreffenden rechtlichen Pflichten wird deshalb hier verzichtet. Für eine genaue Darstellung der rechtlichen Stellung der Handelsmakler vgl. S. 165 ff. dieser Arbeit.

382 Vgl. Otto Tempel: Die Pflichten des vermittelnden Reisebüros, NJW 1999, S. 3663.

383 Bei der Vermittlung eines Reisevertrags wird der Reisende durch die in den §§ 651 a ff. BGB festgelegten Pflichten des Reiseveranstalters umfassend informiert. Verletzt der Veranstalter seine Informationspflichten ist dies haftungsauslösend.

384 Vgl. Ernst Führich: Reiserecht, 4. Auflage, Heidelberg 2002, S. 540.

385 Vgl. Jörg Dewenter: Die rechtliche Stellung des Reisebüros, Baden-Baden 2000, S. 162 f.

386 Vgl. Ernst Führich: Reiserecht, 4. Auflage, Heidelberg 2002, S. 540 f.

Verhältnis zwischen Reisemittlern und Privatkunden nur eine geringe Rolle[387]. Bei schriftlich abgeschlossenen, dauernd geltenden Reisevermittlungsverträgen zwischen Mittlern und kommerziellen Kunden könnte die Begrenzung der Haftungssumme bei Nichtvermögensschäden eine Rolle spielen. Allerdings ist davon auszugehen, dass der Vertragspartner des Mittlers die Verträge analysiert und einer Haftungsbeschränkung nur dann zustimmt, wenn er über andere geeignete Instrumente verfügt, den Mittler zu sorgfältigem Verhalten anzureizen.

Die gesetzlichen Regelungen sind weitgehend in der Lage, Informationsasymmetrien zwischen Reisendem und Reiseveranstalter bzw. Reisemittler abzubauen. Vor allem die Verpflichtung des Mittlers, auf Nachfrage des Reisenden den günstigsten Veranstalter zu benennen, korrigiert die aus Sicht des Reisenden fehlgeleiteten Anreize aus Provisionszahlungen des Veranstalters an den Mittler. Auch die Verpflichtung des Reiseveranstalters, und des Reisemittlers als seinem Erfüllungsgehilfen, auf die billigste Buchungsmöglichkeit im Sortiment des Veranstalters hinzuweisen, verhindert weitgehend ein Ausnutzen der Informationsasymmetrie. Die von Gesetz und Rechtsprechung festgelegten Pflichten des Reiseveranstalters und des Reisemittlers können opportunistisches Verhalten gegenüber dem Reisenden als der am schlechtesten informierten Partei verringern. Auch gegenüber dem Leistungsträger wird opportunistisches Verhalten durch die gesetzlichen Regelungen erschwert.

4.5. Zusammenfassung

Der Markt für Reisemittlerdienstleistungen ist auf der Anbieterseite heterogen. Dominiert wird der Markt von umsatzstarken Ketten- und Franchisebüros. Neben ihnen treten kleine ungebundene Reisemittler auf. Ein Großteil der Reisebüros ist über Agenturverträge an Leistungsträger gebunden. Diese zahlen den Mittlern für vermittelte Verträge in der Regel eine vom Transaktionswert abhängige Provision. Durch die Verkaufssteuerung der Reisemittler konzentrieren sich die Umsätze bei den meisten Büros auf einige vorab definierte Leistungsträger. Die Nachfrager nach Reisedienstleistungen sind ebenfalls heterogen. Neben Privatreisen werden berufliche Reisen, wie etwa Geschäfts- oder Incentivereisen nachgefragt. Während gerade aus beruflichen Gründen reisende Personen in der Regel reiseerfahren sind, ist auf der Seite der Privatreisenden *ceteris paribus* weniger Erfahrung vorhanden.

Bei der letztendlich vermittelten Leistung, etwa einer Pauschalreise oder einem Linienflug, handelt es sich um ein Erfahrungsgut, dessen Qualität der Reisende nicht *ex ante* bewerten kann. Durch die hohe Anzahl von Leistungsträgern und großen Qualitätsunterschieden sind die Produktmärkte intransparent. Deshalb ist es für den Reisenden sinnvoll, einen informierten Experten, nämlich den Reise-

387 Vgl. Otto Tempel: Die Pflichten des vermittelnden Reisebüros, NJW 1999, S. 3657 ff.

mittler, einzuschalten. Die daraus resultierende Vertragsbeziehung umfasst drei Parteien. Der Reisemittler ist Agent zweier Prinzipale: durch den Reisevermittlungsvertrag dient er dem Reisenden, während die Bindung an den Leistungsträger ihn zu dessen Agenten macht.

Die für die Transaktion erheblichen Informationen sind zwischen Reisemittler, Reiseveranstalter und Reisendem asymmetrisch verteilt. Im Verhältnis zwischen Mittler und Leistungsträger ist keine Partei in allen Belangen besser informiert. Der Leistungsträger ist besser über die Qualität seiner Produkte sowie die gesamte Marktsituation informiert. Der Reisemittler verfügt jedoch über den direkten Zugang zum Reisenden und hat somit bessere Kenntnisse über dessen Präferenzen. Die asymmetrische Informationsverteilung zwischen Reisendem und Mittler ist hingegen eindeutig. Der Reisende ist wegen der intransparenten Märkte und dem Erfahrungsgutcharakter des Produktes und der Vermittlungsleistung nicht in der Lage, die Qualität und die Höhe der Preise hinreichend einzuschätzen. Aus diesen Gründen kann sich der Reisemittler seinen Vertragspartnern gegenüber opportunistisch verhalten.

Weder vom Transaktionswert abhängige noch wertunabhängige Bezahlungsformen können das opportunistische Verhalten des Mittlers kontrollieren und für alle Prinzipale auflösen. Auch Reputationseffekte können trotz wiederholter Transaktionen opportunistisches Mittlerverhalten gegenüber dem Reisenden nicht vollständig verhindern. Im Verhältnis zwischen Reisemittler und Leistungsträger hingegen beschränken wiederholte Transaktionen die Wahrscheinlichkeit opportunistischen Verhaltens des Agenten.

Die aus den vertraglichen Pflichten abgeleitete Haftung des Reisemittlers kann grob opportunistisches Verhalten weitgehend einschränken. Durch die von Gesetz und Rechtsprechung definierten Informations- und Aufklärungspflichten und die bei Zuwiderhandlung drohende Schadensersatzpflicht kommt es zu einem weitgehenden Abbau der Informationsasymmetrien.

5. Schiffs- und Ladungsmakler

Der Beruf des Schiffsmaklers ist in den Hafenstädten der Welt seit langem etabliert. So findet sich etwa die erste Erwähnung Hamburger Schiffsmakler im 13. Jahrhundert. In Lübeck gab es im Jahre 1455 vier so genannte Frachtherren, die im Auftrag der mit dem norwegischen Bergen Handeltreibenden als Vermittler tätig waren[388]. Die Hamburgische Mäklerordnung von 1642 war das erste, das gesamte hamburgische Maklerwesen regelnde Gesetz. Das Amt des Maklers war staatlich privilegiert und unterlag öffentlicher Aufsicht. Schiffsmakler wurden explizit in Artikel 1 genannt, ohne jedoch spezielle Pflichten ihrer Tätigkeit zu definieren[389]. Die nachfolgende Mäklerordnung von 1654 regelte die Höhe des für Schiffsmakler geltenden Provisionssatzes, und zwar sowohl für die Befrachtung von Schiffen als auch für deren Verkauf[390].

Im Jahr 1701 gab es in Hamburg vier vereidigte Schiffsmakler[391]. Aufgrund dieser geringen Zahl überrascht es, dass sich die fünfte Mäklerordnung von 1740 direkt mit den Schiffsmaklern beschäftigte, denen verboten wurde, ohne Auftrag eines Hamburger Kaufmanns ein auswärtiges Schiff anzunehmen[392]. In der Hamburgischen Mäklerordnung von 1792 wurde den Schiffsmaklern erlaubt, Gehilfen zu beschäftigen[393]. Somit öffnete sich für die früheren Einzelmakler der Weg zu einer Maklerfirma. Die siebte Mäklerordnung aus dem Jahre 1824 legte ausdrücklich die Pflichten der Hamburgischen Schiffsmakler fest[394]. Auch

---

388 Vgl. Vereinigung Hamburger Schiffsmakler und Schiffsagenten (Hrsg.): 100 Jahre Vereinigung Hamburger Schiffsmakler und Schiffsagenten e.V., Bad Segeberg 1998, S. 15 f.

389 Vgl. *Mäklerordnung von Anno 1642*, abgedruckt in: Ulrich Beukemann: Die Geschichte des Hamburger Mäklerrechts, Heidelberg 1912, S. 96 ff.

390 Vgl. Die Ordnung der Meckler, Benebens die Taxa der Beeydigten Meckler; Cortagie, So sie von denen Contrahenten zu empfangen haben, abgedruckt in Ernst von Halle: Zur Geschichte des Maklerwesens in Hamburg, Hamburg 1897, S. 7 ff. Allerdings scheinen die Mäklerordnungen wenig gegen die Auswüchse des Gewerbes haben ausrichten können, denn sowohl im November 1660, Januar 1670 als auch im Mai 1678 erließ der Hamburger Senat *Mandate wegen der Mäkler*, die mit Nachdruck darauf hinwiesen, dass die Mäklerordnung von 1654 einzuhalten sei.

391 Vgl. Ulrich Beukemann: Die Geschichte des Hamburger Mäklerrechts, Heidelberg 1912, S. 115. Die Gesamtzahl der Makler war zu diesem Zeitpunkt auf 120 festgesetzt.

392 Vgl. Ulrich Beukemann: Die Geschichte des Hamburger Mäklerrechts, Heidelberg 1912, S. 53.

393 Vgl. Ulrich Beukemann: Die Geschichte des Hamburger Mäklerrechts, Heidelberg 1912, S. 64.

394 Vgl. Revidirte Mäkler-Ordnung und Courtage-Taxe, welche in Gemäßheit des Rath- und Bürger-Schlusses vom 9. Dezember 1824, mit dem 1. März 1825 in Kraft treten soll, §§ 18-21, abgedruckt in: Ulrich Beukemann: Die Geschichte des Hamburger Mäklerrechts, Heidelberg 1912, S. 162 ff.

im preußischen Allgemeinen Landrecht war der Makler ein staatlich privilegiertes und beaufsichtigtes Amt. Alle Makler, also auch Schiffsmakler, waren Interessenvertreter derjenigen Partei, die sie als erstes verpflichtete. Die Pflichten der Schiffsmakler waren ausdrücklich geregelt. Bei Pflichtverletzungen waren sie schadensersatzpflichtig und konnten sogar ihr Amt verlieren[395]. Durch die Regelungen des Allgemeinen Handelsgesetzbuches für Deutschland und des HGB veränderte sich die Stellung der Schiffsmakler. Aus beeidigten Maklern wurden die jetzt bekannten freien Handelsmakler. Eine Sonderregelung für Schiffsmakler blieb aus. Ein in sich abgeschlossenes Schiffsmaklerrecht ist dem HGB unbekannt.

Durch die Entwicklung des interkontinentalen Schiffsverkehrs und der Dampfschifffahrt kam es zu einer verstärkten Trennung von Handel und Schifffahrt, da sich ab Mitte des 19. Jahrhunderts die Handelshäuser von ihren eigenen Flotten trennten und ihre Transporte über Reedereien abwickelten[396]. Da die Schiffe oftmals größer waren als die von den einzelnen Handelshäusern zu verschiffenden Mengen wurden verstärkt Ladungen mehrerer Verlader auf einem Schiff gemeinsam transportiert. Die sich daraus ergebende Notwendigkeit, die Befrachtung der Schiffe zu koordinieren und Ladung zu akquirieren wurde und wird von den Schiffsmaklern übernommen.

Schiffsmakler sind Vertragsvermittler. Als Experten stehen sie zwischen den Marktteilnehmern. Durch ihre besseren Marktkenntnisse können sie Reeder und Verlader zusammenbringen und ihnen einen Vertragsabschluss ermöglichen. Es besteht jedoch die Gefahr, dass die Schiffsmakler ihren Informationsvorsprung zum Nachteil von Reedern und Verladern ausnutzen. Im folgenden soll deshalb vertieft auf die Aufgaben der Schiffs- und Ladungsmakler eingegangen werden, um mögliche Prinzipal-Agenten-Probleme zwischen den Makler und ihren Auftraggebern zu erkennen. Danach wird geprüft, ob marktbasierte Instrumente und rechtliche Regeln in der Lage sind, die erkannten Schwierigkeiten zu lösen.

5.1. Die Aufgaben der Schiffs- und Ladungsmakler

Nach der allgemeinen Definition ist ein Schiffsmakler ein Intermediär im Seetransport, der beliebige Aufgaben im Auftrag seines Prinzipals wahrnimmt[397]. Sie ist derart weit gefasst, dass jeder Agent im Schifffahrtsbereich hierunter

---

395 Vgl. Gesa Bemm: Die Haftung des Schiffsmaklers, Transportrecht 1997, S. 6 f.

396 Vgl. Vereinigung Hamburger Schiffsmakler und Schiffsagenten (Hrsg.): 100 Jahre Vereinigung Hamburger Schiffsmakler und Schiffsagenten e.V., Bad Segeberg 1998, S. 30.

397 Vgl. o. V.: General Conditions and Rules for Dutch Shipbrokers and Agents, Introduction, Stand 01. Dezember 1992. Vgl. auch British Invisibles (Hrsg.), City Business Series 1996: Maritime Services, London 1996, S. 17 ff.

fällt. Dies dient nicht zur Klärung des eigentlichen Begriffs. Im folgenden soll deshalb der Definition *Strandenes'* gefolgt werden, die unter einem Schiffsmakler einen Intermediär versteht, der Käufer und Verkäufer von Schiffen und Transportdienstleistungen zusammen bringt[398].

Schiffsmakler können als Agent einer Partei auftreten. Sie sind dann so genannte *Owner's Broker* oder *Charterer's Broker.* Ein *Owner's Broker* hilft dem Schiffseigner oder Reeder, Ladungen zu finden. Der *Charterer's Broker* ist als Vertreter des Verladers beauftragt, ein geeignetes Schiff für die Ladung zu besorgen. Der Schiffsmakler kann entweder seine Dienste einmalig oder dauernd für einen Auftraggeber erbringen. Letzterer wird in der Schifffahrtsindustrie auch als *Confidential Broker* bezeichnet. Neben den einseitig gebundenen sind auch unabhängige Schiffsmakler vertreten. Diese als *Competitive Brokers* bezeichneten Makler stehen entweder zwischen *Owner's Broker* und *Charterer's Broker* oder als einziger Makler direkt zwischen Reeder und Verlader[399].

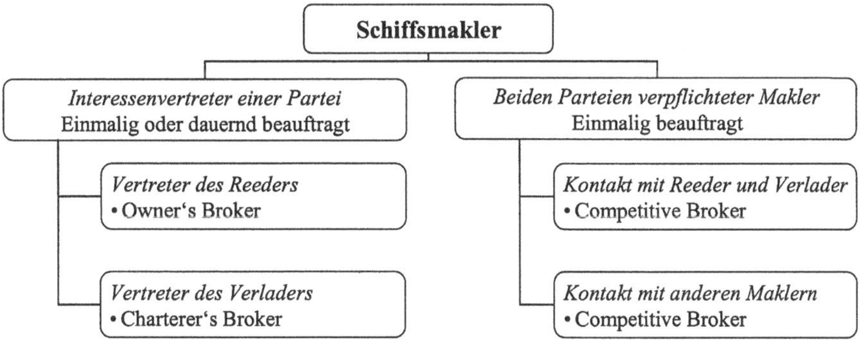

Abbildung 5-1: Schiffsmakler, Beziehung zu Prinzipalen

Betrachtet man die Aufgaben der Schiffsmakler, wird im allgemeinen wird zwischen Linienagenten, Befrachtungsmaklern sowie An- und Verkaufsmaklern unterschieden. Linienagenten sind dauerhaft von einer Reederei mit dem Verkauf von Transportleistungen betraut. Sie sind somit weitgehend in die Verkaufsorganisation der Reederei eingebunden. Ihre Hauptaufgabe ist die Ladungsakquisition. Außerdem bearbeiten sie Dokumente, sorgen für das Inkasso

398 Vgl. Siri Pettersen Strandenes: The Shipbroking Function and Market Efficiency, International Journal of Maritime Economics, Vol. 2 (1), 2000, S. 17 ff.

399 Vgl. Nicholas Gaskell: Shipbrokers, in: Kurt Grönfors (Hrsg.): Intermediaries in Shipping, Göteborg 1990, S. 53.

und die Schiffsabfertigung. Der Linienagent erhält regelmäßig eine Provision, die sich nach der verladenen und gelöschten Ladung richtet[400].

Der Befrachtungsmakler vermittelt sowohl Reise- als auch Zeitcharterverträge zwischen Reedern und Verladern. Befrachtungsmakler können auf einzelne Ladungs- oder Schiffstypen spezialisiert sein. Sie suchen entweder für ein bestimmtes Schiff eine passende Ladung oder umgekehrt. Befrachtungsmakler informieren über Vor- und Nachteile des Fahrtgebiets beziehungsweise des Schiffs, die Zuverlässigkeit von Reedern und Verladern und gegebenenfalls Besonderheiten von Häfen. Weiterhin sind sie oftmals für die Erstellung des Frachtvertrages und die gesamte Abwicklung der Charter verantwortlich. Für ihre Tätigkeit erhalten Befrachtungsmakler eine von der Bruttofracht oder Zeitcharter abhängige Kommission[401].

An- und Verkaufsmakler kümmern sich um Käufe und Verkäufe gebrauchter Schiffe sowie die Platzierung von Neubaukontrakten und deren Finanzierung. Der An- und Verkaufsmakler analysiert Baubeschreibungen und Schiffspläne, inspiziert bei gebrauchten Schiffen die bei den Klassifizierungsgesellschaften vorhandenen Aufzeichnungen und beurteilt die Seriösität von Käufern und Verkäufern. An- und Verkaufsmakler erhalten eine preisabhängige Kommission[402].

Der Schiffsmakler hat als Informationsanbieter, Berater und Verhandlungsführer gute Marktkenntnisse, die er dem Prinzipal zugänglich macht[403]. Der Prinzipal verfügt im Vergleich zum Makler über weniger Informationen: so weiß beispielsweise ein Reeder nicht genau, in welchem Hafen er passende Ladung finden kann, der Verlader weiß nicht genau, welche geeigneten Schiffe verfügbar sind. *Gaskell* betont, dass Schiffsmakler nicht zwingend mehr Fachwissen haben als ihre Prinzipale, sondern lediglich über einen besseren Informationsstand verfügen[404]. Das Wissen des Schiffsmaklers ist Wissen über Fahrtrouten, Hafenausrüstungen, Besonderheiten von Schiff und Ladung und so fort. Aufgrund der teilweise großen Entfernungen zwischen Reeder und Verlader ist es für diese Parteien schwierig, die Verhandlungen durchzuführen. Es ist deshalb nahe liegend, dass der Schiffsmakler die Verhandlungsführung vor Ort bei einer der Par-

---

400 Vgl. Vereinigung Hamburger Schiffsmakler und Schiffsagenten (Hrsg.): 100 Jahre Vereinigung Hamburger Schiffsmakler und Schiffsagenten e.V., Bad Segeberg 1998, S. 7 f.

401 Vgl. Vereinigung Hamburger Schiffsmakler und Schiffsagenten (Hrsg.): 100 Jahre Vereinigung Hamburger Schiffsmakler und Schiffsagenten e.V., Bad Segeberg 1998, S. 8.

402 Vgl. Vereinigung Hamburger Schiffsmakler und Schiffsagenten (Hrsg.): 100 Jahre Vereinigung Hamburger Schiffsmakler und Schiffsagenten e.V., Bad Segeberg 1998, S. 12.

403 Vgl. Nicholas Gaskell: Shipbrokers, in: Kurt Grönfors (Hrsg.): Intermediaries in Shipping, Göteborg 1990, S. 45 ff.

404 Vgl. Nicholas Gaskell: Shipbrokers, in: Kurt Grönfors (Hrsg.): Intermediaries in Shipping, Göteborg 1990, S. 55.

teien übernimmt. Obwohl der Schiffsmakler oft als reiner Vertragsvermittler agiert, unterstützen zumindest diejenigen Makler, die längerfristig an einen Prinzipal gebunden sind, auch die Vertragsdurchführung.

5.2. Marktstruktur

Die zunehmend verflochtene Weltwirtschaft ist auf eine vernetzte Infrastruktur angewiesen. Dies zeigt sich vor allem bei den Daten- und Telekommunikationsnetzen. Auch der Transport von Personen und Gütern steigt stetig an. So nahm der internationale Seeverkehr von 1990 bis 2000 um jährlich zirka 2,7 % zu.

Jahr	Güter in Mio. Tonnen	Veränderung in %
1990	4008	
1991	4120	2,8
1992	4220	2,4
1993	4330	2,6
1994	4485	3,6
1995	4651	3,7
1996	4758	2,3
1997	4953	4,1
1998	5064	2,2
1999	5129	1,3
2000	5230	2,0

Tabelle 12: Verschiffte Güter im internationalen Seeverkehr[405]

In den Seehäfen der Bundesrepublik Deutschland wurden im Jahr 2000 rund 242,5 Mill. Tonnen Güter umgeschlagen. Dies entspricht einer Zunahme von rund 8,2 % gegenüber 1999. Der Zuwachs fiel im Jahr 2001 mit nur rund 1,4 % deutlich geringer aus. In den letzten 10 Jahren erhöhte sich der Gesamtumschlag der deutschen Seehäfen insgesamt um 60 Millionen Tonnen[406].

Der Gesamtumschlag wird von den Nordseehäfen dominiert. Im Jahr 2001 schlug Hamburg als größter deutscher Hafen mehr Güter um als Wilhelmshaven und die bremischen Seehäfen zusammen. Hamburgs Umschlag war auch größer als der aller deutschen Ostseehäfen kombiniert.

---

405 Vgl. UNCTAD: Review of Maritime Transport, Genf 1998, S. 5 und UNCTAD: Review of Maritime Transport, Genf 2001, S. 6.

406 Vgl. Zentralverband der deutschen Seehafenbetriebe: Bericht 2001/2002, Hamburg 2002, S. 2.

	Umschlag 1999	Umschlag 2000	Umschlag 2001	Veränderung 00/01
Ostseehäfen	**50150**	**52613**	**50565**	**-3,9 %**
Rostock	17406	18634	17065	-8,4 %
Lübeck	17542	17954	17044	-5,1 %
Puttgarden	3814	3453	3362	-2,6 %
Kiel	2695	3277	3349	+2,2 %
Nordseehäfen	**171424**	**187009**	**192454**	**+2,9 %**
Hamburg	73358	76950	82948	+7,8 %
Wilhelmshaven	39731	43402	40850	-5,9 %
Bremen/Bremerhaven	31612	39224	40066	+2,1 %
Seehäfen zusammen	**221574**	**239622**	**243019**	**+1,4 %**
Binnenhäfen	2523	2913	3031	+4,0 %
Insgesamt	**224097**	**242535**	**246050**	**+1,4 %**

Tabelle 13: Güterumschlag in ausgewählten Häfen in 1000 Tonnen[407]

5.2.1. Die Nachfrage nach Schiffsmaklerleistungen

5.2.1.1. Reeder und Schiffseigner

Die internationale Seeschifffahrt als wirtschaftlich wichtigster Teil der Schifffahrtsindustrie lässt sich in zwei große Bereiche gliedern. Diese sind einerseits die Linien-, andererseits die Bedarfsschifffahrt. Die Linienschifffahrt zeichnet sich durch feste Fahrpläne zu vorher bekannten Häfen aus. Die Dienste werden unabhängig vom Auslastungsgrad bereitgestellt. Anbieter dieser Dienste sind Schifffahrtsbetriebe, die entweder mit eigener oder gecharterter Tonnage operieren.

In der Bedarfsschifffahrt gibt es keine festen Fahrpläne. Routen, Dauer und Preise werden vielmehr einzelvertraglich festgelegt. Allgemein wird zwischen Reisecharter und Zeitcharter unterschieden. Reisecharterverträge spezifizieren regelmäßig die Art und Menge der zu befördernden Ladung, die Strecke sowie den Preis. Sie regeln somit eine einmalige Transportleistung und werden meist kurzfristig abgeschlossen. Durch Zeitcharterverträge wird das Schiff längerfristig gebunden. Hierbei geht die Verfügungsgewalt über das Schiff vom Eigentümer auf den Charterer über. Im Regelfall stellt der Eigentümer die Schiffsbesatzung, nur im Fall der so genannten *Bareboat Charter* übernimmt dies der Charterer. Die Zeitcharter dauert meist weniger als drei Jahre[408], gerade bei neuen Containerschiffen sind jedoch auch längerfristige Zeitcharterverträge üblich.

---

407 Vgl. Zentralverband der deutschen Seehafenbetriebe: Bericht 2001/2002, Hamburg 2002, S. 3.

408 Vgl. Stephen Craig Pirrong: Contracting Practices in Bulk Shipping Markets: A Transachtions Cost Explanation, Journal of Law and Economics, Vol. 36 (2), October 1993, S. 938 ff.

Für den Transport der unterschiedlichen Güter wird oft auf spezialisierte Schiffe zurückgegriffen. Diese Handelsschiffe sind im Gegensatz zu Flugzeugen oder Kraftfahrzeugen nicht standardisiert. Wird auf Serienfertigung zurückgegriffen, so handelt es sich um Kleinserien. Die Schiffe werden regelmäßig nach den Vorgaben der Schiffseigner gebaut[409]. Den zahlenmäßig größten Anteil an der Welthandelsflotte stellen Tanker, gefolgt von Massengut- und Containerfrachtern.

	Tanker	Massengut	Container	Sonstige	Gesamt
Griechenland	793	1.341	136	809	3.079
Japan	723	794	193	945	2.655
China	293	556	182	920	1.951
Deutschland	162	110	650	857	1.779
Russland	344	127	34	1.101	1.606
Norwegen	481	179	21	588	1.269
USA	413	126	100	399	1.038
Südkorea	194	194	103	307	798
Singapur	319	91	122	162	694
Dänemark	165	32	120	264	581
Hongkong	120	237	49	124	530
Vereinigtes Königreich	146	60	90	215	511
Türkei	84	153	24	249	510
Taiwan	34	147	195	129	505
Italien	239	70	11	146	466
Schweden	134	11	1	172	318
Indien	112	125	3	65	305
Schweiz	45	46	74	72	237
Iran	33	47	7	53	140
Saudi Arabien	70	1	5	26	102
Gesamt	**4.904**	**4.447**	**2.120**	**7.603**	**19.074**
Gesamt alle Länder	**7.079**	**5.628**	**2.561**	**13.050**	**28.318**

Tabelle 14: Stärke der Handelsflotten nach Sitz des Eigentümers, Stichtag 01. Januar 2001[410]

Die gesamte bundesdeutsche Handelsflotte ist nach der Zahl der Schiffe die weltweit viertgrößte. Die Containerflotte Deutschlands ist größer als die der drei nächst größeren Flotten zusammen. Dies erklärt sich vor allem aus den in Deutschland weit verbreiteten Schiffsfonds, die hauptsächlich in Containerschif-

---

409 Vgl. Martin Stopford: Maritime Economics, 2nd Edition, London 1997, S. 19.

410 Quelle: U.S. Department of Transportation, Bureau of Transportation Statistics, Maritime Administration, U.S. Coast Guard: Maritime Trade and Transportation 2002, Washington 2002, S. 6.

fe investieren. Betrachtet man die Schiffsgröße, so fällt die deutsche Handelsflotte auf den siebten Platz zurück.

	Tanker	Massengut	Container	Sonstige	Gesamt
Griechenland	63.137	66.301	3.815	8.678	141.931
Japan	37.343	45.304	5.400	8.793	96.839
Norwegen	36.842	11.203	667	8.615	57.327
USA	32.902	6.187	3.235	5.425	47.749
China	6.135	22.524	3.677	7.530	39.867
Hongkong	14.355	17.609	1.505	1.789	35.258
Deutschland	3.880	4.834	16.427	6.141	31.282
Südkorea	6.816	14.076	2.607	1.847	25.345
Singapur	11.983	3.314	2.535	1.454	19.286
Taiwan	2.483	8.292	6.565	1.069	18.410
Dänemark	8.073	2.127	5.217	1.458	16.875
Vereinigtes Königreich	7.259	4.574	3.295	1.605	16.733
Russland	6.425	2.722	800	4.298	14.245
Italien	5.129	5.440	269	1.743	12.581
Indien	5.539	5.363	87	654	11.643
Saudi Arabien	9.763	2	248	460	10.474
Schweden	7.920	464	11	1.746	10.142
Türkei	1.140	5.724	235	1.557	8.656
Iran	4.124	1.916	180	899	7.120
Schweiz	1.354	2.181	2.328	875	6.738
Gesamt	**272.601**	**230.166**	**59.105**	**66.635**	**628.501**
Gesamt alle Länder	**328.944**	**280.237**	**67.930**	**99.656**	**776.767**

Tabelle 15: Größe der Handelsflotten, BRZ in 1000, Stichtag 01. Januar 2001[411]

Das Angebotsprogramm der Linienreedereien hat sich mit den um 1960 eingeführten Containerdiensten verändert. In der heutigen Linienschifffahrt wird zunehmend mit "Haus zu Haus" Containertransporten operiert. Das Hauptangebot lässt sich somit nicht mehr ausschließlich als einen Transport von einem Abfahrtshafen zu einem Bestimmungshafen beschreiben, sondern umfasst darüber hinaus den Transport zum Hafen (Vorlauf) und den Transport vom Bestimmungshafen zum Bestimmungsort (Nachlauf)[412].

411 Quelle: U.S. Department of Transportation, Bureau of Transportation Statistics, Maritime Administration, U.S. Coast Guard: Maritime Trade and Transportation 2002, Washington 2002, S. 6.

412 Vgl. Henk van Gent, On the Stability of Shipping Conferences, Amsterdam, 1984, S. 1f.

Trotz des veränderten Angebots sind Konferenzen immer noch die dominierende Organisationsform in der internationalen Linienschifffahrt. Unter einer Konferenz versteht man dabei den Zusammenschluss mehrerer Reedereien, der dazu dient, Preise, Mengen und Frequenzen abzusprechen. Die fünf führenden Allianzen dominieren einen Großteil des containerisierten Linienschiffsverkehrs.

	Reedereien	**Schiffe**	**TEUs**
Grand Alliance	14	117	500.063
New World Alliance	8	86	340.456
Cosco	9	77	200.654
Maersk Sealand	12	68	183.676
CMA-CGM	8	73	171.944

Tabelle 16: Allianzen im internationalen Linienschiffverkehr, Stand 01.02.2001[413]

Es gibt offene und geschlossene Konferenzen. Offene Konferenzen müssen jeden Anbieter, der die Mitgliedschaft verlangt, auch aufnehmen, wogegen geschlossene Konferenzen die Erfüllung bestimmter Aufnahmekriterien, wie zum Beispiel Nationalität, Leistungsfähigkeit etc. voraussetzen. Jedes die Organisation regelnde Konferenzagreement enthält dabei unabhängig von der Organisationsform Vereinbarungen über Fahrtgebietsabgrenzungen und seine Aufteilung zwischen den Mitgliedern, Transportbedingungen und Frachtraten.

Die allianzgebundenen Reedereien sind von sehr unterschiedlicher Größe, wobei nicht jede Reederei ihre gesamte Flotte in die jeweilige Allianz einbringt[414]. Insgesamt ist die Containerlinienschifffahrt ein fragmentierter Markt, auf dem ungefähr 300 Reedereigruppen tätig sind[415]

---

[413] Vgl. U.S. Department of Transportation, Bureau of Transportation Statistics, Maritime Administration, U.S. Coast Guard: Maritime Trade and Transportation 2002, Washington 2002, S. 3. Jede Allianz enthält neben den großen Reedereien auch kleinere Reedereien, die Zubringerdienste übernehmen. Zur *Grand Alliance* gehören u.a. Hapag-Lloyd, P&O/Nedlloyd, MISC, OOCL und NYK. Zur New World Alliance gehören HMM, APL, NOL und MOL. Vgl. Brian Slack, Claude Comtois und Robert McCalla: Strategic Alliances in the Container Shipping Industry: A Global Perspective, Maritime Policy & Management, Vol. 29 (1), 2002, S. 65 ff.

[414] Vgl. Brian Slack, Claude Comtois und Robert McCalla: Strategic Alliances in the Container Shipping Industry: A Global Perspective, Maritime Policy & Management, Vol. 29 (1), 2002, S. 70.

[415] Vgl. Barry Rogliano Salles (Hrsg.): Shipping and Shipbuilding Markets 2003, Paris 2003, S. 80.

Reederei	Eigene Schiffe	Gecharterte Schiffe	Gesamt
Maersk SeaLand	117	151	268
MSC	83	65	148
P&O Nedlloyd	60	81	141
Cosco	107	15	122
APL	41	52	93
CSCL	27	47	74
NYK	37	32	69
Evergreen	56	7	63
K-Line	23	39	62
CMA-CGM	14	47	61
Mitsui OSK	27	30	57
Hanjin	20	30	50
OOCL	20	28	48
Yangming	26	19	45
Hyundai	19	19	38
Total	677	662	1.339

Tabelle 17: Weltgrößte Containerreedereien, Stand Mai 2001[416]

Im Vergleich zur Tanker- und Massengutschifffahrt, die im Jahr 2003 rund 71 % der Tonnage auf sich vereinigten, ist die Containerschifffahrt mit knapp 10 % der Tonnage ein recht kleiner Teil der Handelsschifffahrt[417]. Tanker- und Massengutschifffahrt ist weitgehend Bedarfsschifffahrt, obwohl es auch in diesem Segment Liniendienste gibt. Sie sind dann in der Tanker- und Massengutschifffahrt anzutreffen, wenn ein Schiff durch längerfristige Verträge gebunden ist. Tanker- und Massengutschifffahrt funktioniert regelmäßig nach dem Prinzip „Eine Ladung, ein Schiff", obwohl auch der Transport von Massengut mehrerer Verlader in unterschiedlichen Laderäumen eines Schiffs denkbar ist[418].

5.2.1.2. Die Verladerseite

Ein Großteil der verschifften Ladung ist Massengut. Die Unterscheidung zwischen Stückgut und Massengut hängt nicht nur von der Art der Ladung ab, sondern auch von dem verwendeten Schiffstyp, seiner Größe und seiner Entwicklung. Der Begriff des Massenguts wird nicht einheitlich gebraucht. Stellt man auf die physikalischen Eigenschaften eines Gutes ab, versteht man unter Massengütern Schüttgüter, wie etwa Öl, Kohle, Getreide oder Erze. Eine andere De-

[416] Vgl. U.S. Department of Transportation, Bureau of Transportation Statistics, Maritime Administration, U.S. Coast Guard: Maritime Trade and Transportation 2002, Washington 2002, S. 4. Zum Konsolidierungskreis der jeweiligen Anbieter vgl. www.alphaliner.com

[417] Vgl. UNCTAD: Review of Maritime Transport, Genf 2003, S. 19 f.

[418] Vgl. Martin Stopford: Maritime Economics, 2nd Edition, London 1997, S. 26 ff.

finition versteht unter Massengütern diejenigen Güter, die als ganze Schiffsladung versandt werden, unabhängig von ihren physikalischen Eigenschaften[419]. Letzterer Definition soll im weiteren Verlauf gefolgt werden. Die Unterscheidung zwischen Stückgut und Massengut geschieht somit über die *Parcel Distribution Function*. Sie gibt an, wie die Verteilung der Ladungsgrößen für ein bestimmtes Gut ist. So sind zirka 60 % der verschifften Eisenerzladungen schwerer als 100000 Tonnen und nur knapp 10 % leichter als 40000 Tonnen. Im Gegensatz dazu sind 40 % Getreideladungen und sogar 80 % der Phosphatladungen leichter als 40000 Tonnen[420]. Bei den derzeitigen Schiffsgrößen bedeutet dies, dass Eisenerz ein typisches Massengut ist, Phosphat hingegen nicht.

Im Massengutmarkt gibt es unterschiedliche Vertragsformen, die die Beziehungen zwischen Verladern und Transportdienstleistern regeln. Die drei grundlegenden Arten sind die Reisecharter (*Voyage Charter*), die Zeitcharter (*Time Charter*) und der Befrachtungsvertrag (*Contract of Affreightment*). Sie unterscheiden sich sowohl vom Abschlusszeitpunkt als auch von der Vertragsdauer. Ihre Kennzeichen sind in folgender Aufstellung dargestellt:

Reisecharter
- Gültig für eine Fahrt
- Genaue Angabe von Schiff und Ladung
- Festgelegte Route
- Festgelegte Be- und Entladedaten
- Abschluss kurzfristig vor Reiseantritt

Zeitcharter
- Gültig für vertraglich festgelegte Zeitdauer
- Genaue Angabe des Schiffs
- Fahrtgebiete während der Vertragsdauer beliebig wählbar
- Abschluss i.d.R. kurzfristig vor Charterbeginn

Befrachtungsvertrag
- Gültig für vertraglich festgelegte Zeitdauer
- Genau festgelegte Ladung
- Vertraglich festgelegte Höchst- und Mindestmenge
- Festgelegte Route
- Festgelegte Frequenz

Abbildung 5-2

Die bei den verschiedenen Verträgen anfallenden Transaktionskosten erklären die unterschiedlichen Vertragslaufzeiten und verdeutlichen, weshalb manche Massengutmärkte von Reisecharterverträgen dominiert werden, während auf anderen Märkten etwa der Befrachtungsvertrag vorherrscht. So erläutert *Pir-*

---

419 Vgl. Martin Stopford: Maritime Economics, 2nd Edition, London 1997, S. 292 f.

420 Vgl. Martin Stopford: Maritime Economics, 2nd Edition, London 1997, S. 13 ff.

rong[421], dass langfristige Verträge dann effizient seien, wenn die sie betreffenden Güter und Dienstleistungen sehr transaktionsspezifisch sind. Es müsse vor allem zwischen spezifisch zeitlichen und spezifisch vertraglichen Aspekten unterschieden werden. Falls keine zeitlichen Transaktionsspezifizitäten anzutreffen seien, würden Spotverträge, also Reise- bzw. kurz laufende Zeitcharterverträge abgeschlossen. Bei zunehmend zeitlich transaktionsspezifischen Gütern und Dienstleistungen würden Verträge längerfristig abgeschlossen. Hierbei handele es sich dann um länger laufende Zeitcharter- oder Befrachtungsverträge. Spezialschiffmärkte tendierten hingegen zu langfristigen Verträgen. Zusammenfassend sei die Art von Vertrag durch die Ladungsströme, die Marktvolatilität, die räumliche Verteilung der Ver- und Entladehäfen und der Schiffscharakteristika bestimmt.

Die Märkte der unterschiedlichen Massengüter unterscheiden sich deutlich. Der Großteil der verschifften Massengüter ist Rohöl oder dessen Produkte. Dieser Markt war lange von der Zeitcharter geprägt. Die großen Ölgesellschaften schlossen lang laufende Zeitcharterverträge ab, um den kontinuierlichen Bedarf an Transportleistung zu sichern. Dies galt vor allem für die *Very Large Common Carriers* (VLCC) und *Ultra Large Common Carriers* (ULCC), Tanker mit einer Tragfähigkeit von mehr als 200.000 t bzw. 300.000 t Rohöl. Mit der Ölkrise des Jahres 1973 und der hieraus zunehmenden Bedeutung des Rohölspotmarktes in Rotterdam änderte sich die Situation grundlegend. Die Zeitcharter verlor an Bedeutung. Zu Beginn der 1990er Jahre fuhr über 70 % der Welttankerflotte auf dem Spotmarkt, auf dem die Schiffe kurzfristig und nur für eine oder wenige Fahrten gechartert werden[422].

Die Märkte für die Verschiffung von Erzen und Kohle, den so genannten *Major Bulks*, werden nach wie vor von der Zeitcharter dominiert. Denn die Abnehmer sind in der Regel nur wenig flexibel und vor allem an einer garantierten, gleichmäßigen Belieferung interessiert. Da die Erzverschiffung von recht wenigen, sehr großen Schiffen dominiert wird, ist die Auswahl an geeigneter Tonnage zu einem gegebenen Zeitpunkt beschränkt. Hinzu kommt, dass die Produktionsprozesse der Abnehmer auf Rohmaterialien ganz bestimmter Qualität ausgerichtet

---

421 Vgl. Stephen Craig Pirrong: Contracting Practices in Bulk Shipping Markets: A Transactions Cost Explanation, Journal of Law and Economics, Vol. 36 (2), October 1993, S. 937 ff.

422 Vgl. Martin Stopford: Maritime Economics, 2nd Edition, London 1997, S. 304 ff. und Stephen Craig Pirrong: Contracting Practices in Bulk Shipping Markets: A Transactions Cost Explanation, Journal of Law and Economics, Vol. 36 (2), October 1993, S. 966 ff. für eine genaue Analyse der Vertragsformen und –entwicklungen bei der Rohölverschiffung.

sind. Das sich daraus ergebende Verschiffungsmuster ist mit Liniendiensten oder dem Spotmarkt nicht darstellbar[423].

Das auch zu den *Major Bulks* gehörende Getreide hingegen wird weitgehend auf Spotmärkten verschifft. Bei Getreide handelt es sich um ein standardisiertes Gut, das auf liquiden Produktspotmärkten gehandelt wird. Dies bedeutet, dass sich Abnehmer jederzeit von unterschiedlichen, nicht firmenspezifischen Produzenten beliefern lassen können. Es kommt hinzu, dass für die Getreideverschiffung weder Spezialtonnage noch eine spezialisierte Be- und Entladetechnik notwendig ist[424].

Unter *Minor Bulks* versteht man Rohmaterialien oder Halbfertigprodukte, deren durchschnittliche Ladungsgröße stark divergierend ist. Dies führt dazu, dass sie nicht ausschließlich als Massengut verschifft werden, sondern teilweise auch als Stückgut auf Liniendiensten. Insgesamt zeichnet sich ihre Verschiffung durch eine hohe Volatilität aus[425].

Güter, die einen hohen spezifischen Wert pro Ladungseinheit haben oder aufgrund ihrer Beschaffenheit besonderer Behandlung bedürfen, werden regelmäßig als Stückgut versandt. Dies sind etwa Konsumgüter, Maschinen, Textilien, aber auch bestimmte Chemikalien. Die typische Sendungsgröße dieser Stückgüter ist regelmäßig zu klein, um als Massengut verschifft zu werden. Durch die Containerisierung der Linienschifffahrt seit den sechziger Jahren des letzten Jahrhunderts werden Stückgüter weitgehend standardisiert in Containern verschifft. Dadurch änderte sich die gesamte Transportkette: es ist nicht nur möglich geworden, den Vor- und Nachlauf der Güter, also den Transport zum Einschiffungshafen und den dem Seetransport nachgeordneten Transport zu Empfänger zu vereinfachen, sondern vor allem die Be- und Entladung der Schiffe zu vereinheitlichen. Dies führt zu deutlichen Kosteneinsparungen. Außerdem ist es durch die Verschiffung von Stückgütern auf Liniendiensten auch für Versender und Empfänger geringer Ladungsmengen möglich, eine kontinuierliche Lieferkette aufrecht zu erhalten[426].

Es zeigt sich also, dass die Nachfrage nach Seeverkehrsdienstleistungen heterogen ist: Verlader, die nur unregelmäßig kleinere Mengen verschiffen stehen neben Verladern, die regelmäßig sehr große Mengen versenden. Der weitaus größte Teil der Verlader verschifft häufig und ist damit ständig auf dem Markt prä-

---

423 Vgl. Martin Stopford: Maritime Economics, 2nd Edition, London 1997, S. 314 ff. und Stephen Craig Pirrong: Contracting Practices in Bulk Shipping Markets: A Transactions Cost Explanation, Journal of Law and Economics, Vol. 36 (2), October 1993, S. 956 ff.

424 Stephen Craig Pirrong: Contracting Practices in Bulk Shipping Markets: A Transactions Cost Explanation, Journal of Law and Economics, Vol. 36 (2), October 1993, S. 953 ff.

425 Vgl. Martin Stopford: Maritime Economics, 2nd Edition, London 1997, S. 328 ff.

426 Vgl. Martin Stopford: Maritime Economics, 2nd Edition, London 1997, S. 360 ff.

sent. Durch die regelmäßige Marktteilnahme gibt es seitens der Verlader Lerneffekte: sie wissen, welche Art von Transportleistung sie brauchen und haben konsistente Einschätzungen über die Preise. Ebenso kennen sie mit der Zeit die für sie wichtigen Reeder.

5.2.2. Die Anbieterseite: Schiffsmakler

Der Schiffsmaklermarkt in der Bundesrepublik Deutschland ist eng begrenzt. Rund 450 Schiffsmakler sind auf ihm tätig[427]. Dabei lassen sich die Tätigkeiten der Schiffsmakler nicht eindeutig kategorisieren, denn die meisten Unternehmen bieten eine Vielzahl von Leistungen an und treten beispielsweise sowohl als Befrachtungsmakler, als auch als An- und Verkaufmakler in Erscheinung. Lediglich Linienagenten sind meist nur in einem Bereich tätig. Ferner ist eine Reihe von Schiffsmaklern auch gleichzeitig als Reeder aktiv.

Schiffsmakler sind in den jeweiligen Hafenstädten in Vereinigungen organisiert. In der Bundesrepublik sind dies beispielsweise die *Vereinigung Hamburger Schiffsmakler und Schiffsagenten e.V., die Schiffsmakler Vereinigung Kiel e.V.*, die *Vereinigung Lübecker Schiffsmakler und Schiffsagenten e.V. zu Lübeck*, die *Vereinigung Bremer Schiffsmakler und Schiffsagenten e.V.* oder der *Schiffsmaklerverband Mecklenburg-Vorpommern e.V., Rostock*. Schiffsmakler gehören in der Regel mehrerer dieser Vereinigungen an.

Schiffsmakler sind oftmals alteingesessene Firmen. Von den rund 170 Mitgliedern der *Vereinigung Hamburger Schiffsmakler und Schiffsagenten e.V.* sind einige bereits um das Jahr 1800 gegründet worden und befinden sich teilweise noch immer in Familienbesitz[428]. Größere Schiffsmaklerfirmen sind international tätig. Sie können somit ihren Kunden eine Betreuung in mehreren Hafenstädten anbieten.

Schiffsmaklerfirmen sind relativ klein. Genaue Angaben über die Zahl der als Schiffsmakler Beschäftigten und die Betriebsgrößen der Firmen sind für die Bundesrepublik Deutschland nur eingeschränkt erhältlich. In Hamburg wurden im Jahr 1998 von 80 Linienagenten rund 4000 Mitarbeiter beschäftigt, dies ergibt eine durchschnittliche Betriebsgröße von 50 Mitarbeitern pro Unternehmen[429]. In Bremen gab es im Jahr 1998 rund 1250 Beschäftigte im Schiffsmak-

---

[427] Vgl. Vereinigung Hamburger Schiffsmakler und Schiffsagenten (Hrsg.): 100 Jahre Vereinigung Hamburger Schiffsmakler und Schiffsagenten e.V., Bad Segeberg 1998, S. 53.

[428] Dies trifft beispielsweise für die Firma Aug. Bolten Wm. Miller's Nachfolger (GmbH & Co.) KG zu. Vgl. http://www.aug-bolten.de/company/. (Abruf am 30.03.2004)

[429] Vereinigung Hamburger Schiffsmakler und Schiffsagenten (Hrsg.): 100 Jahre Vereinigung Hamburger Schiffsmakler und Schiffsagenten e.V., Bad Segeberg 1998, S. 7.

lerwesen[430], die Zahl der Schiffsmaklerbetriebe lag bei 45, so dass sich eine durchschnittliche Zahl von rund 27 Beschäftigten pro Unternehmen ergibt. Eine genaue sektorale Betriebsgrößenverteilung lässt sich jedoch für die Bundesrepublik Deutschland nicht ermitteln. Auch genaue Angaben über die Umsatzverteilung der Schiffsmaklerfirmen sind nicht erhältlich.

Der Markt für Schiffsmaklerdienstleistungen ist in der Bundesrepublik Deutschland von mittelständischen Unternehmen dominiert. Auch einige internationale Anbieter sind auf ihm tätig. Durch den engen Zusammenschluss der Schiffsmakler in lokalen Vereinigungen, dem Umstand, dass Schiffsmakler teilweise auch als Reeder tätig sind und die Begrenzung auf wenige Standorte kann geschlossen werden, dass es sich nicht um einen anonymen Markt handelt.

5.3. Die rechtliche Stellung des Schiffsmaklers

Für die rechtliche Stellung des Schiffsmaklers ist zwischen dem ständig für einen Prinzipal tätigen Schiffsmakler und dem nicht ständig betrauten Schiffsmakler zu unterscheiden. Nach deutschem Recht sind unabhängige, also nicht ständig betraute Schiffsmakler Handelsmakler, während ständig für einen Prinzipal tätige Schiffsmakler ihre Aufgaben als Handelsvertreter wahrnehmen. Aus diesen unterschiedlichen Stellungen werden verschiedene Rechte und Pflichten des Maklers gegenüber dem Auftraggeber und der Hauptvertragspartei, also der mit dem Auftraggeber einen Vertrag eingehenden Partei, abgeleitet. Diese bestimmen grundlegend das Verhalten des Maklers und sollen deshalb im folgenden dargestellt werden.

5.3.1. Der Schiffsmakler als Handelsvertreter

Ständig beauftragte Schiffsmakler sind prinzipiell sowohl als Vertreter einer Reederei als auch als Vertreter eines Verladers denkbar. Praktisch relevant sind in der Bundesrepublik Deutschland jedoch nur die dauerhaft vom Reeder beauftragten Schiffsmakler. Diese so genannten Linienagenten sind über Verträge an ihren Prinzipal gebunden. Ein hierfür häufig benutzter und international verbreiterter Standardvertrag ist das *Standard Liner and General Agency Agreement* der *Federation of National Associations of Ship Brokers and Agents* (FONASBA). Dieser Vertrag legt die Rechte und Pflichten von Auftraggeber und Linienagent fest und bestimmt, dass der Linienagent dauerhaft mit den Aufgaben be-

[430] Vgl. Institut für Seeverkehrswirtschaft und Logistik (Hrsg.): Analyse und Prognose der Entwicklung der Bremischen Häfen, Bremen 1998, S. 4 ff.

traut wird. Damit ist der als Linienagent tätige Schiffsmakler nach deutschem Recht Handelsvertreter[431].

Die grundlegenden Pflichten des Schiffsmaklers als Handelsvertreter werden über § 86 HGB geregelt. Hier ist festgelegt, dass der Handelsvertreter sich um die Vermittlung oder den Abschluss von Geschäften bemühen muss, die Interessen des Prinzipals wahrzunehmen und ihn über jeden Geschäftsabschluss zu unterrichten hat. Die Pflichten des Unternehmers legt § 86 a HGB fest. Insbesondere muss der Auftraggeber dem Schiffsmakler die zur Ausübung der Tätigkeit notwendigen Materialien, wie etwa Prospekte und Preisinformationen, zur Verfügung stellen. Außerdem hat er dem Schiffsmakler für jedes durch dessen Tätigkeit zustande gekommene Geschäft eine Vergütung zu zahlen. Der Agenturvertrag zwischen dem Auftraggeber als Prinzipal und dem Schiffsmakler als Agent kann diese Pflichten konkretisieren[432]. Dies sei am Beispiel des *Standard Liner and General Agency Agreements* gezeigt. Der Agenturvertrag gibt dem Schiffsmakler ein Exklusivvertretungsrecht innerhalb eines geographisch begrenzten Gebiets, verlangt aber im Gegenzug ein Verzicht des Agenten auf die Vertretung von Wettbewerbern[433]. Ferner werden genaue Marketing- und Verkaufsaktivitäten festgelegt und die Aufgaben des Agenten bei Hafen- und Verkehrsabwicklung bestimmt. Die vertretene Firma als Prinzipal hat den Schiffsmakler mit Informationen über die benutzten Schiffe, den Fahrplan und die Routen zu versorgen[434]. Für die Leistungen des Agenten zahlt der Prinzipal eine vertraglich festgelegte, vom Wert des Geschäfts abhängige Entlohnung an den Agenten. Übernimmt dieser nicht vertraglich festgelegte Tätigkeiten, so zahlt der Prinzipal hierfür extra[435].

---

[431] Vgl. zum Handelsvertreterstatus Karsten Schmidt: Handelsrecht, 5. Auflage, Köln 1999, S. 720 ff.

[432] Vgl. Karsten Schmidt: Handelsrecht, 5. Auflage, Köln 1999, S. 729 f.

[433] Vgl. *Standard Liner and General Agency Agreement*: "(1.02) The territory in which the Agent shall perform its duties under the Agreement shall be.............. hereinafter referred to as the "Territory". (1.04) The Agent undertakes not to accept the representation of other shipping companies nor to engage in NVOCC or such freight forwarding activities in the Territory, which are in direct competition to any of the Principal's transportation activities, without prior written consent, which shall not unreasonably be withheld. (1.05) The Principal undertakes not to appoint any other party in the Agent's Territory for the services defined in this Agreement."

[434] Vgl. *Standard Liner and General Agency Agreement*: "(4.02) To give full and timely information regarding the vessel's schedules, ports of call and line policy insofar as it affects the port and sales agency activities."

[435] Vgl. *Standard Liner and General Agency Agreement*: "(5.03) The remuneration specified in the schedule attached is in respect of the ordinary and anticipated duties of the Agent within the scope of this Agreement. Should the Agent be required to perform duties be-

Für Handelsvertreter gelten grundsätzlich die Regelungen der §§ 84 ff. HGB. Allerdings gilt nach § 92 c HGB für solche Handelsvertreter, die Schifffahrtsvertreter sind, die volle Vertragsfreiheit, d.h. die Regeln der §§ 84 ff. HGB sind vollkommen dispositiv. Gleiches gilt für inländische Handelsvertreter ausländischer Unternehmen. Auch sie dürfen die zwingenden Regeln der §§ 84 ff. HGB einzelvertraglich und über Allgemeine Geschäftsbedingungen abändern. Hierdurch wird sowohl den im Schifffahrtsbereich erprobten gewohnheitsrechtlichen Regelungen als auch den internationalen Geschäftsbeziehungen Rechnung getragen.

Als Handelsvertreter ist der Schiffsmakler somit Interessenvertreter eines Auftraggebers. Dieser hat deswegen Anspruch darauf, vom Beauftragten, also dem Makler, angemessen vertreten zu werden. Nach dem gesetzlichen Leitbild des Handelsvertreters als Interessenwahrer seines Auftraggebers sind deshalb vertragliche Pflichten gegenüber Dritten zu verneinen. Allerdings könnten Schiffsmakler als Handelsvertreter regelmäßig keine Einfirmenvertreter sein, wenn sie eine Vielzahl von Auftraggebern repräsentieren. Dies ist eine deutliche Abweichung vom gesetzlichen definierten Leitbild des Handelsvertreters. Analog zu den Ausführungen *Dewenters* im Falle des eine Vielzahl von Firmen vertretenden Reisebüros[436] könnte auch für Schiffsmakler in diesem Fall eine vertragliche Beziehung zwischen Schiffsmakler und der dritten Partei angenommen werden. Es gibt allerdings einen grundlegenden Unterschied: während das Reisebüro eine Vielzahl von Leistungsträgern mit konkurrierenden Angeboten vertritt, sind die vom Schiffsmakler repräsentierten Anbieter meist keine direkten Konkurrenten. Somit kann der Schiffsmakler kein unabhängiger Vermittler sein, denn in seinem Portfolio gibt es für die jeweils nachgefragten Verbindungen nur einen relevanten Anbieter. Die Überlegung, dass der Schiffsmakler eine eigenständige Vertragsbeziehung zur dritten Partei unterhalte, ist folglich abzulehnen. Der als Handelsvertreter auftretende Schiffsmakler ist für genau begrenzte Leistungen quasi Einfirmenvertreter und demnach Agent seines Auftraggebers.

5.3.2. Der Schiffsmakler als Handelsmakler

Ist ein Schiffsmakler von einem Auftraggeber nicht dauernd vertraglich beauftragt, erbringt er seine Leistungen als Handelsmakler im Sinne des § 93 HGB. Vom Zivilmakler unterscheidet er sich nicht nur durch die gewerbsmäßige Tätigkeit, sondern vor allem durch die Art der vermittelten Verträge. Denn Handelsmakler ist nur, wer Verträge über Kauf oder Verkauf von Waren, Wertpapieren, Versicherungen, Güterbeförderungen, Schiffsmiete oder sonstige Ge-

---

yond the scope of this Agreement then the terms on which the Agent may agree to perform such duties will be subject to express agreement between the parties."

[436] Vgl. Jörg Dewenter: die rechtliche Stellung des Reisebüros, Baden-Baden 2000, S. 37 f.

genstände des Handelsverkehrs vermittelt, d. h. nicht nur eine Vertragsabschlussmöglichkeit nachweist, sondern mit den Vertragsparteien in Verbindung tritt und dadurch zum Vertragsabschluss beiträgt[437]. Handelsmakler sind grundsätzlich selbständige Unternehmer.

In der rechtswissenschaftlichen Literatur wird betont, dass der Handelsmakler aufgrund überlegener Marktkenntnis bei spezialisierten beziehungsweise schwer überschaubaren Märkten es nicht nur den Marktteilnehmer ermögliche, überhaupt Vertragspartner zu finden, sondern auch entscheidend zur Markttransparenz beitrage und dadurch die Funktionsfähigkeit der Märkte verbessere. Dies wird auch als Grund gesehen, dass der Handelsmakler durch öffentlich-rechtliche Vorschriften besondere Aufgaben zugewiesen bekomme. Außerdem bestünden sowohl öffentlich-rechtliche als auch privatrechtliche Missbrauchsabwehrvorschriften, die nicht nur Individualschutzzwecken dienten[438].

Die im HGB festgelegte idealtypische Sichtweise des Handelsmaklers sieht diesen als neutralen und unabhängigen Vermittler, der für beide Parteien des Hauptvertrages tätig wird, es sei denn, dass die Parteien etwas anderes vereinbaren. Dies unterscheidet ihn vom Zivilmakler, der regelmäßig als Interessenvertreter einer Partei agiert. Dies zeigt sich schon direkt an den gesetzlichen Regeln: so verpflichtet § 94 HGB den Makler, beiden Parteien die Schlussnote zuzustellen. Nach § 98 HGB haftet der Handelsmakler beiden Parteien. Die beidseitige Interessenvertretung des Handelsmaklers zeigt sich vor allem in § 99 HGB, denn nach ihm kann der Handelsmakler die beim Abschluss des Hauptvertrages fällige Provision hälftig von beiden Vertragsparteien einfordern[439]. Ferner unterscheidet sich der Handelsmakler vom Zivilmakler durch seine Vermittlungsaufgabe: anders als der Zivilmakler kann der Handelsmakler niemals reiner Nachweismakler sein. In der Rechtswissenschaft wird dabei unter einer Vermittlungstätigkeit die letztendliche Einwirkung des Maklers auf den Vertragspartner, um diesen zum Vertragsabschluss zu bewegen, verstanden[440].

Allerdings ist diese idealisierte Sichtweise in der Wirklichkeit durchbrochen. Denn auch Handelsmakler können exklusiv für eine Partei tätig werden. In diesem Fall müssen sie dies nur eindeutig zu erkennen geben[441]. Demnach ist die in

---

437 Vgl. Klaus Hopt, in: Baumbach/Hopt: Handelsgesetzbuch, 31. Auflage, München 2003, § 93, Rn 13.

438 Vgl. Harald Herrmann, in: Ernst Heymann: Handelsgesetzbuch: Kommentar, Berlin 1995, vor § 93, Rn. 2.

439 Vgl. Gerrick von Hoyningen-Huene, in: Münchner Kommentar zum HGB, Band 1, München 1996, § 93, Rn. 48 ff.

440 Vgl. Gerrick von Hoyningen-Huene, in: Münchner Kommentar zum HGB, Band 1, München 1996, 93, Rn. 24 f.

441 Vgl. Karsten Schmidt: Handelsrecht, 5. Auflage, Köln 1999, S. 715.

der Schifffahrtsindustrie häufig anzutreffende Konstellation, dass beide Hauptvertragsparteien mit eigenem Makler agieren (*Owner's Broker* und *Charterer's Broker*), mit dem Handelsmaklerstatus vereinbar.

Ähnlich wie der Zivilmakler hat auch der Handelsmakler keine Tätigkeitspflicht und schuldet dem Auftraggeber auch keinen Erfolg. Insofern fehlt es an einer aus dem Maklervertrag ableitbaren Hauptpflicht. Wie der Zivilmakler kann jedoch auch der Handelsmakler einzelvertraglich eine stärkere Pflichtbindung vereinbaren. Dies kann entweder über den Alleinauftrag oder einen Maklerdienst- beziehungsweise –werkvertrag geschehen[442].

Der Handelsmakler hat Treue- und Interessenwahrnehmungspflichten gegenüber seinem Auftraggeber. Als genereller Maßstab werden dabei die allgemeinen mit der Tätigkeit eines Kaufmanns verbundenen Pflichten angelegt. So muss auch ein Handelsmakler die im § 347 HGB erwähnte Sorgfalt eines ordentlichen Kaufmanns walten lassen und nach § 346 HGB auf die im Handelsverkehr geltenden Gewohnheiten Rücksicht nehmen.

Die Nebenpflichten des Handelsmaklers sind erheblich strenger gestaltet als die des Zivilmaklers. Hier ist vor allem die Pflicht zur Rechtsberatung zu nennen, denn der Handelsmakler darf seinen Auftraggeber nicht nur rechtlich beraten, sondern Rechtsangelegenheiten erledigen, die mit seiner Tätigkeit unmittelbar in Zusammenhang stehen, selbst wenn es sich um schwierige Rechtsfragen dreht[443].

Der Handelsmakler hat Informations- und Beratungspflichten zu erfüllen. So muss der Handelsmakler nicht nur über Umstände, die den Auftraggeber positiv oder negativ beim Vertragsabschluss beeinflussen könnten, berichten. Er muss vielmehr den Auftraggeber auch sachkundig beraten[444]. Wie den Zivilmakler trifft auch den Handelsmakler keinerlei Erkundungs- oder Nachprüfungspflicht, es sei denn, dass er vertraglich eine Auskunftspflicht übernommen hat[445]. Somit muss der Handelsmakler den Auftraggeber nur über diejenigen Umstände aufklären, die ihm bekannt sind und die offenbar einer Aufklärung durch den Handelsmakler bedürfen. Die Aufklärung und Information durch den Handelsmakler

---

[442] Vgl. Gerrick von Hoyningen-Huene, in: Münchner Kommentar zum HGB, Band 1, München 1996, § 93, Rn. 35. Im Falle des Maklerdienst- beziehungsweise des Maklerwerkvertrages wird jedoch das Werkvertrags- und Geschäftsbesorgungsrecht angewandt, das Handelsmaklerrecht und die allgemeinen zivilrechtlichen Maklerregelungen kommen nur ergänzend zur Anwendung.

[443] Vgl. BGH, Urt. V. 8.7.1981 – IV a ZR 244/80, NJW 1981, S. 2685 f.

[444] Vgl. Klaus Hopt, in: Baumbach/Hopt: Handelsgesetzbuch, 31. Auflage, München 2003, § 93, Rn 27 mit weiteren Nachweisen.

[445] Vgl. BGH, Urt. v. 17.2.1982 – IV b ZR 657/80, NJW 1982, 1147.

muss dabei der Wahrheit entsprechen, sie muss vollständig und klar sein. Unrichtige Angaben sind zu berichtigen[446].

Aus den allgemeinen Treuepflichten des Handelsmaklers kann eine Verschwiegenheitspflicht abgeleitet werden. So darf er etwa keine für den Auftraggeber ungünstigen Tatsachen, so sie ihm von diesem mitgeteilt wurden, an die Gegenseite weitergeben[447]. Außerdem muss der Handelsmakler Interessenkonflikte offen legen. Sind diese unauflösbar, so ist die Maklertätigkeit einzustellen, es sei denn, dass der Auftraggeber eine Fortsetzung ausdrücklich wünscht.

Makler und Auftraggeber können vereinbaren, dass bei Streitigkeiten statt der ordentlichen Gerichtsbarkeit ein Schiedsgericht zuständig ist, das sich durch besondere Sachkunde auszeichnet[448]. In der Bundesrepublik Deutschland ist dies bei Schiffsmaklern jedoch in der Regel über die Allgemeinen Geschäftsbedingungen ausgeschlossen[449]. Somit werden Streitigkeiten zwischen den Parteien durch die ordentliche Gerichtsbarkeit entschieden.

Die Stellung des Handelsmaklers als unabhängiger Vermittler zwischen zwei Parteien verpflichtet ihn dazu, die Interessen beider Parteien wahrzunehmen. Trotzdem steht er regelmäßig nur zu seinem Auftraggeber in einem Vertragsverhältnis. Dem Geschäftsgegner des Auftraggebers ist er, außer im Falle des Doppelauftrags, nicht vertraglich verpflichtet[450]. Es besteht jedoch ein gesetzliches Schutzverhältnis, welches teilweise in den §§ 94 ff. HGB geregelt ist.

Im Falle des Doppelauftrags hat der Handelsmakler sowohl gegenüber dem Auftraggeber als auch gegenüber dem Geschäftsgegner des Auftraggebers vertragliche Pflichten. Zuallererst ist der Makler allen Parteien gegenüber zu strenger Unparteilichkeit verpflichtet. Dies bezieht sich bereits auf die Ausgestaltung des Maklervertrages. Er hat weiterhin alle Parteien unparteiisch über abschlussrelevante Umstände zu unterrichten[451]. Die Unterrichtungspflicht geht dabei so weit,

---

446 Vgl. Gerrick von Hoyningen-Huene, in: Münchner Kommentar zum HGB, Band 1, München 1996, § 93, Rn 56 f.

447 Vgl. Gerrick von Hoyningen-Huene, in: Münchner Kommentar zum HGB, Band 1, München 1996, § 93, Rn 59.

448 Vgl. Karsten Schmidt: Handelsrecht, 5. Auflage, Köln 1999, S. 717 mit weiteren Nachweisen.

449 Vgl. § 7 I der Allgemeinen Geschäftsbedingungen für Schiffsmakler und Schiffsagenten in der Bundesrepublik Deutschland es Zentralverbands Deutscher Schiffsmakler e.V.

450 Vgl. Klaus Hopt, in: Baumbach/Hopt: Handelsgesetzbuch, 31. Auflage, München 2003, § 93, Rn 24. Abweichend hiervon Gerrick von Hoyningen-Huene, in: Münchner Kommentar zum HGB, Band 1, München 1996, § 93, Rn 61, der dem Dritten eine vertragsähnliche Stellung gegenüber dem Handelsmakler zugesteht.

451 Vgl. Klaus Hopt, in: Baumbach/Hopt: Handelsgesetzbuch, 31. Auflage, München 2003, § 93, Rn 33.

dass die Schweigepflicht seinem Auftraggeber gegenüber zurücktritt. Er darf nicht in Preisverhandlungen eingreifen[452], sondern muss diese vollständig den Hauptvertragsparteien überlassen. Im Gegenzug ist die dritte Partei dem Makler gegenüber nach § 99 HGB provisionspflichtig. Sie hat dabei die Hälfte der Provisionslast zu tragen. Allerdings ist diese Regelung dispositiv, somit können die Parteien vertraglich jede andere Provisionsteilung festlegen.

Im Gegensatz zum Handelsmakler hat der Auftraggeber eine vertragliche Hauptpflicht, nämlich die Zahlung der fälligen Provision. Diese ist fällig, wenn das beabsichtigte Geschäft durch die Vermittlung des Handelsmaklers zustande kommt. Trotz der Provisionspflicht bleibt dem Auftraggeber die volle Abschlussfreiheit erhalten. Denn er kann beispielsweise sich selbst um den Geschäftsabschluss bemühen, günstigere als die angebotenen Geschäfte abschließen oder das vom Makler vermittelte Geschäft zurückweisen[453]. Für die Entstehung des Provisionsanspruchs ist es notwendig, dass der Handelsmakler wenigsten mitursächlich für den Geschäftsabschluss war[454]. Dies ist etwa dann nicht der Fall, wenn der Auftraggeber bereits Vorkenntnis über den Vertragsgegenstand erlangt hatte. Durch ein einzelvertraglich festgelegtes erfolgsunabhängiges Provisionsversprechen kann von dieser Voraussetzung abgewichen werden. Denn der Auftraggeber ist dann auch provisionspflichtig, wenn die Maklertätigkeit nicht ursächlich für den Vertragsabschluss war[455].

Die Maklerprovision wird regelmäßig vertraglich zwischen Auftraggeber und Handelsmakler festgesetzt. Geschieht dies nicht, so ist sie nach Taxe zu bemessen. Sollte dieses ebenfalls unmöglich sein, ist auf die Üblichkeit bei vergleichbaren Geschäften zurückzugreifen[456].

5.3.3. Ein Vergleich von Handelsmakler und Handelsvertreter

Vergleicht man die Handelsmakler und Handelsvertreter betreffenden gesetzlichen Regelungen, so erkennt man neben Gemeinsamkeiten als auch deutliche Unterschiede. Sowohl der Handelsmakler als auch der Handelsvertreter sind

---

452 Vgl. BGH, Urt. v. 25.10.1967 – VIII ZR 215/66, NJW 1968, S. 150

453 Vgl. Gerrick von Hoyningen-Huene, in: Münchner Kommentar zum HGB, Band 1, München 1996, § 93, Rn 65 f.

454 Vgl. Harald Herrmann, in: Ernst Heymann: Handelsgesetzbuch: Kommentar, Berlin 1995, § 93, Rn. 21.

455 Vgl. Gerrick von Hoyningen-Huene, in: Münchner Kommentar zum HGB, Band 1, München 1996, § 93, Rn 74, 78.

456 Vgl. Harald Herrmann, in: Ernst Heymann: Handelsgesetzbuch: Kommentar, Berlin 1995, § 93, Rn. 23. Vgl. auch Gerrick von Hoyningen-Huene, in: Münchner Kommentar zum HGB, Band 1, München 1996, § 93, Rn 81.

Vertragsvermittler. Beide tragen als Selbständige das wirtschaftliche Risiko. Sowohl Handelsmakler als auch Handelsvertreter können entweder nur für einen oder auch für mehrere Auftraggeber tätig werden. Die Unterschiede zwischen Handelsmakler und Handelsvertreter liegen vor allem in der verschieden ausgeprägten Unabhängigkeit: während der zwischen Auftraggeber und Handelsvertreter abgeschlossene Handelsvertretervertrag ein gegenseitiger Vertrag ist, der den Vertreter zum Tätigwerden verpflichtet, ist der zwischen Auftraggeber und Handelsmakler abgeschlossene Maklervertrag ein einseitiger Vertrag ohne Tätigkeitspflicht des Handelsmaklers[457].

Der Handelsvertreter kann nur für Unternehmer tätig werden und muss von diesen dauerhaft beauftragt sein. Handelsvertreter sind tätigkeitspflichtig. Der Auftraggeber ist weisungsberechtigt. Handelsmakler hingegen trifft keine Tätigkeitspflicht und sie sind weisungsungebunden. Auch werden sie nur einmalig, d. h. für eine spezielle Transaktion beauftragt. Trotzdem kann der Handelsmakler zu seinem Auftraggeber in einer dauerhaften Geschäftsbeziehung stehen. Die zwischen Auftraggeber und Handelsmakler vereinbarte Vertragsvermittlung umfasst aber immer nur eine Transaktion zur Zeit.

Ein Vergleich der wichtigen Informations- und Aufklärungspflichten von Handelsvertreter und Handelsmakler zeigt, dass es hier keine systematischen Unterschiede gibt. Sowohl Handelsvertreter als auch Handelsmakler müssen ihre Tätigkeit nach den Grundsätzen eines ordentlichen Kaufmanns ausüben und ihre Auftraggeber damit umfassend über alle transaktionsrelevanten Umstände unterrichten und aufklären.

Zusammenfassend lässt sich festhalten, dass vor allem das durch den Handelsvertretervertrag begründete Dauerschuldverhältnis und die daraus abgeleitete Tätigkeitspflicht des Handelsvertreters den grundlegenden Unterschied zwischen Handelsvertreter und Handelsmakler ausmacht. Die weiteren Pflichten von Makler und Vertreter sind bemerkenswert ähnlich.

5.4. Schiffsmakler und das Prinzipal-Agenten-Problem

Die Wahrscheinlichkeit opportunistischen Verhaltens in Prinzipal-Agent-Situationen steigt mit zunehmender Informationsasymmetrie zwischen den beteiligten Parteien und zunehmender Nichtüberprüfbarkeit der Qualität der Mittlerleistung. Dies gilt sowohl für die in der Prinzipal-Agenten-Literatur so bezeichneten Situationen mit versteckter Information, als auch solcher mit versteckten Handlungen. Im Falle der versteckten Handlungen kann der Prinzipal die Handlungen des Agenten nicht oder nicht zufriedenstellend beobachten und

457 Zur Abgrenzung von Handelsvertreter und Handelsmakler vgl. auch Walter Dehner: Das Verpflechtungsproblem im Maklerrecht, NJW 1993, S. 2225 f.

eröffnet ihm damit die Möglichkeit, den eigenen Nutzen und nicht den des Prinzipals zu maximieren. Im Falle von versteckter Information benutzt der Agent private, dem Prinzipal nicht bekannte Informationen zu seinem eigenen Vorteil.

Sowohl Reeder als auch Verlader verfügen nicht zwingend über weniger Fachwissen als die von ihnen beauftragten Schiffsmakler. Schiffsmakler haben jedoch den Vorteil des besseren Informationszugangs und des höheren Informationsstands. *Strandenes*[458] weist in diesem Zusammenhang darauf hin, dass Schiffsmakler in Marktanalysen investieren, um eine bessere Einschätzung der Marktsituation und Marktentwicklung zu bekommen. Durch persönlichen Kontakt mit Reedern und Verladern erlangen Schiffsmakler auch Hintergrundinformationen, Einschätzungen und Erwartungen, die sie besser in die Lage versetzen, die zukünftige Marktentwicklung einzuschätzen und den Markt besser zu verstehen[459]. Auch sind die Grenzerträge der Informationssammlung für sie höher als für Reeder und Verlader, da sie häufiger am Markt agieren. Ihre größere Erfahrung ermöglicht es ihnen, neue Informationen besser zu bewerten[460].

Dies alles legt nahe, dass versteckte Information auch im Verhältnis zwischen Makler und Auftraggeber wahrscheinlich ist. Auch versteckte Handlungen erschweren das Verhältnis zwischen Schiffsmakler und Auftraggeber. Denn der Auftraggeber kann nicht zuverlässig feststellen, was der Makler tatsächlich tut,

---

458 Vgl. Siri Pettersen Strandenes: The Shipbroking Function and Market Efficiency, International Journal of Maritime Economics, Vol. 2 (1), 2000, S. 17 ff.

459 Vgl. Siri Pettersen Strandenes: The Shipbroking Function and Market Efficiency, International Journal of Maritime Economics, Vol. 2 (1), 2000, S. 19. Dies ist auch der Vorteil von traditionellen Maklern im Vergleich zu elektronischen, anonymen Handelssystemen. Paula C. Albuquerque: The Traditional Brokers: What are their Chances in the Forex, Journal of Applied Economics, Vol. 6 (2), November 2003, S. 205 ff. zeigt jedoch am Beispiel der Devisenmärkte, dass elektronische Handelssysteme wegen geringerer Kosten, höherer Transaktionsgeschwindigkeit, größerer Transparenz und Anonymität Vorteile gegenüber den traditionellen Devisenmaklern haben. Der einzige Vorteil der traditionellen Makler liegt in der Informationsvermittlung, die jedoch von den Kunden nicht als wichtig eingeschätzt wird. Albuquerque folgert daraus, dass zukünftig die Aufgaben der traditionellen Makler von den elektronischen Handelssystemen übernommen werden. Dieser Argumentation kann im Zusammenhang mit Schiffsmaklern nur eingeschränkt gefolgt werden. Devisenhandel zeichnet sich dadurch aus, dass homogene Güter in hoher Frequenz gehandelt werden. Der potentielle Informationsvorteil des Maklers gegenüber dem Kunden beschränkt sich somit ausschließlich auf eine bessere Markteinschätzung, da der Makler auf die implizit oder explizit geäußerten Einschätzungen aller seiner Kunden zurückgreifen kann. Schiffsmakler haben hingegen nicht nur einen Informationsvorteil aufgrund besserer Markteinschätzung, sondern auch Produktkenntnis. Sie stehen zwar auch in Konkurrenz zu elektronischen Informations- und Maklersystemen, verglichen mit Devisenmaklern ist jedoch ihr Informationsvorsprung höher einzuschätzen.

460 Vgl. Siri Pettersen Strandenes: The Shipbroking Function and Market Efficiency, International Journal of Maritime Economics, Vol. 2 (1), 2000, S. 21 f.

um seine Aufgaben zu erfüllen. Allgemein kann damit opportunistisches Verhalten des Schiffsmaklers nicht ausgeschlossen werden. Im folgenden soll deshalb geprüft werden, ob marktbasierte Lösungen, wie Anreizbezahlungen oder Reputation das Prinzipal-Agenten-Problem zwischen Makler und den Hauptvertragsparteien auflösen können. Die Betrachtung beschränkt sich dabei auf diejenigen Angelegenheiten, die von Schiffsmaklern sowohl als Handelsmakler als auch als Handelsvertreter angeboten werden können. Dies ist die Vermittlung von Charter- oder Befrachtungsverträgen.

5.4.1. Anreizbezahlungen

5.4.1.1. Der Schiffsmakler als Interessenvertreter des Reeders

Linienagenten sind die Schiffsmakler, die als Handelsvertreter die Interessen des Reeders vertreten. Sie sind in die Vertriebsorganisation der Reedereien eingebunden und verkaufen demnach die Transportleistungen der Auftraggeber[461]. Sie handeln in fremdem Namen aber auf eigenes wirtschaftliches Risiko. Ist der Schiffsmakler nur einmalig vom Reeder beauftragt, vertritt er die Reederinteressen als Handelsmakler.

Reeder schalten Schiffsmakler ein, um den Vertrieb der eigenen Transportleistung gewinnmaximal zu erledigen. Sie sind interessiert an möglichst hohen Frachtraten, wenig ladungsfreier Zeit und voller Ausnutzung des Frachtraums. Gleichzeitig wählen sie den Schiffsmakler als Interessenvertreter, da sie sich von ihm verglichen mit dem Eigenvertrieb Kostenvorteile versprechen. Der Schiffsmakler erhält für die erfolgreiche Vertragsvermittlung eine wertabhängige Provisionszahlung. Damit sind für ihn *ceteris paribus* viele Verträge mit möglichst hohen Frachtraten gewinnmaximierend. Somit sind die Interessen des Auftraggebers und die des Agenten weitgehend identisch. Gleichzeitig hat der Agent jedoch Anreize, seine Anstrengung zu minimieren, um Kosten zu sparen. Dies ist wiederum nicht im Interesse des Auftraggebers.

In einem solchen Fall könnten Anreizbezahlungen die Interessengegensätze zwischen dem Reeder und dem Schiffsmakler auflösen. Das grundlegende Problem vieler Anreizbezahlungssysteme ist aber, das der Auftraggeber nur dann eine sinnvolle Entlohnungsstruktur entwickeln kann, wenn er die Nutzen- und Kostenfunktion des Agenten kennt und gleichzeitig das Ergebnis der Intermediärstätigkeit fehlerfrei beobachten kann. Dies ist bei vielen Prinzipal-Agenten-Situationen aber nicht möglich.

Handelsvertreter sind durch die gesetzlichen Informationspflichten zur Weitergabe von Informationen an den Auftraggeber gebunden. Dieser kann aufgrund

---

461 Vgl. Vereinigung Hamburger Schiffsmakler und Schiffsagenten (Hrsg.): 100 Jahre Vereinigung Hamburger Schiffsmakler und Schiffsagenten e.V., Bad Segeberg 1998, S. 7.

seines Fachwissens die Information richtig bewerten und Rückschlüsse auf die Tätigkeiten des Agenten, und damit dessen Anstrengung, ziehen. Dies gilt besonders für Auftraggeber die viele Transaktionen mit einer Anzahl unterschiedlicher Schiffsmakler durchführen. Denn systematisches Fehlverhalten eines Linienagenten kann durch den Vergleich der Leistungen mit denen anderer Interessenvertreter verglichen und Abweichungen festgestellt werden.

Das opportunistische Potential der Linienagenten wird auch durch die besondere Marktstruktur verringert. Im Gegensatz zu Reisebüros sind Linienagenten regelmäßig durch ein Gebietsmonopol ihres Handelsherren vor Konkurrenz geschützt und verpflichten sich im Gegenzug dazu, keine Konkurrenten des Handelsherrn zu vertreten[462]. Sie sind damit Einfirmenvertreter für genau umrissene Märkte. Das bei den Reisemittlern auftretende Problem, dass durch den Agenten die Verteilung der abzuschließenden Verträge auf die unterschiedlichen Prinzipale unmittelbar beeinflusst werden kann, besteht bei den Linienagenten nicht. Denn sie haben für eine gewünschte Transportleistung von A nach B nur genau ein vermittelbares Angebot.

Eine Überwachung des Linienagenten als Handelsvertreter durch den Reeder als Auftraggeber ist damit zu relativ niedrigen Kosten möglich. Es liegt im Interesse des Linienagenten, *ceteris paribus* seinen Gewinn zu maximieren. Bei gegebenen Kosten gelingt ihm dies durch den Abschluss vieler hochpreisiger Verträge, ein Ziel, das auch sein Auftraggeber verfolgt. Das opportunistische Potential des Linienagenten gegenüber seinem Auftraggeber ist bei linearen Anreizbezahlungen somit gering.

Als Handelsmakler tätige Schiffsmakler haben weniger beständige Kontakte zu Reedern als die als Linienagenten tätigen Schiffsmakler. Während letztere durch Verträge dauerhaft mit der Interessenwahrnehmung ihrer Auftraggeber betraut sind, vertreten erstere die Interessen des Reeders nur für jeweils eine Transaktion. Die Anreize sind für beide jedoch gleich: *ceteris paribus* sind viele Verträge mit möglichst hohen Frachtraten gewinnmaximierend. Gleichzeitig gilt auch für den als Handelsmakler tätigen Schiffsmakler seine Anstrengung zu minimieren, um Kosten zu sparen. Eine Anreizbezahlung ist ein geeignetes Instrument, um in einer solchen Situation die Interessen von Schiffsmakler und Auftraggeber einander anzugleichen.

Durch die jeweils nur für eine Transaktion geltende Beauftragung verfügt der Auftraggeber über weniger maklerspezifische Informationen[463] als im Fall der

---

[462] Vgl. Standard Liner and General Agency Agreement der Federation of National Associations of Ship Brokers and Agents, Punkt (1.02).

[463] Hierbei wird implizit angenommen, dass sich die Zahl der Transaktionen zwischen dem Auftraggeber und den einmalig bzw. dauernd beauftragten Schiffsmaklern unterscheidet. Die wiederholte Beauftragung ein und desselben Maklers für unterschiedliche Transaktionen ist somit kein Substitut für eine dauerhafte Beauftragung als Handelsvertreter.

dauernden Beauftragung. Während der Auftraggeber durch die lang dauernde vertragliche Bindung des Linienagenten bessere Informationen über dessen individuelles Verhalten hat, beginnt ein Auftraggeber bei nur einmaliger Beauftragung stets wieder „von Null". Demnach könnte es dem Auftraggeber schwerer fallen, ein passendes Anreizbezahlungsmodell zu entwickeln. Da der Auftraggeber jedoch regelmäßige, einmalige Transaktionen mit einer Vielzahl von Schiffsmaklern durchführt, verfügt er über Metainformationen und mag so zwar nicht treffend das Verhalten des fraglichen Schiffsmaklers beurteilen, kann aber das Verhalten von Schiffsmaklern allgemein bewerten. Dies sollte ihn in die Lage versetzen, zumindest diejenigen Verhaltensweisen zu berücksichtigen, die systematisch von einer großen Zahl von Schiffsmaklern an den Tag gelegt werden. Auch wenn Schiffsmakler als Handelsmakler agieren, sind ihre Auftraggeber in der Lage, eine opportunistisches Verhalten beschränkende Anreizbezahlung zu entwickeln. Lineare, transaktionswertabhängige Bezahlungen können folglich opportunistisches Verhalten von Schiffsmaklern beschränken.

5.4.1.2. Der Schiffsmakler als Interessenvertreter des Verladers

Verlader stellen vielfältige Anforderungen an die Qualität der nachgefragten Transportleistung. So spielen sowohl die Zuverlässigkeit als auch die Schnelligkeit des Seetransports eine wichtige Rolle bei der Auswahl des geeigneten Transporteurs. Bei gegebener Qualität möchten sie für den Transport der von ihnen zu verschiffenden Güter möglichst geringe Frachtraten zahlen. Wenn Verlader Schiffsmakler als ihre Interessenvertreter beschäftigen, sind letztere an möglichst hohen Frachtraten interessiert. Denn hohe Frachtraten sind wegen der mit der Höhe steigenden Provision für sie *ceteris paribus* gewinnmaximierend.

Eine einfache transaktionswertabhängige Provisionszahlung ist in diesem Fall ungeeignet, den Interessenkonflikt zwischen Verladern und Schiffsmaklern aufzulösen. Denn Schiffsmakler hätten bei qualitativ gleichwertigen aber unterschiedlich teuren Beförderungsmöglichkeiten *ceteris paribus* regelmäßig den Anreiz, den teureren Vertrag zu vermitteln. Dies widerspricht dem Interesse des Auftraggebers. Die bereits skizzierte Bezahlungsregel der *Reverse Commission* hingegen funktioniert. Denn sie ist so ausgestaltet, dass der Schiffsmakler seinen Gewinn durch die Vermittlung einer günstigen Transportmöglichkeit maximieren kann. Allerdings kann auch die *Reverse Commission* nicht sicherstellen, dass der Schiffsmakler den für den Verlader absolut günstigsten Vertrag vermittelt.

Um eine geeignete *Reverse Commission* zu entwickeln, bedarf es ausreichender Kenntnisse des Verladers, und zwar sowohl über die Marktsituation als auch über den Schiffsmakler. Die Verlader haben in der Regel genug Marktinformationen, um zumindest diesen Aspekt ausreichend zu berücksichtigen. Die Kenntnisse über den individuellen Schiffsmakler sind nicht immer vorhanden. Wie bereits im Zusammenhang mit den Reedern gezeigt wurde, spielt dieses fehlende Wissen über individuelle Charakteristika nur dann eine Rolle, wenn keine Lerneffekte bestehen. Dies ist regelmäßig dann der Fall, wenn nur selten Transaktionen getätigt werden. Da die Verlader aber häufig Kontakt zu Schiffsmaklern haben, können sie auf das individuelle Verhalten eines fraglichen Schiffsmaklers rückschließen. Dies ermöglicht ihnen, eine Bezahlungsregel zu entwickeln, die die Anreize von Verladern und Schiffsmakler zumindest teilweise in Übereinstimmung bringt.

5.4.1.3. Der Schiffsmakler als Interessenvertreter beider Hauptvertragsparteien

Nach dem gesetzlichen Leitbild des Handelsmaklers ist der Schiffsmakler regelmäßig Interessenvertreter sowohl des Reeders als auch des Verladers. Beide Parteien haben einander widersprechende Interessen: während der Reeder an möglichst hohen Frachtraten interessiert ist, sucht der Verlader bei vorgegebener Qualität eine möglichst günstige Beförderungsmöglichkeit seiner Güter. Durch eine an den Transaktionswert gekoppelte Provision hat der Schiffsmakler den Anreiz, möglichst hohe Frachtraten zu vereinbaren. Dies widerspricht den Interessen des Verladers. Eine *Reverse Commission* gibt dem Schiffsmakler Anreize, *ceteris paribus* einen Vertrag mit niedriger Frachtrate nachzuweisen. Anreizbezahlungen lösen folglich den Interessenkonflikt nicht auf.

Die Unvereinbarkeit einer an den Transaktionswert gebundenen Provision mit der beidseitigen Interessenvertretung ist in der Rechtsprechung bekannt. Dies zeigt sich in der Betonung, dass der für beide Vertragsparteien tätige Handelsmakler zu strenger Unparteilichkeit verpflichtet sei[464]. Dies bedeutet vor allem, dass der Makler nicht in die Preisverhandlungen zwischen den Geschäftspartnern eingreifen darf. Hiermit soll verhindert werden, dass der Makler eine Preissenkung blockiert. Mit dieser Konstruktion versucht die Rechtsprechung, die unglückliche, aus der Festschreibung von transaktionswertabhängiger Provisionszahlung und gesetzlich geforderter beidseitiger Interessenvertretung resultierende Situation aufzulösen. Dies gelingt allerdings nicht. Denn wie jeder Vertragsvermittler kann auch der Schiffsmakler an unterschiedlichen Zeitpunkten während der Vermittlungstätigkeit auf einen hohen Preis hinarbeiten. Dies sei anhand folgender Grafik verdeutlicht:

[464] Vgl. etwa Klaus Hopt, in: Baumbach/Hopt: Handelsgesetzbuch, 31. Auflage, München 2003, § 93, Rn. 33.

t:	**t+1:**	**t+2:**	**t+3:**	**t+4:**
Reeder bzw. Verlader kontaktieren Makler	Makler sucht nach Vertrags-partnern	Präsentation der Vertrags-partner	Vertragsver-handlungen	Vertrags-abschluss

Abbildung 5-3: Zeitliche Abfolge der Transaktion

Der Schiffsmakler kann nämlich sowohl zum Zeitpunkt *t*+2 als auch zum Zeitpunkt *t*+3 den letztendlichen Transaktionspreis beeinflussen. Offensichtlich ist dies beim späteren Zeitpunkt, da er während der Vertragsverhandlungen zwischen Reeder und Verlader aktiv auf die Preisgestaltung einwirken kann. Diese Einflussnahme soll folglich durch das Preisverhandlungsverbot der Rechtsprechung unterbunden werden. Indirekt hat der Schiffsmakler jedoch bereits zu den Zeitpunkten *t*+2 und eingeschränkt *t*+1 Möglichkeiten, den letztendlichen Transaktionswert in seinem Sinne zu beeinflussen. Durch die Suche und Präsentation teurer Beförderungsverträge schiebt der Schiffsmakler den Preis nach oben und benachteiligt so systematisch den an der Transaktion beteiligten Verlader. Die analoge Argumentation gilt auch im Fall der *Reverse Commission*: der Makler wird dann nur Beförderungsverträge mit niedrigen Frachtraten suchen und präsentieren. Benachteiligt wird folglich der Reeder. Es gibt also keine einfache Anreizbezahlung, die sowohl die Interessen des Reeders und die des Verladers mit denen des Maklers in Übereinstimmung bringt.

Das hier beschriebene Problem erwächst daraus, dass der Schiffsmakler als Agent zweier Prinzipale, nämlich des Reeders und des Verladers, deren unterschiedliche Interessen vertreten soll. Vergleichbar ist eine Situation, in der ein Prinzipal seinen Agenten mit der Ausführung mehrerer nichtkompatibler Aufgaben betraut. Eine eindimensionale, nur an einer Variable festgemachte Anreizbezahlung führt bei verschiedenen, einander widersprechenden Aufgaben zu unbefriedigenden Ergebnissen. Das Problem der Anreizbezahlung bei Mehrfachaktivitäten ist die Zahlung des Prinzipals an den Agenten so zu gestalten, dass alle Tätigkeiten des Agenten marginal gleich bezahlt werden. Denn nur dann ist sicher gestellt, dass sich der Agent nicht nur auf eine Tätigkeit konzentriert[465]. Folglich müsste eine Anreizbezahlung so gestaltet sein, dass sie sowohl die Interessen des Reeders als auch die des Verladers berücksichtigt. *Holmstrom* und

---

[465] Dies bezeichnet man als Equal Compensation Priciple. Vgl. hierzu auch Paul Milgrom und John Roberts: Economics, Organization, and Management, Englewood Cliffs 1992, S. 228 ff.

Milgrom[466] zeigen, dass es im Regelfall nicht sinnvoll ist, einem Agenten die Verantwortung für zwei einander widersprechende Aufgaben zu geben wenn diese auch getrennt von unterschiedlichen Agenten ausgeführt werden können. Dies leiten sie daraus ab, dass es kein Anreizbezahlungsschema gibt, dass die Aufgabenerfüllung durch einen Agenten vorteilhafter macht als die getrennte Aufgabenerfüllung durch zwei Agenten.

Zusammenfassend zeigt sich somit, dass im Falle der Interessenvertretung beider Geschäftspartner durch einen Schiffsmakler kein Anreizbezahlungsschema in der Lage ist, die Interessenkonflikte vollkommen aufzulösen.

5.4.2. Reputation

Der Markt für Schiffsmaklerdienstleistungen ist ein enger Markt mit relativ wenigen Marktteilnehmern. Durch die räumliche Konzentration der Schiffsmakler an wenigen weltweiten Standorten[467] und ihrer Zugehörigkeit zu den lokalen Schiffsmakler- und Schiffsagentenvereinigungen ist die Anonymität gering. Es kommt hinzu, dass Schiffsmakler und Schiffsagenten dauernd miteinander in Kontakt stehen. Dies ist bezeichnend für die Informations- und Kommunikationsstruktur dieses Marktes. *Pisanias* und *Willcocks* analysieren die Informationsstrukturen des Marktes für Schiffsmakler[468]. Ihre Erkenntnisse ermöglichen es, die Wirkung von Reputation auf das Verhalten von Schiffsmaklern und Linienagenten deutlich zu machen[469].

Nach *Pisanias* und *Willcocks* ist der Markt für Schiffsmaklerdienstleistungen vor allem ein Informationsnetzwerk[470]. Denn die Qualität und der Erfolg eines

---

466 Vgl. Bengt Holmstrom und Paul Milgrom: Multitask Principal-Agent Analyses: Incentive Contracts, Asset Ownership, and Job Design, Journal of Law, Economics, & Organization, Vol. 7 (1), 1991, S. 43 ff.

467 Vgl. etwa Lars Gorton, Rolf Ihre und Arne Sandevärn: Shipbroking and Chartering Practice, 4th Edition, London 1995, S. 32. Sie betonen, dass Schiffsmakler und Schiffsagenten vor allem in den großen Hafenstädten anzutreffen sind.

468 Vgl. Nikolaos Pisanias und Leslie Willcocks: Understanding slow Internet Adoption: ‚Infomediation‘ in Ship-broking Markets, Journal of Information Technology, Vol. 14, 1999, S. 399 ff.

469 Pisanias und Willcocks untersuchen allgemein den Markt für Vertragsvermittlung im Bereich der Schifffahrt. Diese Tätigkeiten fassen sie unter dem Begriff des *ship-broking* zusammen. Sie unterscheiden dabei nicht zwischen Schiffsmaklern im Sinne von Handelsmaklern und Schiffsagenten im Sinne von Handelsvertretern. Da die ausgeübten Tätigkeiten jedoch ökonomisch identisch sind und zwischen Schiffsmaklern und Schiffsagenten nur aufgrund juristischer Argumente unterschieden wird, gelten die von den Autoren erarbeiteten Ergebnisse sowohl für Schiffsmakler als auch für Schiffsagenten.

470 Vgl. ebenso Lars Gorton, Rolf Ihre und Arne Sandevärn: Shipbroking and Chartering Practice, 4th Edition, London 1995, S. 20 f.

Schiffsmaklers werde vor allem durch seinen Informationsstand bestimmt. Um die Informationen zu erhalten, bedienten sich die Schiffsmakler eines Netzwerkes aus unterschiedlichen Kontakten, welches auf der Basis von gegenseitigem Informationsaustausch funktioniere. Ein in diesem Netzwerk verankerter Schiffsmakler unterhalte dabei sowohl mit anderen Maklern als auch mit Reedern und Verladern direkte, dem Informationsaustausch dienende Kontakte. Die persönlichen Kontakte würden dabei auf jahrelangen Bekanntschaften und erfolgreicher Zusammenarbeit aufbauen und schließlich zu Vertrauen zwischen den interagierenden Parteien führen. Vertrauen mache sich vor allem auch an der vermuteten Befolgung der implizit und explizit vorhandenen Standesregeln fest. Verstöße von Schiffsmaklern gegen diese Standesregeln führten zu Stigmatisierung und Reputationsverlust. Dieser Reputationsverlust schlage sich anschließend in einer geringeren Zahl von Transaktionen mit diesem Makler nieder[471].

Geringere Reputation führt demnach zu weniger zukünftigen Transaktionen zwischen Schiffsmakler und anderen Marktteilnehmern. Dies macht den Schiffsmakler für andere Reeder und Verlader als Gesprächspartner unattraktiv. Folglich erhält er zukünftig weniger Informationen. Dies wiederum senkt seine Attraktivität weiter. Schließlich ist er soweit von marktrelevanter Information abgeschnitten, dass er nicht mehr sinnvoll Informationsasymmetrie zugunsten seines Auftraggebers abbauen kann. Der Schiffsmakler hat deshalb einen Anreiz, seine Reputation nicht zu verlieren.

Sollte der Schiffsmakler seine Reputation gegenüber anderen Marktteilnehmern verlieren und diese daraufhin weniger Transaktionen mit ihm durchführen, reicht es aus, dass andere Marktteilnehmer dieses wahrnehmen. Der Grund für die geringere Transaktionsfrequenz muss nicht bekannt sein. Die Marktteilnehmer werden die geringere Transaktionsfrequenz wahrnehmen, denn Schiffsmakler machen zumindest einen Teil der von ihnen getätigten bzw. vermittelten Transaktionen bekannt[472]. Folglich genügt es, die Reputation bei wenigen Marktteilnehmern zu verlieren. Solange der Beziehungsabbruch von anderen Parteien ausreichend gut beobachtet werden kann, braucht ein Informationsaustausch zwischen den Marktteilnehmer nicht stattzufinden, um opportunistisches Verhalten zu sanktionieren.

Die besondere Informationsstruktur des Marktes für schifffahrtsbezogene Vertragsvermittlung sowie die wiederholten Transaktionen zwischen Auftraggeber

---

[471] Vgl. Nikolaos Pisanias und Leslie Willcocks: Understanding slow Internet Adoption: ‚Infomediation' in Ship-broking Markets, Journal of Information Technology, Vol. 14, 1999, S. 399 ff.

[472] Lars Gorton, Rolf Ihre und Arne Sandevärn: Shipbroking and Chartering Practice, 4th Edition, London 1995, S. 20.

und Linienagent führen dazu, dass der Reputationsmechanismus den Agenten von systematischem opportunistischem Verhalten abhält.

5.4.3. Vertragliche Pflichten und Haftung

Für die Tätigkeiten der Schiffsmakler gibt es keine eigenen rechtlichen Regelungen, ein abgeschlossenes Schiffsmaklerrecht ist unbekannt. Vielmehr müssen die speziellen Rechte und Pflichten aus den allgemeinen Rechtsvorschriften entnommen werden[473]. Die Haftung des als Handelsmakler tätigen Schiffsmaklers wird aus den allgemeinen handelsrechtlichen Regeln nach § 93 ff. HGB abgeleitet. Er betreibt somit eine Maklertätigkeit wie andere auch, nur das sein Geschäftsgegenstand eben die Vermittlung von Verträgen über Schiffsmiete ist. Ist der Schiffsmakler dauernd durch einen Auftraggeber mit der Interessenwahrnehmung beauftragt, steht er zu diesem als Handelsvertreter in einem Dauerschuldverhältnis. Haftungsrechtliche Probleme, die von denen der üblichen Handelsmakler- und Handelsvertretertätigkeit abweichen, ergeben sich aus den Besonderheiten der Seeschifffahrt[474].

Die rechtliche Unterteilung der Tätigkeiten in Handelsmakler und Handelsvertreter verschleiert jedoch, dass der ökonomische Kern der Tätigkeiten gleich ist. Schiffsmakler und Schiffsagent betreiben also keine unterschiedlichen Geschäfte, ihr Unterschied ist vielmehr darin zu sehen, dass es sich um unterschiedliche Arten der Geschäftsbesorgung für ihren Auftraggeber handelt[475].

5.4.3.1. Handelsmakler

Eine Verletzung der vertraglichen Pflichten durch den Handelsmakler kann eine Schadensersatzpflicht zu Gunsten des Auftraggebers auslösen. Hier unterscheidet sich der Schiffsmakler als Handelsmakler nicht vom Zivilmakler. Zusätzlich kann nach § 98 HGB auch eine Haftung gegenüber der dritten Partei angezeigt sein. Es handelt sich dabei um eine gesetzliche Regelung mit vertraglicher

---

[473] Vgl. Gesa Bemm: Die Haftung des Schiffsmaklers, Transportrecht 1997, S. 7, Vgl. auch Karsten Schmidt und Andreas Blaschczok: Schiffsmaklerhaftung und Schiffsagentenhaftung im Spiegel der Rechtsprechung, Versicherungsrecht 1981, S. 393.

[474] Vgl. Gesa Bemm: Die Haftung des Schiffsmaklers, Transportrecht 1997, S 7.

[475] Vgl. Karsten Schmidt und Andreas Blaschczok: Schiffsmaklerhaftung und Schiffsagentenhaftung im Spiegel der Rechtsprechung, Versicherungsrecht 1981, S. 393. Diese Sichtweise ist in den Rechtswissenschaften nicht allgemein akzeptiert. Ablehnend für den Bereich der Schiffsmakler vgl. Gesa Bemm: Die Haftung des Schiffsmaklers, Transportrecht 1997, S 8: „Beide Tätigkeitsbereiche sind der Sache nach völlig unterschiedlich angelegt. Die Vermittlertätigkeit ist mit der Wahrung der Interessen des Reeders als Schiffsagent nicht vergleichbar."

Schutzwirkung zugunsten Dritter. Die Pflichtverletzung bezieht sich dabei besonders auf die Beratungs-, Aufklärungs-, Informations- und Verschwiegenheitspflichten nach § 93 HGB sowie die in den §§ 94 ff. HGB festgelegten besonderen Pflichten. Die Pflichtverletzung kann auch dann zur Haftung führen, wenn sie während einer erfolglosen Vermittlungstätigkeit begangen wurde[476]. Der Umfang der Haftung erstreckt sich sowohl auf das positive Vertragsinteresse, also das Erfüllungsinteresse, als auch auf das negative Vertragsinteresse, also den Ersatz des Vertrauensschadens. Dies bedeutet den Ersatz aller Nachteile einschließlich der Folgeschäden. Eine Haftung aus positiver Vertragsverletzung kommt bereits dann in Betracht, wenn der Makler zumindest leicht fahrlässig gehandelt hat. Denn an die allgemeinen Sorgfaltspflichten der Schiffsmakler werden erhöhte Anforderungen gestellt, da sie als Kaufleute den vergleichsweise strengeren Regeln des § 347 HGB unterliegen[477]. Dies ist etwa der Fall bei schuldhaften Verschweigen einer verkehrswesentlichen Eigenschaft, bei deren Kenntnis der Auftraggeber den vermittelten Vertrag nicht abgeschlossen hätte[478]. Bei einer schwerwiegenden Pflichtverletzung verwirkt der Schiffsmakler darüber hinaus seinen Maklerlohn nach § 654 BGB. Wie bereits dargelegt[479], hat der § 654 BGB Strafcharakter. Eine Haftung aus *culpa in contrahendo* ist schließlich dann angezeigt, wenn es an einem wirksamen Maklervertragsabschluss fehlt, der Handelsmakler aber besonderes persönliches Vertrauen in Anspruch nimmt und eine eigenes wirtschaftliches Interesse am Abschluss des Hauptvertrags hat.

5.4.3.2. Handelsvertreter

Als Handelsvertreter ist der Schiffsmakler verpflichtet, die Interessen seines Auftraggebers zu vertreten. Hierbei wird das Rechtsverhältnis zwischen Handelsvertreter und Handelsherrn durch den Handelsvertretervertrag geregelt. Kommt es zu einer pflichtwidrigen Vertragsverletzung, hat der Unternehmer die allgemeinen bürgerlich-rechtlichen Rechtsbehelfe, also etwa Anspruch auf Vertragserfüllung, Unterlassung, Rücktritt vom Vertrag und Schadensersatz. Die

---

476 Vgl. Harald Herrmann, in: Ernst Heymann: Handelsgesetzbuch: Kommentar, Berlin 1995, § 98, Rn. 1 sowie Gerrick von Hoyningen-Huene, in: Münchner Kommentar zum HGB, Band 1, München 1996, § 98, Rn 1.

477 Vgl. Klaus Hopt, in: Baumbach/Hopt: Handelsgesetzbuch, 31. Auflage, München 2003, § 93, Rn. 36.

478 Vgl. Gerrick von Hoyningen-Huene, in: Münchner Kommentar zum HGB, Band 1, München 1996, § 93, Rn. 62.

479 Vgl. die beim Immobilienmakler gemachten Ausführungen zum § 654 BGB auf S. 95 ff. dieser Arbeit

aus der positiven Vertragsverletzung erwachsende Haftung deckt den Ersatz aller Nachteile einschließlich etwaiger Folgeschäden.

Wenn die Pflichtverletzung einen wichtigen Grund darstellt, der eine weitere Geschäftsbeziehung zwischen Auftraggeber und Handelsvertreter unmöglich macht, ist der Auftraggeber auch zur fristlosen Vertragskündigung berechtigt. Als wichtige Kündigungsgründe gelten wesentliche, also vorsätzliche oder grob fahrlässige Vertragsverletzungen des Handelsvertreters, so etwa eine grob eigennützige Missachtung der Auftraggeberinteressen, Drohungen, betriebsinterne Informationen weiterzureichen oder offenes Abraten von Empfehlungen des Unternehmers. Auch Nichtbefolgung von berechtigten Weisungen des Unternehmers und zu Umsatzrückgang führende Pflichtvernachlässigungen (nicht aber ein bloßes Nachlassen des Handelsvertreters in seinen Bemühungen) sind wesentliche Vertragsverletzungen, die eine fristlose Kündigung des Handelsvertretervertrages durch den Auftraggeber rechtfertigen[480].

Eine Verletzung seiner Pflichten kann auch Folgen für den Provisionsanspruch des Handelsvertreters haben. So hat der Auftraggeber als Handelsherr ein Rückbehaltungsrecht der Provision, bei grob pflichtwidrigem Verhalten droht auch eine Verwirkung derselben. Dies ist jedoch nur selten zu beobachten. Der Nachweis, dass der Handelsvertreter die notwendige Sorgfalt eingehalten hat, liegt bei ihm[481].

Auch die Missachtung der vertraglichen und nachvertraglichen Verschwiegenheitspflicht führt zur Haftung aus Verletzung einer vertraglichen Nebenpflicht nach § 280 BGB. Daneben können Unterlassungs- und Beseitigungsansprüche bestehen. Der durch die verbotene Verwendung von Betriebsgeheimnissen erzielte Gewinn ist nach § 687 II BGB wieder an den Auftraggeber zurückzugeben[482].

5.4.3.3. Anwendung auf Schiffsmakler

Es stellt sich nun die Frage, wie die Rechtsprechung die allgemeinen, für alle Handelsmakler und Handelsvertreter geltenden Regeln konkret auf Schiffsmakler und Schiffsagenten anwendet. Denn nur dann kann eine Aussage getroffen werden, wo die tatsächlichen Haftungsrisiken für Schiffsmakler liegen bzw. welches Sorgfaltsniveau gefordert wird. *Schmidt* und *Blaschczok* analysieren beispielhaft die Rechtsprechung und zeigen so, wie die Rechtspraxis Schadens-

---

480 Vgl. Klaus Hopt: Handelsvertreterrecht, 3. Auflage, München 2003, § 89a, Rn. 17 f.

481 Vgl. Klaus Hopt: Handelsvertreterrecht, 3. Auflage, München 2003, § 86, Rn. 47.

482 Vgl. Klaus Hopt: Handelsvertreterrecht, 3. Auflage, München 2003, § 90, Rn 8.

ersatzhaftung wegen Verschulden und Vertragsrisiko aus stellvertretendem Handeln regelt[483].

Bei der Vermittlung von Verträgen über Schiffsmiete und Ladungsvermittlung ist vor allem der Aspekt der Haftung für Auskünfte wichtig. Denn Vermittlung bedeutet immer auch die Weitergabe von Informationen an die beteiligten Parteien. Eine Haftung für Auskünfte kommt vor allem dann in Frage, wenn der Schiffsmakler das geschuldete und erforderliche Sorgfaltsniveau verletzt. Die Rechtsprechung hat für Schiffsmakler unabhängig davon, ob sie in einem Dauerschuldverhältnis stehen oder einmalig beauftragt sind, eine Haftung gegenüber Dritten nicht ausgeschlossen. In einer Entscheidung des OLG Hamburg vom 26.02.1970 im so genannten *Pyritkonzentratfall* wurde zwar eine Haftung gegenüber Dritten aus *culpa in contrahendo* letztendlich verneint. Das Gericht betonte aber, dass eine Haftung gegenüber Dritten nicht grundsätzlich ausgeschlossen sei. Im konkreten Fall hatte ein in einem Dauerschuldverhältnis stehender Schiffsmakler als Agent des Verladers bei Verhandlungen über den Abschluss eines Frachtvertrages die Ladung ungenau als Pyrit bezeichnet, obwohl es sich genauer um Pyritkonzentrat handelte. Dieses gab während des Transports durch die Schiffsvibrationen Wasser ab und verrutschte schließlich, wodurch das Schiff Schlagseite bekam und mehrere Tage nicht einsetzbar war. Der Reeder klagte nun gegen den Schiffsmakler auf Schadensersatz wegen unzureichender Information über die Ladung. Eine Haftung des Schiffsmaklers wurde vom Gericht nur deshalb verneint, da die verwendete Bezeichnung üblich, die Gefährlichkeit von Pyritkonzentrat noch nicht allgemein bekannt war und es nur deswegen am Verschulden des Schiffsmakler fehlte[484].

Ein Schiffsmakler als Vertragsvermittler kann auch dann schadensersatzpflichtig aus *culpa in contrahendo* wegen Verletzung seiner Auskunftspflichten sein, wenn er es nach Vertragsschluss unterlässt, einem Verhandlungspartner wesentliche Informationen darüber zu geben, dass das vermittelte Geschäft voraussichtlich undurchführbar wird. Im fraglichen Fall[485] hatte die Klägerin einen Tanker gechartert und diesen weiterverchartert. Das Schiff sollte in Ägypten Rohöl übernehmen, das jedoch nicht geliefert wurde. Der vom Untercharterer eingesetzte, mit diesem in einem Dauerschuldverhältnis stehende Schiffsmakler teilte der Klägerin mit, dass es sich lediglich um eine kurzfristige Beladungsverzögerung handele und das Schiff daher warten solle. Gleichzeitig erhielt der Schiffsmakler Informationen, dass es sich doch um eine längerfristige Verzögerung handeln

---

483 Vgl. Karsten Schmidt und Andreas Blaschczok: Schiffsmaklerhaftung und Schiffsagentenhaftung im Spiegel der Rechtsprechung, Versicherungsrecht 1981, S. 393 ff.

484 Vgl. OLG Hamburg, Urt. V. 26.04.1970, Az: 6 U 118/69, Versicherungsrecht 1970, S. 517 f.

485 Vgl. BGH, Urt. V. 19.12.1977, Az: II ZR 164/76, NJW 1978, S. 1374 f.

würde. Dies teilte er der Klägerin jedoch nicht mit. Ihm war aber bekannt, dass bei der Klägerin durch die vergebliche Liegezeit erhebliche Kosten anfielen. Die Klägerin vertraute auf die vorherige Zusicherung des Schiffsmaklers und ließ das Schiff insgesamt 9 Tage in dem ägyptischen Hafen liegen um es dann wegen der ausbleibenden Ladung abzuziehen. Die Klägerin verklagte daraufhin den Schiffsmakler auf Schadensersatz. Der BGH entschied, dass der Schiffsmakler schadensersatzpflichtig aus *culpa in contrahendo* sei, da er gegenüber der Klägerin in besonderem Maße Vertrauen in eine ordnungsgemäße technische Geschäftsabwicklung erweckte. Das Gericht schlussfolgert daraus, dass dem Schiffsmakler gerade auch für die Zeit nach Vertragsabschluss eine Schutzpflicht erwachse. Der Umstand, dass es sich um die Pflichtverletzung eines selbst nicht am Vertrag beteiligten Dritten handele, stehe einer solchen Haftung nicht entgegen[486]. Obwohl regelmäßig der Geschäftsherr für die Verletzung vertraglicher Pflichten durch einen von ihm eingesetzten Handelsvertreter einzustehen hat, haftet im vorliegenden Fall der Schiffsmakler selbst.

Schiffsmakler können auch aus dem Recht der Stellvertretung zu Schadensersatz verpflichtet sein. Regelmäßig ist nur derjenige Stellvertreter nicht haftbar, der in fremdem Namen und mit Vertretungsmacht handelt. Wer nicht erkennbar in fremdem Namen handelt, handelt in eigenem Namen, selbst wenn die dritte Partei ihm Vertretungsmacht gegeben hat. Diese in den §§ 164 ff. des BGB geregelten Umstände sind gerade für Schiffsmakler wichtig, denn sie treten auch als Vertreter ihres Auftraggebers auf, ohne sofort dessen Namen zu offenbaren[487]. Damit stellt sich die Frage, ob dem Offenkundigkeitsprinzip[488] schon dadurch genügt wird, dass der Schiffsmakler lediglich erklärt, als Vertreter handeln zu wollen ohne den Vertretenen zu benennen[489]. So kann der Schiffsmakler ausdrücklich oder dem Anschein nach sichtbar machen, dass er als Vertreter auftreten will, den Vertretenen aber unbekannt lassen. Er kann aber auch dergestalt auftreten, dass sein Wille, in fremden Namen zu handeln, erst nachträglich erschlossen werden kann. Diese Probleme ergeben sich auch bei der Vermittlung von Charterverträgen durch die als Handelsmakler oder Handelsvertreter auftretenden Schiffsmakler.

Das Problem der Offenkundigkeit ergibt sich vor allem bei der Reisecharter. *Schmidt* und *Blaschczok* schildern den Fall eines Reedereiagenten, der von der

---

486 Vgl. BGH, Urt. V. 19.12.1977, Az: II ZR 164/76, NJW 1978, S. 1374 f., 1375.

487 Vgl. Rolf Ihre Gorton und Arne Sandevärn: Shipbroking and Chartering Practice, 4th Edition, London 1995, S. 31 f.

488 Vgl. Helmut Heinrichs, in: Palandt: Bürgerliches Gesetzbuch, 63. Auflage, München 2004, vor § 164, Rn. 2.

489 Vgl. Karsten Schmidt und Andreas Blaschczok: Schiffsmaklerhaftung und Schiffsagentenhaftung im Spiegel der Rechtsprechung, Versicherungsrecht 1981, S. 398.

Klägerin, die ein Schiff für eine Reise gechartert hatte, auf Zahlung von verauslagten Kosten verklagt wurde[490]. Die Klägerin konnte sich dabei nicht auf den Chartervertrag berufen, denn dieser war direkt zwischen Reederei und Klägerin abgeschlossen worden. Der Schiffsmakler hat somit den Vertrag ausschließlich vermittelt. Allerdings hatte der Schiffsmakler ein Garantieversprechen gegenüber der Klägerin abgegeben. In der Begründung des urteilenden Gerichts wird deutlich, dass der Schiffsmakler selbst als reiner Vertragsvermittler ohne Vertretungsabsicht in Anspruch genommen werden kann. Denn der Schiffsmakler-Prokurist hat nicht klar zu erkennen gegeben, dass das Garantieversprechen im Namen des Reeders abgegeben sein und damit den gegen diesen gerichteten Anspruch verstärken solle.

Offenkundigkeitsprobleme ergeben sich auch, wenn der Schiffsmakler als Vertreter des Verladers auftritt und mit dem Reeder Frachtverträge abschließt. Hierbei ist regelmäßig erkennbar, dass der Schiffsmakler als Vertreter einer dritten Partei auftritt deren Identität zum fraglichen Zeitpunkt noch nicht bekannt ist. Nach § 95 III HGB ist der als Handelsmakler tätige Schiffsmakler in diesem Fall dann in Anspruch zu nehmen, wenn der in Aussicht gestellte Vertragsabschluss scheitert oder gegen die vom Schiffsmakler schließlich bekannt gegebene dritte Partei begründete Einwendungen erhoben werden können. In einem solchen Fall kommt folglich das Geschäft mit dem Schiffsmakler selbst zustande. Der Schiffsmakler haftet demnach bei Nichterfüllung auf Schadensersatz wegen Nichterfüllung. Leistet er zu spät, haftet er für den Verzugsschaden. Da weiterhin keine Maklerleistung geliefert wurde, entfällt auch sein Provisionsanspruch[491]. Um die Eigenhaftung des Schiffsmaklers zu vermeiden, muss die Identität der vertretenen Partei innerhalb einer angemessenen Frist bekannt gegeben werden. Die angemessene Frist bestimmt sich dabei auch durch Handelsbrauch. Dieser besagt etwa in Hamburg, dass die Benennung alsbald vorzunehmen ist[492], wobei der Begriff „alsbald" bereits wieder Ermessenspielraum beinhaltet.

---

490 Vgl. Karsten Schmidt und Andreas Blaschczok: Schiffsmaklerhaftung und Schiffsagentenhaftung im Spiegel der Rechtsprechung, Versicherungsrecht 1981, S. 399 mit weiteren Nachweisen.

491 Vgl.. Klaus Hopt, in: Baumbach/Hopt: Handelsgesetzbuch, 31. Auflage, München 2003, § 95, Rn 3. Vgl. auch Karsten Schmidt und Andreas Blaschczok: Schiffsmaklerhaftung und Schiffsagentenhaftung im Spiegel der Rechtsprechung, Versicherungsrecht 1981, S. 399 f.

492 Vgl. Gesa Bemm: Die Haftung des Schiffsmaklers, Transportrecht 1997, S. 9 f.

5.4.4. Wirksamkeit der Haftungsregeln

Eine Analyse der Haftungsstrukturen bei Schiffsmaklern zeigt, dass besonders für als Handelsmakler tätige Schiffsmakler idealtypisch hohe Sorgfaltsanforderungen gelten. Da Handelsmakler bereits bei leichter Fahrlässigkeit für ihre Pflichtverletzungen haften, haben sie *ceteris paribus* einen stärkeren Anreiz sorgfältig zu handeln. Tatsächlich sind die Haftungspflichten der Schiffsmakler aber durch deren Allgemeine Geschäftsbedingungen eingeschränkt. Das Handelsrecht legt zwar im § 347 HGB die Sorgfaltspflichten eines ordentlichen Kaufmanns fest. Diese Regelungen sind aber in weiten Teilen dispositiv und können somit von den Parteien abbedungen werden. Dies kann auch durch die Verwendung Allgemeiner Geschäftsbedingungen geschehen. Die Ausgestaltung Allgemeiner Geschäftsbedingungen unterliegt den Regeln der §§ 307 ff. des BGB. Allgemein soll die die Allgemeinen Geschäftsbedingungen gestaltende Partei daran gehindert werden, durch Abbedingung dispositiven Rechts die Gegenseite unangemessen zu benachteiligen[493]. Werden Allgemeine Geschäftsbedingungen zwischen Kaufleuten verwendet, besteht mehr Gestaltungsspielraum, denn besondere, auf den Verbraucherschutz ausgelegte Regel finden keine Anwendung.

Im Zusammenhang mit Haftungsfragen sind die in den Allgemeinen Geschäftsbedingungen enthaltenen Freizeichnungsklauseln von besonderer Bedeutung. Mit ihnen kann sich der Verwender der Allgemeinen Geschäftsbedingungen sowohl von gewissen Pflichten befreien als auch den Haftungsumfang begrenzen. Grundsätzlich nicht abbedingbar ist aber die Haftung bei Vorsatz und grober Fahrlässigkeit. Ebenfalls nicht abbedingbar ist ein Haftungsausschluss, wenn eine wesentliche Vertragspflicht verletzt wird oder wenn der Verwender der Allgemeinen Geschäftsbedingungen in besonderer Weise Vertrauen für sich in Anspruch genommen hat[494].

Die vom *Zentralverband Deutscher Schiffsmakler* empfohlenen Allgemeinen Geschäftsbedingungen für Schiffsmakler und Schiffsagenten in der Bundesrepublik Deutschland greifen in § 3 sowohl auf eine Beschränkung der Sorgfaltspflichten als auch auf eine Haftungshöchstsumme zurück. Nach § 3 I der Allgemeinen Geschäftsbedingungen haften der Schiffsmakler und dessen Erfüllungsgehilfen dem Auftraggeber gegenüber für Schäden und Verluste lediglich, falls diese durch Vorsatz oder grobe Fahrlässigkeit entstanden sind. Die Haftungssumme ist auf rund € 25.000 beschränkt, es sei denn, dass der Schaden vorsätzlich oder grob fahrlässig vom Schiffsmakler selbst oder einem seiner leitenden

---

493 Vgl. Helmut Heinrichs, in: Palandt: Bürgerliches Gesetzbuch, 63. Auflage, München 2004, vor § 305, Rn. 8.

494 Vgl. Helmut Heinrichs, in: Palandt: Bürgerliches Gesetzbuch, 63. Auflage, München 2004, § 307, Rn. 45 ff.

Angestellten verursacht wurde oder wenn der Schaden durch die vorsätzliche oder grob fahrlässige Verletzung einer vertraglichen Hauptpflicht durch die Erfüllungsgehilfen des Schiffsmakler entstanden ist.

Auch bei den als Handelsvertretern auftretenden Schiffsmaklern ist das erforderliche Sorgfaltsniveau recht hoch angesetzt. Denn auch sie müssen nach der Sorgfalt eines ordentlichen Kaufmanns handeln. Hinzu kommen die vergleichsweise genau gesetzlich festgelegten Pflichten des Handelsvertreters gegenüber seinem Auftraggeber. All diese Regeln sind für als Schifffahrtsvertreter tätige Handelsvertreter frei abbedingbar. Insofern gelten auch für sie die obigen, im Zusammenhang mit den Allgemeine Geschäftsbedingungen gemachten Einschränkungen.

Ein Auftraggeber wird einer Schwächung der Haftungsposition jedoch nur dann zustimmen, wenn es andere Möglichkeiten gibt, ein Fehlverhalten des Handelsvertreters beziehungsweise Handelsmaklers wirksam zu beschränken. Denn nur wenn eine einzelvertragliche Regelung die Parteien in die Lage versetzt, das Vertragsrisiko besser zuzuweisen als die gesetzlich und über Allgemeine Geschäftsbedingungen definierten Standardregeln, wird eine solche Individualabsprache getroffen werden. Dies bedeutet folglich, dass ein Auftraggeber nur dann vom gesetzlichen Leitbild des Handelsvertreters beziehungsweise Handelsmaklers und dem darin festgelegten Haftungsschema abweichen wird, wenn eine Individualabsprache opportunistisches Verhalten besser beherrschen kann als die Standardregel. Um eine solche, das Verhältnis zwischen Schiffsmakler und Auftraggeber regelnde Individualabsprache zu entwerfen, bedarf es genauer Kenntnisse über den Markt, die Aufgaben und die Art und Weise der Aufgabenerfüllung des Schiffsmaklers. Da der Auftraggeber jedoch zum großen Teil über diese Kenntnisse verfügt, enge Märkte eine einfache Überprüfbarkeit der Schiffsmaklerleistungen erlauben, Abweichungen schnell zu erkennen sind und dadurch eine hohe Aufklärungswahrscheinlichkeit von Fehlverhalten erreicht werden kann, können einzelvertragliche Regelung zu einer besseren Risikozuweisung und damit weniger opportunistischem Verhalten führen als die Standardregel.

Zusammenfassend lässt sich damit erkennen, dass die Haftungsregeln sowohl für als Handelsmakler als auch für die als Handelsvertreter auftretenden Schiffsmakler geeignet sind, opportunistisches Verhalten wirksam zu begrenzen. Dies gilt trotz der Einschränkungen durch Allgemeine Geschäftsbedingungen. Ihre Wirksamkeit zeigt sich auch an der geringen Zahl der gerichtlich entschiedenen Streitigkeiten: offensichtlich sind auch die rechtlichen Regelungen *ex an-*

te in der Lage, opportunistisches Schiffsmaklerverhalten wirkungsvoll zu beschränken[495].

5.5. Zusammenfassung

Schiffsmakler vermitteln unter anderem Verträge über Schiffe und Ladungen zwischen Reedern und Verladern. Sie können dafür von ihren Auftraggebern entweder einmalig oder dauernd beauftragt sein. Die in einem Dauerschuldverhältnis stehenden Schiffsmakler üben die Tätigkeit als Handelsvertreter aus. Einmalig beauftragte Schiffsmakler sind Handelsmakler. Dieser rechtliche Unterschied impliziert verschiedene Typen von Schiffsmaklern. Aus ökonomischer Sicht ist dem nicht so: unabhängig von der rechtlichen Ausgestaltung des Schuldverhältnisses zwischen Makler und Auftraggeber üben alle Schiffsmakler die gleichen Aufgaben aus.

Der Markt für Schiffsmakler in Deutschland ist durch eine geringe Zahl von Marktteilnehmern charakterisiert. Reeder und Verlader als ihre Auftraggeber verfügen nicht zwingend über geringeres Fachwissen als die Schiffsmakler selbst. Schiffsmakler haben aber bessere Informationen über die augenblickliche Marktsituation, so dass ihre Einschaltung sowohl ein schnelleres als auch ein besseres *Matching* zwischen Anbietern und Nachfragern von Seetransportleistungen verspricht.

Der Informationsvorsprung der Schiffsmakler kann jedoch auch zu opportunistischem Verhalten führen. Falls Schiffsmakler Interessenvertreter einer Partei sind, kann eine Anreizbezahlung zwischen dieser und dem Schiffsmakler die Interessenunterschiede zumindest teilweise auflösen. Eine vom Transaktionswert abhängige Provisionszahlung löst weitgehend den Interessenkonflikt zwi-

---

495 Es könnte hier eingewandt werden, dass viele handelsrechtliche Streitigkeiten nicht von ordentlichen Gerichten, sondern von spezialisierten Schiedsgerichten entschieden werden. Denn nach §§ 1025 ff. ZPO können die Parteien vereinbaren, dass bei Streitigkeiten nicht ordentliche Gerichte, sondern Schiedsgerichte angerufen werden. Von Schiedsgerichten verspricht man sich nicht nur eine Beschleunigung der Entscheidung, sondern vor allem eine besondere Sachkunde der Entscheidenden. Gerade bei grenzüberschreitenden Rechtsfällen können Schiedsgerichte auch die Probleme von unterschiedlicher Rechtsauslegung und hohen Verfahrenskosten vermieden werden. Vgl. Karsten Schmidt: Handelsrecht, 5. Auflage, Köln 1999, S. 15 f. Allerdings ist nach § 7 I der Allgemeinen Geschäftsbedingungen des Zentralverbands Deutscher Schiffsmakler e.V. festgelegt, dass Streitigkeiten mit dem Schiffsmakler ausschließlich durch das für seinen gemäß Eintragung im Handelsregister zuständige ordentliche Gericht zu entscheiden sind. Ähnliche Regeln gibt es etwa auch für finnische Schiffsmakler, vgl. § 10 der *Standard General Conditions for Members of the Finnish Shipbrokers' Association*, Stand 13. Februar 2003. Die Allgemeinen Geschäftsbedingungen holländischer Schiffsmakler sehen hingegen eine Entscheidung durch Schiedsgerichte vor, vgl. § 32 der *General Conditions and Rules for Dutch Shipbrokers and Agents*, Stand 01. Dezember 1992.

schen Schiffsmakler und dem Reeder auf, da dieser an einer *ceteris paribus* höheren Charter- beziehungsweise Frachtrate interessiert ist. Eine als *Reverse Commission* ausgearbeitete Provisionszahlung ist geeignet, den Interessenkonflikt zwischen Schiffsmakler und Verladern weitgehend zu beseitigen. Ist der Schiffsmakler hingegen Interessenvertreter beider Parteien, kann eine Anreizbezahlung nicht gleichzeitig beide Interessengegensätze, also die zwischen Schiffsmakler und Reeder einerseits und zwischen Schiffsmakler und Verlader andererseits auflösen.

Durch die engen Märkte können sowohl Reeder als auch Verlader die Aktionen der Schiffsmakler relativ gut kontrollieren. Dies erklärt auch die Wirksamkeit von Reputation auf dem Markt für Schiffsmaklerleistungen.

Zusammenfassend lässt sich feststellen, dass Schiffsmakler vor allem eingesetzt werden, um Suchkosten zu senken. Asymmetrische Information und das mit ihr einhergehende opportunistische Verhalten scheint das geringere Problem zu sein. Das Zusammenspiel aus marktbasierten Instrumenten und rechtlichen Regeln ist geeignet, das opportunistische Verhalten der Schiffsmakler wirkungsvoll zu beschränken.

6. Die Regulierung von Vertragsmittlern: Rechtspolitische Empfehlungen

Im Laufe der vorhergehenden Kapitel wurden verschiedene Vertragsvermittler genauer untersucht, nämlich Wohnungs- und Immobilienmakler, Reisemittler und Schiffsmakler. Dabei lässt sich festhalten, dass unabhängig von den letztendlich ausgeübten Tätigkeiten die Vertragsvermittlung ihre Kernaufgabe darstellt. Die sich hierbei ergebenden Prinzipal-Agenten-Probleme sind für alle betrachteten Vertragsvermittler gleichartig: Informationsasymmetrien können zu opportunistischem Verhalten des Mittlers führen. Die in der Realität unterschiedlich starke Ausprägung des opportunistischen Verhaltens ist vor allem auf die jeweils verschiedene Informations-, Nachfrage- und Angebotsstruktur auf den betrachteten Märkten zurückzuführen. So ist der Markt für Immobilienmaklerdienstleistungen durch starke Informationsungleichheiten und hohe Marktintransparenz gekennzeichnet, während etwa der Markt für Schiffsmakler wenig Informationsasymmetrie und hohe Markttransparenz aufweist. Es kommt hinzu, dass Reputation und Anreizbezahlungen auf den verschiedenen Märkten unterschiedlich gut in der Lage sind, die Marktimperfektionen zu begrenzen.

Obwohl die drei betrachteten Mittler aus ökonomischer Sicht vergleichbare Tätigkeiten durchführen, unterliegen sie unterschiedlichen rechtlichen Regelungen. Die Wohnungs- und Immobilienmakler werden als Zivilmakler vor allem durch die §§ 652 ff. des Bürgerlichen Gesetzbuches reguliert. Ihre Pflichten gegenüber dem Kunden sind recht schwach ausgeprägt[496]. Allgemein ist der Zivilmakler durch ein besonderes Treueverhältnis an seinen Auftraggeber gebunden und hat dessen Interessen zu vertreten. Er ist seinem Auftraggeber gegenüber zu Auskunft verpflichtet und muss diesem alle ihm bekannten und für den Hauptvertragsabschluss wichtigen Umstände mitteilen. Eigene Nachforschungen muss der Zivilmakler aber nur in sehr begrenztem Umfang anstellen. Im Regelfall darf er von dritten Parteien erhaltene Informationen ungeprüft an den Auftraggeber weiterleiten. Der Zivilmakler hat gegenüber seinem Auftraggeber keine allgemeine Beratungspflicht. Die Pflichten des Maklers gegenüber der Hauptvertragspartei seines Auftraggebers gehen nicht über die allgemein gültigen, aus § 311 BGB abgeleiteten Sorgfaltsregeln hinaus[497]. Die Rechtsprechung legt den Sorgfaltsstandard gerade bei den als Wohnungs- und Immobilienmaklern arbeitenden Zivilmaklern recht niedrig fest. Denn eine Haftung setzt eine deutliche Pflichtverletzung voraus, eine einfache fahrlässige Verletzung der Sorgfaltspflichten ist nicht haftungsauslösend.

---

[496] Eine umfassendere Darstellung der Pflichten findet sich auf S. 81 ff. dieser Arbeit.

[497] Vgl. auch die Ausführungen zu Punkt 3.6. auf Seite 102 ff.

Im Gegensatz dazu haben Schiffsmakler als Handelsmakler weitgehende Informations- und Treuepflichten zu erfüllen[498]. Grundsätzlich obliegen Handelsmaklern bei all ihren Tätigkeiten die Sorgfalt eines ordentlichen Kaufmanns. Im Vergleich zum Zivilmakler gelten für den Handelsmakler strengere Informations- und Beratungspflichten. Denn er muss seinen Auftraggeber nicht nur über wichtige, den Hauptvertragsabschluss beeinflussende Umstände unterrichten, sondern ihn auch sachkundig beraten. Eine Erkundigungs- oder Nachprüfungspflicht trifft den Handelsmakler aber nicht. Die im gesetzlichen Leitbild verankerte Sichtweise des Handelsmaklers als unabhängigen Interessenvermittler zeigt sich vor allem dadurch, dass er grundsätzlich für beide Hauptvertragsparteien, also den Auftraggeber und dessen Vertragspartner, tätig wird. Diese Doppelmaklertätigkeit kann einzelvertraglich ausgeschlossen werden. Ansonsten gilt für den Handelsmakler eine strenge Unparteilichkeit. So muss er alle Parteien über die für sie abschlussrelevanten Umstände unterrichten und darf nicht in Preisverhandlungen eingreifen. Selbst wenn ein Handelsmakler kein Doppelmakler im Sinne des Gesetzes ist, steht er zur Hauptvertragspartei seines Auftraggebers in einem gesetzlichen, teilweise in §§ 94 ff. HGB geregeltem Schuldverhältnis mit vergleichbaren Sorgfalts- und Informationspflichten wie gegenüber seinem Auftraggeber. Eine Verletzung der vertraglichen Pflichten durch den Handelsmakler löst, wie auch beim Zivilmakler, eine Schadensersatzpflicht zugunsten des Auftraggebers aus. Nach den handelsgesetzlichen Regelungen ist der Makler auch gegenüber der dritten Partei schadensersatzpflichtig, wenn die in den §§ 93 ff. HGB festgelegten Beratungs-, Aufklärungs-, Informations- und Verschwiegenheitspflichten verletzt werden. Die Pflichtverletzung kann selbst dann zur Haftung führen, wenn sie während einer erfolglosen Vermittlungstätigkeit geschah.

Reisemittler sind in der Regel Handelsvertreter und deswegen direkt an die Interessen ihres Handelsherrn gebunden. Zusätzlich hat die Rechtsprechung umfassende Pflichten gegenüber dem Reisenden definiert. Aus dieser Situation ergibt sich ein komplexes Pflichten- und Haftungsgemenge[499]. Die Pflichten des Handelsvertreters gegenüber dem Handelsherrn sind regelmäßig im Agenturvertrag festgelegt. Im Vergleich mit Zivil- und Handelsmaklern ist der Handelsvertreter stärker an die Weisungen seines Handelsherrn gebunden. Er hat alle Erklärungen des Kunden an seinen Handelsherrn weiterzuleiten sowie Erklärungen des Handelsherrn an den Kunden weiterzureichen. Verstöße gegen die im Agenturvertrag festgelegten Pflichten des Handelsvertreters sind eine positive Vertragsverletzung und können nicht nur zu Schadensersatz, sondern auch zur außerordentlichen Vertragskündigung durch den Handelsherrn führen. Pflichten des Reisemittlers gegenüber dritten Parteien ergeben sich aus dem zwischen Mittler

498 Für die folgenden Ausführungen vgl. Punkt 5.3.2 auf S. 167 ff.

499 Vgl. die Darstellungen auf S. 142 ff. dieser Arbeit.

und Reisenden bestehenden Reisevermittlungsvertrag. Dieser legt umfassende Beratungspflichten des Reisemittlers fest. Pflichtverstöße führen zu Haftung aus positiver Vertragsverletzung. Der genaue Umfang der Beratungspflicht ist strittig. Die Rechtsprechung tendiert jedoch zu einer recht umfassenden Beratungspflicht, als Standard wird die Sorgfalt eines ordentlichen Kaufmanns angelegt.

Man erkennt, dass sich die verschiedenen Vertragsvermittler aus rechtlicher Sicht vor allem durch unterschiedlich stark ausgeprägte Informations- und Beratungspflichten, verschiedene Sorgfaltsstandards und uneinheitliche Haftung gegenüber dritten Parteien unterscheiden. In der Gesamtbetrachtung zeigt sich, dass der Zivilmakler die geringsten Sorgfaltspflichten gegenüber seinem Auftraggeber hat. Sowohl Handelsmakler als auch Handelsvertreter sehen sich strengeren Pflichten gegenüber. Auffallend ist auch, dass sowohl dem Handelsmakler als auch im speziellen Fall der Reisemittler dem Handelsvertreter recht weitgehende Sorgfaltspflichten gegenüber dritten Parteien auferlegt werden. Im Gegensatz hierzu sind die Pflichten des Zivilmaklers gegenüber dritten Parteien wenig ausgeprägt.

Im Laufe der Untersuchung wurde bereits gezeigt, dass entsprechend ausgestaltete rechtliche Regeln geeignet sein können, Opportunismus von Vertragsvermittlern zu beschränken. Somit sollten Vertragsvermittler mit hohem opportunistischem Potential *ceteris paribus* strengere Pflichten zu erfüllen haben als solche mit geringem opportunistischem Potential. Die Rechtswirklichkeit liefert jedoch ein anderes Bild: Vertragsvermittler mit wenig opportunistischem Potential unterliegen einer schärferen rechtlichen Regelung als solche mit hohem Potential. So sind Wohnungs- und Immobilienmakler auf einem Markt tätig, der sich durch Informationsasymmetrien, geringe Transaktionsfrequenzen und allgemein geringe Transparenz auszeichnet. Als Zivilmakler haben sie aber die geringsten rechtlichen Anforderungen zu erfüllen. Das Zusammenspiel aus der speziellen Marktsituation und den unzureichenden rechtlichen Regeln führt dazu, dass opportunistisches Verhalten von Wohnungs- und Immobilienmaklern nicht ausreichend wirkungsvoll verhindert werden kann. Schiffsmakler agieren auf einem Markt, der durch geringe Informationsasymmetrien, hohe Transaktionsfrequenzen und Markttransparenz gekennzeichnet ist. Wie im Laufe der Untersuchung gezeigt, ist opportunistisches Verhalten in einer solchen Situation durch marktbasierte Instrumente zu beherrschen. Zusätzlich unterliegen Schiffsmakler als Handelsmakler einer ausgeprägteren rechtlichen Kontrolle und haben verstärkte Informations-, Beratungs- und Sorgfaltspflichten. Die in der Regel als Handelsvertreter agierenden Reisemittler bewegen sich auf einem Markt mit recht großen Informationsasymmetrien aber vergleichsweise hoher Transaktionsfrequenz. In einem solchen Umfeld können marktbasierte Instrumente nur begrenzt opportunistisches Verhalten der Mittler beschränken. Die für Reisemittler geltenden rechtlichen Regeln können jedoch grob opportunistisches Verhalten der Mittler beschränken.

Vor diesem Hintergrund ist es sinnvoll, gesetzliche Regeln zu entwickeln, die sowohl mögliches opportunistisches Intermediärshandeln unterbinden als auch flexibel genug sind, auf die verschiedenen Vertragsvermittler angewandt zu werden. Ausgehend von der Erkenntnis, dass alle Vertragsvermittler letztendlich identische Aufgaben ausführen, sollten folglich auch alle Vertragsvermittler einheitlichen rechtlichen Regelungen unterliegen. Ob diese in Form eines einzigen Vertragsvermittlergesetzes festgelegt oder in die bereits jetzt bestehenden Gesetze eingearbeitet werden ist nebensächlich.

Nachfolgend wird untersucht, ob bisherige Reformbestrebungen zu verwertbaren Ideen geführt haben. Daran anschließend werden die Grundzüge einer Gesetzesreform dargestellt; Nebenpflichten von Auftraggeber und Mittler sollen dabei unberücksichtigt bleiben. Abschließend werden die Wirkungen des hier erarbeiteten Vorschlags verdeutlicht.

6.1. Reformbedarf und bisherige Reformbestrebungen

6.1.1. Zivilmakler

Der Reformbedarf des Maklerrechts ist auch in den Rechtswissenschaften anerkannt. Seit Ende der siebziger Jahre des 20. Jahrhunderts gibt es Bestrebungen, das bürgerlich-rechtliche Maklerrecht dem durch die Rechtsprechung fortentwickelten Ist-Zustand anzugleichen.

Ein erster Schritt der Reformbewegung stellte der im Jahr 1978 unter Federführung des Bundesministeriums der Justiz ausgearbeitete Referentenentwurf[500] dar. Sein erklärtes Ziel war die Anpassung des allgemeinen Maklervertragsrechts an die Rechtsentwicklung des Bürgerlichen Rechts und als Folge die Neufassung des Maklerrechts im BGB. Seine grundlegenden Inhalte waren das Prinzip der erfolgsabhängigen Provision, eine Neuregelung des Alleinauftrags, das Erfordernis der Schriftform, eine Verwirkung der Provision bei wirtschaftlicher Identität von Makler und Drittem sowie eine Herabsetzungsbefugnis bei unverhältnismäßig hohem Maklerlohn[501]. Er nahm in seiner Ausgestaltung sowohl den Maklern als auch den Auftraggebern Freiheiten der Vertragsgestaltung, vor

[500] Der Referentenentwurf mit dem Titel „Entwurf eines Gesetzes über finanzierte Rechtsgeschäfte sowie über Maklerverträge" ist teilweise abgedruckt in Jürgen G. Brandt: Kommt das neue Maklerrecht, Zeitschrift für Rechtspolitik, 1978, S. 157 ff.

[501] Vgl. Jürgen G. Brandt: Kommt das neue Maklerrecht, Zeitschrift für Rechtspolitik, 1978, S. 157 ff.

allem Abweichungen zu Lasten der Auftraggeber waren weitgehend unmöglich[502].

Die rechtswissenschaftliche Diskussion des Entwurfs war gespalten[503]. Besonders das Prinzip der zwingenden erfolgsabhängigen Provision wurde kritisiert. Da das Zivilrecht sowohl Verträge kenne, die die Bezahlung an der Dienstleistung festmachen als auch solche, die sie an den Erfolg koppeln, sei sorgfältig zu prüfen, ob die Festschreibung auf die erfolgsabhängige Bezahlung sinnvoll sei. Während einige Stimmen die zwingende Festschreibung der erfolgsabhängigen Provision mit der Begründung ablehnen, das sie den Bedürfnissen des Rechtsverkehrs nicht gerecht werde, begrüßen andere Autoren die Bestimmung, da ein erfolgsunabhängiges Honorar schon deshalb „unvernünftig" sei, da der Auftraggeber nicht wisse, ob der eigentliche Hauptvertrag zustande komme und so die Gefahr bestehe, für etwas zu zahlen, das kein Ergebnis bringe.

Der Referentenentwurf aus dem Jahre 1978 wurde im Jahre 1979 weitgehend unverändert als Regierungsentwurf[504] übernommen. Dieser unterschied sich vom Referentenentwurf vor allem darin, dass eine teilweise erfolgsunabhängige Maklerentlohnung zwischen den Parteien vereinbart werden konnte, und zwar für diejenigen Leistungen, die nicht unmittelbar mit der eigentlichen Maklertätigkeit zusammenhängen. Diese Leistungen müssen für den Auftraggeber so wichtig sein, dass er sie auch ohne das Zustandekommen des Hauptvertrages bezogen hätte. Die erfolgsunabhängige Bezahlung darf jedoch nicht als Belohnung für außergewöhnliche Anstrengung bei Nachweis oder Vermittlung gezahlt werden[505]. Das Gesetzgebungsverfahren kam in der 8. Legislaturperiode nicht zum Abschluss, so dass das Maklerrecht weiterhin unverändert blieb.

1982 wurde ein weiterer Gesetzesvorschlag zur Änderung des Maklerrechts eingebracht[506]. Nach der Regierungsübernahme durch die christlich-liberale Koalition im Jahre 1983 wurde der Entwurf unverändert übernommen, ist allerdings

---

502 Vgl. Peter Gilles: Verbraucherpolitische Vertragsrechtsreformen im Bürgerlichen Gesetzbuch: Zu dem Gesetzentwurf über finanzierte Rechtsgeschäfte und Maklerverträge, Zeitschrift für Rechtspolitik 1979, S. 265 ff.

503 Für eine Zusammenfassung der Diskussion vgl. Kyra Seidenberg: Die notwendige Neuordnung des Wohnungs- und Immobilienmaklerrechts und seine Integration in das BGB, Frankfurt 2000, S. 217 ff. Die folgenden Ausführungen basieren auf ihrer Darstellung. Vgl. auch Klaus Tonner: Zur Neuordnung des Maklerrechts im BGB, Zeitschrift für Miet- und Raumrecht, 1979, S. 1 ff.

504 Vgl. Bundestagsdrucksache 8/3212 vom 27.09.79.

505 Vgl. Kyra Seidenberg: Die notwendige Neuordnung des Wohnungs- und Immobilienmaklerrechts und seine Integration in das BGB, Frankfurt 2000, S. 214 f.

506 Vgl. „Entwurf eines Gesetzes über Maklerverträge", Bundestagsdrucksache 9/1633 vom 07.05.1982.

nie verabschiedet worden. Ziel des *Entwurfs eines Gesetzes über Maklerverträge* war die Überarbeitung des gesamten Achten Titels über den Maklervertrag des Bürgerlichen Gesetzbuches[507]. Das allgemeine Maklervertragsrecht sollte an die seit Inkrafttreten des BGB stattgefundene Rechtsentwicklung angepasst und die zivilrechtlichen Teile des Wohnungsvermittlungsgesetzes in das Bürgerliche Gesetzbuch überführt werden. Außerdem war damit eine Neuregelung der Darlehens- sowie der Ehevermittlung und der Eheanbahnung verbunden.

Ebenso wie die früheren Entwürfe schreibt auch der Regierungsentwurf von 1982 eine erfolgsabhängige Provisionsbezahlung des Maklers fest. In Anlehnung an den Vorgängerentwurf wird dem Auftraggeber das Recht zugestanden, mit dem Makler eine erfolgsunabhängige Bezahlung oder einen Kostenersatz für diejenigen Leistungen zu vereinbaren, die von der eigentlichen Nachweis- und Vermittlungstätigkeit des Maklers losgelöst und deren Erbringung vom Zustandekommen des Hauptvertrags unabhängig sind. Der in der Praxis weit verbreitete Alleinauftrag wird gesetzlich geregelt. Der Makler wird zum Tätigwerden verpflichtet. Der Auftraggeber darf keine weiteren Makler hinzu ziehen, ist jedoch nicht am Vertragsabschluss mit Dritten ohne die Einschaltung eines Maklers gehindert.

Der Entwurf wurde in der rechtswissenschaftlichen Literatur ausgiebig diskutiert[508]. Neben den Meinungen, dass das neue Maklerrecht den Prinzipien des Bürgerlichen Gesetzbuches widerspräche, da es die Vertrags- und Formfreiheit einschränke und zu einer Aufblähung des BGB führe, bemängelten andere Autoren besonders die ungleich ausgeprägte Schutzintensität des Gesetzes. So sei etwa der einen Makler einschaltende Immobilienanbieter zu stark, der Immobiliennachfrager hingegen zu schwach geschützt. Deshalb solle eine Unterscheidung danach vorgenommen werden, ob der Maklervertrag von einem Anbieter oder einem Nachfrager abgeschlossen werde. Der erfolgsabhängigen Bezahlung wird weitgehend zugestimmt, nur ausnahmsweise sei die Möglichkeit einer erfolgsunabhängigen Vergütung gefordert.

Nach längerer Pause wurde in der rechtswissenschaftlichen Literatur vor einiger Zeit erneut die Vereinfachung und Vereinheitlichung des Rechts der Immobi-

---

507 Vgl. Kyra Seidenberg: Die notwendige Neuordnung des Wohnungs- und Immobilienmaklerrechts und seine Integration in das BGB, Frankfurt 2000, S. 227 ff.

508 Vgl. etwa Ernst Wolf: Kein Abschied vom BGB, Zeitschrift für Rechtspolitik 1982, S. 1 ff., der sich vehement gegen jedwede Änderung des Systems des BGB ausspricht. Für eine unmittelbare Diskussion des Gesetzesentwurfes vgl. etwa Klaus Tonner: Die Reform des Maklervertragsrechts, Betriebsberater 1984, S. 241 ff. oder Dieter Reuter, in: Staudingers Kommentar zum Bürgerlichen Gesetzbuch, 13. Auflage, Berlin 1995, § 652, Rn. 220. Ein Abriss der Diskussion findet sich in Kyra Seidenberg: Die notwendige Neuordnung des Wohnungs- und Immobilienmaklerrechts und seine Integration in das BGB, Frankfurt 2000, S. 233 ff.

lienmakler gefordert. Exemplarisch sei hier die Arbeit von *Seidenberg*[509] genannt, die versucht, die gegenwärtig lückenhafte Regelung des Immobilienmaklerrechts zusammenzufassen, zu systematisieren und schließlich einen eigenen Regulierungsvorschlag zu entwickeln. Analog zur gesetzgeberischen Initiative des Jahres 1982 fordert *Seidenberg*, dass die Provisionsverpflichtung bei Mängeln des Hauptvertrages wegfällt, die Verträge grundsätzlich schriftlich abgeschlossen und die Informationspflichten des Maklers verstärkt werden müssen. Außerdem sei die Doppeltätigkeit des Maklers neu zu regeln sowie ein Erfolgshonorar festzuschreiben[510].

Wie bei allen vorhergehend erörterten Vorschlägen soll auch hier eine Angleichung des bürgerlich-rechtlichen Maklerrechts an den durch die Rechtsprechung definierten Ist-Zustand stattfinden und der Auftrageber vor ungerechtfertigten wirtschaftlichen Belastungen geschützt werden[511]. Durch die geforderte Schriftform ist ein stillschweigender Abschluss des Maklervertrags nicht möglich. *Seidenberg* sieht darin eine wichtige Klarstellungs- und Warnfunktion. Denn der Auftraggeber solle prüfen können, auf welche vertraglichen Pflichten und Provisionszahlungen er sich einlasse[512]. Die im Vorschlag *Seidenbergs* dezidiert eingeführten Informationspflichten des Maklers sehen vor, dass er dem Auftraggeber alle ihm bekannten und für den Abschluss des Hauptvertrags relevanten Informationen mitteilen muss. Gleichzeitig wird betont, dass „diese Sorgfaltspflichten ... jedoch nicht überspannt werden“[513] dürfen. Eine Doppeltätigkeit des Maklers bleibt grundsätzlich untersagt, es sei denn, dass beide Parteien damit einverstanden sind. Als Doppelmakler ist der Makler beiden Parteien verpflichtet. Er muss sie gleich behandeln. Eine Auskunft über Preisfragen ist ihm gesetzlich untersagt. Wird der Makler ohne Einverständnis für beide Parteien tätig, verfällt sein Provisionsanspruch[514]. Der Maklerlohn ist erfolgsabhängig. Die Provisionspflicht des Auftraggebers entsteht nur dann, wenn die Maklerdienstleistung für den Abschluss des Hauptvertrags ursächlich war.

---

509 Vgl. Kyra Seidenberg: Die notwendige Neuordnung des Wohnungs- und Immobilienmaklerrechts und seine Integration in das BGB, Frankfurt 2000.

510 Vgl. Kyra Seidenberg: Die notwendige Neuordnung des Wohnungs- und Immobilienmaklerrechts und seine Integration in das BGB, Frankfurt 2000, S. 241 ff.

511 Vgl. Kyra Seidenberg: Die notwendige Neuordnung des Wohnungs- und Immobilienmaklerrechts und seine Integration in das BGB, Frankfurt 2000, S. 241.

512 Vgl. Kyra Seidenberg: Die notwendige Neuordnung des Wohnungs- und Immobilienmaklerrechts und seine Integration in das BGB, Frankfurt 2000, S. 252.

513 Vgl. Kyra Seidenberg: Die notwendige Neuordnung des Wohnungs- und Immobilienmaklerrechts und seine Integration in das BGB, Frankfurt 2000, S. 252.

514 Vgl. Kyra Seidenberg: Die notwendige Neuordnung des Wohnungs- und Immobilienmaklerrechts und seine Integration in das BGB, Frankfurt 2000, S. 255 f.

Alle vorstehend dargestellten Reformentwürfe bewegen sich weitgehend im Rahmen der gegenwärtigen zivilrechtlichen Regeln zum Maklervertrag. Sie versuchen, diese in Gebieten zu ergänzen, in denen die Rechtsprechung auf offensichtliche Probleme reagiert hat, eine gesetzliche Kodifizierung aber noch fehlt. Es wird jedoch nicht versucht, das bürgerlich-rechtliche Maklerrecht zu einem allgemeinen Recht der Vertragsvermittler umzugestalten.

6.1.2. Handelsmakler und Handelsvertreter

Im Gegensatz zur durch offensichtliche Missstände hervorgerufenen Reformdiskussion über das bürgerlich-rechtliche Maklerrecht gab es keine grundlegende Diskussion über die handelsrechtlichen, die Handelsmakler und Handelsvertreter als Kaufmannsgehilfen betreffenden Regelungen. Die durchgeführten Reformen sind fortlaufender Natur. Gesetzesänderungen wurden bereits vielfach durchgeführt[515].

Beschränkt man die Betrachtung jedoch nur auf das Handelsgesetzbuch, besteht die Gefahr, nicht alle wichtigen Änderungen wahrzunehmen. Denn das HGB regelt die grundlegende Struktur und wird in vielen Gebieten durch Spezialgesetzgebung ergänzt. Dies gilt auch für einzelne Bereiche handelsrechtlicher Vertragsvermittlung. Hier sind beispielsweise die die Börsenmakler betreffenden Regelungen des Wertpapierhandelsgesetzes (WpHG) und des Börsengesetzes (BörsG) sowie Versicherungsvermittler betreffende Sonderregeln zu nennen. Während also Änderungen des bürgerlich-rechtlichen Maklerrechts bis jetzt noch nicht durchgeführt wurden, ist das Recht der Handelsmakler und der Handelsvertreter in einem ständigen gesetzgeberischen Entwicklungsprozess.

6.2. Anforderungen an eine gesetzliche Regelung

Zur Zeit sind die einschlägigen, die Vertragsvermittler betreffenden Regeln sowohl im Zivil- als auch im Handelsrecht zu finden. So wird zwischen Zivil- und Handelsmaklern mit jeweilig verschiedenen Pflichten unterschieden. Aus wirtschaftswissenschaftlicher Sicht ist dies nicht nachzuvollziehen. Denn alle betrachteten Vertragsvermittler üben die gleiche Aufgabe aus, nämlich eine Informationsvermittlung zwischen Parteien, die diese zum Abschluss eines Vertrages befähigen soll. Der Informationsnachteil zwischen den Parteien ist unabhängig von der gegenwärtigen rechtlichen Qualifizierung systematisch gleichartig. Es ist zumindest bei einer Partei zuwenig Information vorhanden, um einen Vertragspartner zu finden oder die Suche nach einem Partner wird so teuer, dass die Transaktionskosten die Tauschgewinne übersteigen. Vertragsvermittler als In-

---

515 Vgl. Klaus Hopt, in: Baumbach/Hopt, Handelsgesetzbuch, 31. Auflage, München 2003, Einl. v. § 1, Rn. 13 f.

formationsintermediäre bauen diese Informationsasymmetrie ab oder senken die Transaktionskosten. Eine Regulierung von Vertragsmittlern muss sicherstellen, dass falsche Informationen korrigiert, Informationshemmnisse abgebaut und zusätzliche Informationen gegeben werden[516]. Gleichzeitig muss verhindert werden, dass Vertragsvermittler ihren Informationsvorsprung opportunistisch ausnutzen.

6.2.1. Die Informationsfunktion

Die von Vertragsvermittlern bereitgestellte Leistung ist Information, die von den Hauptvertragsparteien zum Vertragsabschluss genutzt werden kann. So lange sie nicht vom Informationsbesitzer weitergegeben wird, ist sie ein privates Gut, das nur von ihm konsumiert werden kann. Entscheidet er sich, die Information an andere Parteien weiter zu geben, ist deren Konsum nicht rival. Ein „Satz Information" kann also beliebig viele Personen versorgen. Es ist deshalb nicht nötig, dass identische Information von mehreren Parteien gesammelt wird, wenn ein Informationsaustausch zwischen ihnen möglich ist. Eine mehrfache Informationssammlung ist vielmehr eine Verschwendung.

Für eine Neuordnung des Rechts der Vertragsvermittler ist es demnach wichtig, einerseits Informationssammlung und –verbreitung durch den Vertragsvermittler sicherzustellen, andererseits eine mehrfache Informationssammlung zu vermeiden.

Es stellt sich nun die Frage, welche institutionellen Arrangements geeignet sind, die effiziente Informationssammelstruktur sicherzustellen. Grundsätzlich können drei Situationen unterschieden werden. Entweder sind beide potentiellen Vertragsparteien informiert, nur eine Vertragspartei ist informiert oder beide Parteien sind uninformiert. Falls beide Seiten informiert sind, bedarf es keiner weiteren Informationssammlung, um den Parteien eine wohl informierte Entscheidung zu ermöglichen. Da sie bereits über alle wesentlichen Informationen verfügen, wird keine Seite einen Vertragsvermittler einführen. Ist eine Seite uninformiert, wird sie weitere Informationen sammeln. Dies kann sie entweder selbst tun oder einem von ihr eingeschaltetem Intermediär überlassen. Sind beide Seiten uninformiert, werden beide an zusätzlichen Informationen interessiert sein. Sie könnten jeweils einen Informationsintermediär beauftragen. Damit würde jedoch zumindest ein Teil der Informationen redundant gesammelt werden. Die Lösung hierfür ist ein Intermediär, der beide Seiten mit Informationen versorgt.

---

516 Vgl. Howard Beales, Richard Craswell und Steven C. Salop: The Efficient Regulation of Consumer Information, Journal of Law and Economics, Vol. 24 (3), December 1981, S. 491 ff.

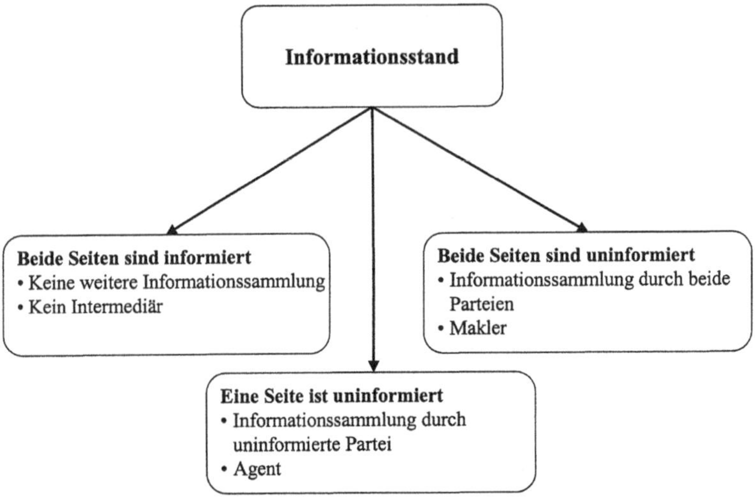

Abbildung 6-1: Informationsstände und Intermediärseinschaltung

Die gegenwärtigen rechtlichen Regeln weisen den beteiligten Vertragsmittlern die Agenten- bzw. Maklerstellung willkürlich zu. So ist beispielsweise nicht einzusehen, warum Immobilienmakler vom Gesetz in eine Agentenrolle gepresst werden, obwohl, wie gezeigt, aufgrund der zweiseitigen Informationsasymmetrie eine Maklerstellung angezeigt wäre. Ähnlich verhält es sich mit den Reisemittlern. Sie sind in der Regel Handelsvertreter, also Agenten des Leistungsträgers. Die Rechtsprechung bringt sie in eine maklerähnliche Stellung. Angezeigt wäre hingegen eine Agentenstellung als Vertreter des Reisenden, denn dieser ist sowohl im Vergleich mit dem Leistungsträger als auch mit dem Reisemittler die relativ uninformierte Partei.

Hinzu kommt, dass die gesetzlich definierten Aufgaben an die Rechtsstellung der Intermediäre gebunden sind. So betont *Reuter*, dass Nachweistätigkeit stets Maklertätigkeit sei und es deshalb keine Nachweis-Handelsvertreter geben könne[517]. Aus rechtsdogmatischer Sicht mag dies stimmen, aus wirtschaftswissenschaftlicher Sicht ist es aber unerheblich. Denn die tatsächlich durchgeführte Tätigkeit ist von der rechtlichen Klassifizierung unabhängig.

Eine Neuregelung ist deshalb angebracht. Sie muss sicherstellen, dass die Funktion des Vertragsvermittlers zu einer effizienten Informationsstruktur führt. Dies

517 Vgl. Dieter Reuter, in: Staudingers Kommentar zum Bürgerlichen Gesetzbuch, 13. Auflage, Berlin 1995, Vorbemerkung zu §§ 652 ff, Rn. 18 b).

ist dann der Fall, wenn Informationen nicht redundant und zu den geringsten Kosten gesammelt werden.

6.2.2. Die Vermeidung opportunistischen Verhaltens

Der Intermediär ist als Informationsvermittler in der Regel besser informiert als die Parteien des Hauptvertrags und kann von ihnen häufig nur unvollkommen kontrolliert werden. Diesen Informationsvorsprung kann er in seinem Sinne ausnutzen. Er könnte beispielsweise darauf verzichten, Informationen zu sammeln, denn dies ist für ihn nicht kostenlos. Ebenso könnte er Informationen nur selektiv oder unvollständig weitergeben. Dies führt dazu, dass den Parteien zu wenig oder falsche Informationen zur Verfügung stehen, um informierte Entscheidungen zu treffen. Die letztendlich zwischen ihnen geschlossenen Verträge maximieren deshalb nicht zwingend den Kooperationsgewinn.

Eine Möglichkeit opportunistisches Verhalten des Vertragsmittlers zu unterbinden liegt darin, seine genauen Pflichten zu definieren und den Verstoß dagegen zu sanktionieren[518]. Dies geschieht dadurch, dass er für Pflichtverstöße haftbar gemacht wird. Haftung führt dazu, dass er die erwarteten Kosten seines Verhaltens internalisiert und, bei richtiger Wahl des Haftungssystems[519], die optimale Menge und Struktur von Informationen anbietet.

Das Haftungssystem kann nur dann das Verhalten der Vertragsmittler zufrieden stellend steuern, wenn mögliche Pflichtverletzungen von den Hauptvertragsparteien entdeckt werden können. Bleiben diese Pflichtverletzungen hingegen unentdeckt, hat der Vertragsmittler keine Haftungslast zu tragen. Durch die asymmetrische Informationsverteilung zwischen Vertragsmittler und den Hauptvertragsparteien ist es letzteren oftmals unmöglich, Pflichtverletzungen zu entdecken. Kommt beispielsweise ein Vertragsmittler seiner Pflicht nur teilweise nach, so ändert sich diesbezüglich die Situation des Informationsempfängers *ex post* nicht. Denn er besitzt nach der Interaktion mit dem Mittler genau so wenig Wissen über diesen speziellen Zusammenhang wie vorher, nämlich keines. Wie soll ihm also bekannt werden, dass der Mittler genau diese Information nicht weitergereicht hat? Man könnte nun argumentieren, dass im Zeitablauf dem Empfänger die unvollkommene Informationsweiterleitung genau dann bekannt wird, wenn sich ein Problem offenbart, das mit dieser Information bereits *ex an-*

---

[518] Für die allgemeine verhaltenssteuernde Wirkung von Sanktionen vgl. Henning Curti: Abschreckung durch Strafe: Eine ökonomische Analyse der Kriminalität, Wiesbaden 1999, insbesondere S. 133 ff.

[519] Zum Einfluss des Haftungssystems auf das individuelle Verhalten vgl. Michael Adams: Ökonomische Analyse der Verschuldens- und Gefährdungshaftung, in: Michael Adams: Ökonomische Theorie des Rechts: Konzepte und Anwendungen, 2. Auflage, Frankfurt 2004, S. 141 ff. mit weiteren Nachweisen.

te hätte gelöst oder vermieden werden können. Tritt hingegen kein Problem auf, ist die Information offensichtlich für die Parteien unerheblich. Kommt es tatsächlich zu einem auf der Informationspflichtverletzung des Mittlers beruhenden Schaden, wird dieser durch den Schadensersatz ausgeglichen. Dieser Argumentation ist nicht zuzustimmen. Selbst wenn kein Schaden eintritt, handelt es sich doch um ein Produkt schlechter Qualität, welches die Parteien nicht zu diesem Preis gekauft hätten.

Haftungsregeln müssen so gestaltet sein, dass sie weder die Hauptvertragsparteien noch den Mittler zu zu geringer oder zu hoher Sorgfalt anreizen. *Adams* hat gezeigt, dass nur ein Haftungssystem mit Berücksichtigung des Mitverschuldens den Parteien den Anreiz bietet, das effiziente Sorgfaltsniveau einzuhalten[520]. Für Vertragsmittler bedeutet dies, dass sie nicht jede Information sammeln und weitergeben müssen, denn es gibt sowohl für die Hauptvertragsparteien als auch für den Mittler Informationen, die die Gegenseite billiger bereitstellen und bewerten kann. Es muss also auch eine Informationspflicht der anderen Parteien an den Vertragsvermittler geben. Eine Haftungsregel muss somit darauf achten, dass der Mittler nur dann schadensersatzpflichtig ist, wenn er gleichzeitig der *least cost provider* einer Information ist.

Neben der Haftung stellt Lizensierung eine weitere Möglichkeit dar, opportunistisches Verhalten zu verringern[521]. Im Lizensierungsverfahren kann festgelegt werden, dass auch eine Mindestausbildung vorliegen muss. Zusammen mit den nicht erstattbaren Kosten, die bei der Lizensierung anfallen, kann man die Mindestausbildung als teilweise irreversible Investition ansehen. Die Lizensierung verhindert auch opportunistisches *hit-and-run* Verhalten von Mittlern, die nur einmal auf dem Markt agieren.

6.3. Rechtspolitische Empfehlungen

Die vorstehenden Ausführungen zeigen den Reformbedarf des Maklerrechts. Denn die gegenwärtigen Regeln sind nicht geeignet, die Probleme von Informationsasymmetrie und daraus folgendem opportunistischem Verhalten der Mittler zu korrigieren. Grund hierfür ist die zufällige Zuweisung von Rechten und Pflichten durch das Gesetz und insbesondere die Rechtsprechung. Die Analyse der beispielhaft ausgewählten Immobilienmakler, Reisemittler und Schiffsmakler zeigt hingegen, dass aus ökonomischer Sicht sowohl deren Aufgaben als auch die damit einhergehenden Probleme systematisch gleich und nur in ihrer Stärke unterschiedlich sind. Eine zukünftige Regulierung muss dies berücksich-

---

520 Vgl. Michael Adams: Ökonomische Analyse der Verschuldens- und Gefährdungshaftung, in: Michael Adams: Ökonomische Theorie des Rechts: Konzepte und Anwendungen, 2. Auflage, Frankfurt 2004, S. 141 ff.

521 Vgl. auch die auf S. 53 und S. 97 ff. gemachten Ausführungen.

tigen. In den Grundpflichten darf es keine Unterschiede geben. Alle Mittler müssen Informationen weitergeben und die beteiligten Parteien aufklären. Weitere Pflichten haben sie nicht. Denn ihre Aufgabe als Vertragsvermittler erfüllen sie letztendlich dadurch, dass sie den Hauptvertragsparteien genug Information zur Verfügung stellen. Darauf aufbauend können diese eine wohl informierte Entscheidung treffen.

Die Informationspflicht kann jedoch bei verschiedenen Arten von Vertragsmittlern unterschiedlich stark ausgeprägt sein. Je besser die beteiligten Parteien den Informationsvorsprung der Mittler kontrollieren können, desto geringer ist die Gefahr opportunistischen Verhaltens. Dies bedeutet aber auch, dass die Regulierung in diesem Fall weniger strikt sein muss, denn die Parteien können einen Teil der Regeln individuell aushandeln. Aufbauend auf diese Überlegungen ergeben sich nachfolgende Grundzüge einer Gesetzesreform.

6.3.1. Anwendungsbereich

Die Regelungen müssen für alle Mittler gelten, deren Informationsvermittlung dazu dient, die Hauptvertragsparteien in die Lage zu versetzen, einen Vertrag abzuschließen. Auszunehmen hiervon sind dauernd beauftragte Einparteienvertreter. Sie fallen nicht unter die hier vorgeschlagenen Regeln sondern unterliegen weiterhin den Normen der §§ 84 ff. des HGB. Dauerhaft beauftragte Einfirmenvertreter haben ihre Agentenstellung unmittelbar bekannt zu geben. Geschieht dies nicht, fallen auch sie unter die hier vorgeschlagenen Regeln. Eine weitergehende Konkretisierung der Regeln für Spezialfälle, wie etwa für Kursmakler, Versicherungs- und Anlagevermittler, ist möglich.

Mit dem Ausschluss der Einfirmenvertreter aus dem Reformvorschlag wird dem Umstand Rechnung getragen, dass sie für alle Parteien erkennbar ausschließlich die Interessen ihres Handelsherrn vertreten. Sie sind gleichsam dessen verlängerter Arm und sollen deswegen nicht unter die nachfolgend vorgeschlagenen Regeln fallen. Wenn man unmittelbar erfassen kann, dass dieser Agent ausschließlich und dauerhaft die Interessen eines Auftraggebers vertritt, kann eine zwischen den Interessen des Auftraggebers und dessen Hauptvertragspartner vermittelnde Position nicht erwartet werden. Dauerhaft betraute Mehrfirmenvertreter fallen jedoch unter die Neuregelung, denn sie können ebenso wie die nicht dauerhaft betrauten Mittler den Hauptvertragsparteien mehrere Vertragsabschlussmöglichkeiten nachweisen oder vermitteln.

6.3.2. Die Stellung des Mittlers

Eine wichtige Grundüberlegung betrifft die Stellung des Vertragsvermittlers. Die gegenwärtige Rechtssituation sieht ihn sowohl in Makler- als auch in Agentenstellungen. Er vertritt entweder als Agent nur die Interessen einer Partei oder als Makler die beider Parteien. Die Funktion ist dabei von der Bezeichnung losgelöst. Aus ökonomischer Sicht sind nämlich die Zivilmakler keine Makler, sondern regelmäßig Agenten, während die Reisemittler, die rechtlich gesehen als Handelsvertreter Agenten sind, durch die Rechtsprechung in eine Maklerposition gedrängt werden.

Fraglich ist nun, ob Vertragsvermittler grundsätzlich Makler oder Agenten sein sollten. Die ökonomische Prinzipal-Agenten-Literatur kommt zu recht eindeutigen Aussagen. Nach *Holmstrom* und *Milgrom*[522] ist es nicht sinnvoll, eine Partei mit einander widersprechenden Aufgaben zu betrauen, wenn diese auch getrennt durch zwei Parteien wahrgenommen werden könnten. *Bernheim* und *Whinston*[523] betonen, dass bei *Common Agency*, also in Situationen, in denen eine Partei die gegensätzlichen Interessen zweier Auftraggeber vertritt, kein effizientes Ergebnis erreicht werden kann, falls die beiden Auftraggeber nichtkooperativ handeln. Diese Argumente scheinen dafür zu sprechen, Vertragsvermittler mit der Interessenvertretung einer Partei zu betrauen, sie also zu Agenten zu machen. Es ist aber zu bedenken, dass die Kernaufgabe von Vertragsvermittlern die Informationsvermittlung ist und eine redundante Informationssammlung und –vermittlung eine ökonomische Verschwendung darstellt. Es ist demnach gegen das Interesse beider Hauptvertragsparteien, für unnötige Informationssammlung zu zahlen. Das Problem der einander entgegengesetzten Interessen beschränkt sich letztlich auf die Preisgestaltung. Eine aus der ökonomischen Diskussion abgeleitete Forderung einer einseitigen Interessenvertretung ergibt sich konsequenterweise nur, wenn die Informationssammelfunktion als Hauptaufgabe der Vertragsvermittler vernachlässigt wird.

Da redundantes Sammeln von Informationen ineffizient ist, sollte also vermieden werden, dass die Hauptvertragsparteien jeweils einen eigenen Informationsagenten einschalten. Folglich sollte der Mittler stets Makler sein und somit die Interessen beider Parteien vertreten. Allerdings muss es einer informierten Partei möglich sein, auf die Maklerdienste zu verzichten. Denn sie verfügt aus ihrer Sicht bereits über alle transaktionsrelevanten Informationen. Es muss deshalb den Hauptvertragsparteien freigestellt sein, durch eine *opt-out*-Entscheidung auf die Dienste des Mittlers zu verzichten.

Zur Veranschaulichung seien drei Situation betrachtet. In der ersten Situation sind die beiden Hauptvertragsparteien symmetrisch vollkommen informiert. Sie verfügen beide über die gleichen vollkommenen Informationen, die sie in die

---

522 Vgl. Bengt Holmstrom und Paul Milgrom: Multitask Principal-Agent Analyses: Incentive Contracts, Asset Ownership, and Job Design, Journal of Law, Economics, & Organization, Vol. 7 (1), 1991, S. 24 ff.

523 Vgl. Douglas B. Bernheim und Michael D. Whinston: Common Agency, Econometrica, Vol. 54 (4), July 1986, S. 923 ff.

Lage versetzen, einen Transaktionspartner zu finden und die Transaktion durchzuführen. Sie haben deswegen beide keinen Anreiz, einen Vertragsmittler in die Transaktion einzuführen. Auch im zweiten Fall sind beide Parteien symmetrisch informiert, jedoch ist die Information unvollkommen. Jede Partei hat somit den Anreiz, einen Vertragsmittler einzuschalten. Dies ist aber ineffizient, denn die Informationen werden doppelt gesammelt. In einem solchen Fall ist es besser, nur einen Vertragsmittler zu haben[524]. Im dritten Fall sind die Hauptvertragsparteien asymmetrisch informiert. Eine Partei ist vollständig informiert während die Gegenpartei nur über unvollständige Informationen verfügt. Während die unvollkommen informierte Partei den Anreiz hat, einen Vertragsmittler einzuschalten, legt die informierte Partei hierauf keinen Wert.

Eine Regelung, dass ein Vertragsmittler stets Makler ist und die Interessen beider Hauptvertragsparteien vertritt, ist deshalb anzustreben. Wenn eine Hauptvertragspartei explizit kundtut, dass sie auf die Dienste des Vertragsvermittlers verzichtet, wird dieser zum alleinigen Interessenvertreter der anderen Hauptvertragspartei. Der Widerruf muss bereits bei Kontaktaufnahme geschehen. Die weiteren, im folgenden abzuleitenden Rechte und Pflichten betreffen einen einseitigen Interessenvertreter dann nicht. Mit der hier vorgeschlagenen Regelung wird einerseits eine Informationsasymmetrie zwischen den Hauptvertragsparteien, andererseits eine redundante und damit ineffiziente Informationssammlung vermieden.

6.3.3. Wertunabhängige Bezahlung

Die Abhängigkeit der Bezahlung vom Wert der Transaktion führt dazu, dass Vertragsmittler *ceteris paribus* stets die gewinnmaximale, nicht aber zwingend die für die Transaktionspartner beste Transaktionsmöglichkeit nachweisen werden. Um die daraus resultierenden Fehlanreize zu minimieren, sollte die Bezahlung des Mittlers wertunabhängig durch eine Transaktionszahlung erfolgen.

Eine wertunabhängige Bezahlung des Mittlers ist schon deshalb angezeigt, da er regelmäßig als Makler den Interessen beider Parteien dienen soll. Jede Form von wertabhängiger Bezahlung bringt den Mittler jedoch dazu, die Interessen einer Partei zu vernachlässigen. Sollte der Vertragsmittler als Agent auftreten, kann zwischen Mittler und Prinzipal vertraglich eine beliebige Bezahlungsform vereinbart werden. Prinzipal und Agent können sich entweder auf eine Honorar- oder eine Provisionszahlung einigen.

Ein Wechsel von Provisions- zu Honorarzahlungen kann bedeuten, dass gegenüber der heutigen Situation Maklerleistungen für geringwertige Transaktionen

[524] Allerdings kann nicht verhindert werden, dass beide Parteien bereits vorher einen Agenten engagiert haben.

relativ teurer, für hochwertige Transaktionen hingegen relativ billiger werden. Denn die Höhe der Bezahlung hängt nach der Neuregelung nur noch vom Aufwand, nicht aber vom Wert der Transaktion ab. Dies wird an folgendem Beispiel klar: Betrachtet sei eine Situation, in der ein Mittler damit beauftragt ist, dem Eigentümer einer Wohnung bei deren Vermietung zu helfen. Die Miethöhe beträgt € 400 monatlich. Es gibt eine Vielzahl von potentiellen Mietern auf dem Markt. Der Mittler gibt Informationen über die Wohnung an Mietinteressenten weiter. Nach der gegenwärtigen Rechtslage kann er bei erfolgreichem Hauptvertragsabschluss eine Provision in Höhe von 2 Monatsmieten, also € 800 als Bezahlung verlangen. Nun betrachtet man eine Situation, die sich lediglich in der Miethöhe unterscheidet. Sie beträgt nun € 600 monatlich. Die Provision des Maklers steigt demnach auf € 1200 an. Würde in einem solchen Fall wertunabhängig bezahlt, beispielsweise eine Einmalzahlung in Höhe von € 1000, so erkennt man, dass Transaktionen mit geringem Wert relativ teurer, solche mit höherem Wert relativ gesehen billiger werden.

Diese einfachen Ergebnisse verlieren an Aussagekraft, da die tatsächlich erzielten Preise um den wahren Wert des Objekts schwanken. Legt man den wahren Wert als Erwartungswert fest, so ist eine normalverteilte Abweichung des tatsächlich erzielten Preises plausibel. Demnach kann es passieren, dass ein Objekt mit einem Erwartungswert des Preises von € 600 entweder für € 500 oder für € 700 vermietet wird. Realisiert der Vermieter die hohe Miete, so erhält der Mittler eine Provision in Höhe € 1400, bei niedriger Miete eine von € 1000. In letztem Fall ist die Höhe der Zahlungen an den Mittler unabhängig davon, ob es eine wertunabhängige oder eine wertabhängige Bezahlungsregel gibt.

Die Bezahlung des Mittlers soll im Regelfall durch beide Transaktionsparteien erfolgen. Dies ist konsequent, da im Falle der Maklerstellung beide Hauptvertragsparteien von den Informationen des Mittlers profitieren. Falls der Makler als einseitiger Interessenvertreter arbeitet, wird er auch nur vom Prinzipal bezahlt. Die Teilung der Provision hat jedoch keinen Einfluss auf den Gesamtpreis. Dies lässt sich an folgenden Beispielen verdeutlichen. Der Reisende A und die Fluggesellschaft B möchten einen Vertrag über eine Flugreise abschließen. Der Beförderungspreis beträgt € 500. A schaltet einen nicht ständig betrauten Reisemittler ein. Dieser verlangt € 50 für seine Dienstleistung. Der Gesamtpreis für A beträgt folglich € 550. Wird das Honorar des Mittlers nun hälftig von A und B bezahlt, verlangt B von A einen Preis von € 525 und A zahlt € 25 direkt an den Mittler. Auch hier liegt der Gesamtpreis bei € 550. Zahlt nun B das Honorar des Mittlers alleine, so stellt er A € 550 in Rechnung und zahlt € 50 an den Mittler. Man erkennt, dass der Gesamtpreis des Pakets aus Flugleistung und Reisemittlerdienstleistung für A stets € 550 beträgt, unabhängig davon, wer die Zahlung des Reisemittlers durchführt. Die hier vorgeschlagene Honorarteilung im Fall der Maklerposition ist trotzdem sinnvoll. Da der Mittler sowohl eine Zahlung von A als auch von B erhält, kann es bei einer Pflichtverletzung stets nicht nur zu einer Schadensersatzzahlung, sondern auch zu einer Verwirkung der Provision kommen[525].

Die Höhe der Zahlung ist abhängig vom zu erwartenden Aufwand des Maklers und garantiert eine Verhältnismäßigkeit zwischen Aufwand und Entlohnung. Einfache Vertragsvermittlungen werden demnach geringer entlohnt als komplizierte Transaktionen, die einen höheren Aufwand des Mittlers verlangen. Aufwandsabhängige Transaktionsgebühren bergen aber grundsätzlich die Gefahr, dass der Mittler den Aufwand überhöht, um damit seinen Gewinn zu maximieren. Im Falle einer stundenabhängigen Transaktionsbezahlung könnte der Mittler damit mehr Stunden abrechnen als nötig. Dies gilt vor allem, wenn die Mittler unausgelastete Kapazitäten haben und damit die Opportunitätskosten der zusätzlich in Rechnung gestellten Stunden gleich Null sind[526]. Hieraus wird in der Literatur geschlussfolgert, dass eine transaktionswertabhängige Bezahlung vorzuziehen sei[527]. Dies liegt aber vor allem an der speziellen Form der dort analysierten Verträge, da die Bezahlungsregel zwischen den die Leistung anbietenden Experten und den Prinzipalen *ex ante* vertraglich festgelegt werden. Entscheiden sich die Parteien für eine stunden- oder andere aufwandsbasierte Bezahlung, ist der Prinzipal in einer *lock-in* Situation, die es dem Experten ermöglicht, überhöhten Aufwand solange abzurechnen, bis der von ihm abgerechnete Mehraufwand die Wechselkosten des Prinzipals in einen anderen Vertrag übersteigt. Das Wesen des Maklervertrags ermöglicht es den Prinzipalen jedoch, überhöhte Transaktionsbezahlungen zu bestrafen. Denn die Zahlungspflicht wird erst durch die erfolgreiche Vermittlung eines Vertrages ausgelöst. Sollte also ein Mittler eine zu hohe Bezahlung fordern, können der oder die Prinzipale dies dadurch bestrafen, dass es zu keinem Hauptvertrag kommt. Diese Sanktion funktioniert aber nur, wenn es Substitute für die ursprünglich zu vermakelnden Güter oder Dienstleistungen gibt.

Die Entdeckung eines tatsächlich überhöhten Aufwands könnte problematisch sein. Eine Befragung mehrerer Vertragsvermittler *ex ante* gibt jedoch Aufschluss über den zu erwartenden Aufwand beziehungsweise die Höhe einer aufwandsunabhängigen Transaktionszahlung. Geben Vertragsvermittler *ex ante* eine im Vergleich zu konkurrierenden Mittlern zu hohe Aufwandseinschätzung an, werden sie nicht als Vermittler eingeschaltet. Eine *ex ante* zu niedrige Einschätzung des Aufwands kann für den Mittler dazu führen, dass der Hauptver-

---

525 Vgl. hierzu auch zu Punkt 6.3.4.4 gemachten Ausführungen.

526 Vgl. hierzu auch Winand Emons: Expertise, Contingent Fees, and Insufficient Attorney Effort, International Review of Law and Economics, Vol. 20 (1), March 2000, S. 21 ff.

527 Vgl. für die Anreizwirkung von transaktionswertabhängigen Zahlungen auf Experten und hier besonders auf Anwälte etwa James D. Dana und Kathryn E. Spier: Expertise and Contingent Fees: The Role of Asymmetric Information in Attorney Compensation, Journal of Law, Economics, and Organization, Vol. 9 (2), October 1993, S. 349 ff.

trag letztendlich nicht geschlossen wird, da der Auftraggeber nicht bereit ist, für den schließlich abgerechneten Mehraufwand aufzukommen. Vertragsvermittler haben deswegen Anreize, sowohl die Höhe der (Stunden-)Vergütung als auch die Höhe einer festen aufwandsunabhängigen Honorarzahlung wahrheitsgemäß anzugeben. Dies ist vor allem dann der Fall, wenn Auftraggeber Preisinformationen kostengünstig einholen können.

6.3.4. Die Pflichten des Mittlers

6.3.4.1. Tätigkeitspflicht

Parteien beauftragen einen Vertragsmittler, um durch seine Hilfe ein bestimmtes Ergebnis zu realisieren: so möchte etwa ein Immobilienbesitzer sein Haus innerhalb kürzester Zeit zu einem möglichst hohen Preis verkaufen oder ein Mietinteressent möchte eine Wohnung mit bestimmten Mindestanforderungen bezüglich Lage, Größe und Preis mieten. Ein Reeder möchte einen Vertrag über die Vercharterung eines Schiffes zu einer möglichst hohen Charterrate abschließen. Ein Reisender möchte zu einem möglichst geringen Preis einen Flug von A nach B buchen. Vor diesem Hintergrund erscheint es widersinnig, dass nach der gegenwärtigen Regelung zumindest der Makler nicht zum Tätigwerden verpflichtet ist. Denn es wird von der Intention des Auftraggebers her vom Makler ein bestimmtes Ergebnis geschuldet, nämlich die Information, die dem Auftraggeber einen Vertragsabschluss über ein geeignetes Objekt ermöglicht.

Nach herrschender juristischer Meinung lässt sich aus dem „normalen" Maklervertrag keine Tätigkeitspflicht des Maklers ableiten. *Reuter* betont, dass der Maklervertrag den Makler berechtige, nicht aber verpflichte, für den Auftraggeber tätig zu werden. Umgekehrt sei auch der Auftraggeber nicht zum Abschluss des Hauptvertrags verpflichtet. Dies gelte selbst dann, wenn die vom Makler nachgewiesene oder vermittelte Abschlussmöglichkeit genau den Anforderungen des erteilten Auftrags entspräche[528]. Eine Tätigkeitspflicht des Maklers wird von der rechtswissenschaftlichen Literatur und der Rechtsprechung lediglich beim Alleinauftrag bejaht. Zwar hat der Auftraggeber auch hier keine Vertragsabschlusspflicht, ist allerdings im Gegenzug auch nicht berechtigt, weitere Makler einzuschalten. *Reuter* legt dar, dass es sich hierbei entgegen der Auffassung des BGH[529] nicht um einen typkombinierten Maklerdienstvertrag handele. Denn das Dienstvertragrecht betreffe entgeltliche Dienstleistungen. Das Merkmal der Entgeltlichkeit falle aber aus, da der Provisionsanspruch am Nutzen des Auf-

[528] Vgl. Dieter Reuter, in: Staudingers Kommentar zum Bürgerlichen Gesetzbuch, 13. Auflage, Berlin 1995, Vorbemerkung zu §§ 652 ff., Rn. 1 mit weiteren Nachweisen.

[529] Vgl. BGH, Urteil vom 21.10.1987 – IV a ZR 103/86, NJW 1988, S. 967 f.

traggebers anknüpfe und nicht an den Bemühungen des Maklers[530]. Ein Maklerwerkvertrag scheide auch aus, da das vom Makler geschaffene Werk keinen objektiven Wert habe, der als Maßstab für das Entgelt dienen könne[531]. In der Literatur wird außerdem betont, dass der Werkvertrag einen Erfolg im weitesten Sinne zusichere und dass kein seriöser Makler einen solchen Erfolg garantieren könne, „... da er ja vom übereinstimmenden Willen zweier anderer Parteien und der Verwirklichung dieses Willens abhängig ist."[532] Diese Ablehnung verkennt aber, dass der Makler bereits unter der geltenden rechtlichen Regelung nur dann entlohnt wird, wenn er für das Zustandekommen des Vertrags ursächlich war. Der Maklerlohn wird nämlich nicht dadurch fällig, dass der Makler überhaupt tätig wird, sondern nur, wenn es zu einem Vertragsschluss zwischen den Transaktionsparteien kommt[533]. Als Lösung dieses Problems bietet sich an, den Vertragsvermittler zum Tätigwerden zu verpflichten. Es ist jedoch problematisch, die inhaltliche Bedeutung der Tätigkeitspflicht genau zu definieren, da der genaue Umfang einer Interessenvertretung stets einzelfallabhängig ist. Eine Verletzung der Tätigkeitspflicht beschränkt sich folglich auf offensichtlich unzureichende Bemühungen des Maklers. Dies entspricht der bereits jetzt für den Alleinauftrag von der Rechtsprechung gefundenen Regelung[534].

6.3.4.2. Die Informationspflichten des Mittlers

Mittler verfügen aufgrund von Fachwissen oder Erfahrung regelmäßig über mehr Informationen als die Hauptvertragsparteien. Sie sind somit besser in der Lage, zusätzliche Informationen zu beurteilen. Ihnen ist eher klar, welche Informationen transaktionsrelevant sind und wie man an diese Informationen kommt. Sie sind in vielen Fällen die günstigsten Informationsbeschaffer und -bewerter. Ihre Einschaltung senkt die Transaktionskosten. Aus diesen Überlegungen lässt sich auch ableiten, dass Mittler eine wichtige Rolle bei Informationssammlung und Informationsbewertung spielen sollten.

Die Informationssammlung ist für den Mittler *ceteris paribus* einfacher als für jede der Hauptvertragsparteien. So kann er die bereits vorhandenen Informationen der Hauptvertragsparteien zusammen tragen. Problematisch ist hierbei, dass

---

[530] Vgl. Dieter Reuter, in: Staudingers Kommentar zum Bürgerlichen Gesetzbuch, 13. Auflage, Berlin 1995, Vorbemerkung zu §§ 652 ff., Rn. 8 f., Rn 13.

[531] Vgl. Dieter Reuter, in: Staudingers Kommentar zum Bürgerlichen Gesetzbuch, 13. Auflage, Berlin 1995, Vorbemerkung zu §§ 652 ff., Rn. 14.

[532] Vgl. etwa Ulrich Wegener, Erwin Sailer, Stephan W. Raab: Der Makler und sein Auftraggeber, 5. Auflage, Stuttgart 1997, S. 28 f

[533] BGH, Urt. v. 19.09.1967 – VII ZR 91/65.

[534] Vgl. Dieter Reuter, in: Staudingers Kommentar zum Bürgerlichen Gesetzbuch, 13. Auflage, Berlin 1995, § 652, Rn. 211 ff.

die Hauptvertragsparteien Informationen haben können, die sie fälschlicherweise für irrelevant halten und deshalb nicht weitergeben. Denkbar ist auch, dass sie falsche Informationen haben. Allerdings kann der Mittler durch sein Fachwissen solche Fehlinformationen eher erkennen als die Hauptvertragsparteien.

Die Informationssammelpflicht des Mittlers darf aber nicht überspannt werden, denn Informationssammlung ist nicht kostenlos. Während die offensichtlichen Informationen recht einfach und billig zu erhalten sind, sind versteckte Informationen teuer. Man kann deshalb von steigenden Grenzkosten der Informationsgewinnung ausgehen. Der Nutzen aus der Information nimmt mit einer abnehmenden Rate zu, denn jede zusätzliche Informationseinheit bringt relativ gesehen weniger Neuinformationen als die vorhergehende Einheit. Die optimale Informationsmenge ist dann erreicht, wenn der Grenznutzen der letzten Informationseinheit gerade ihren Grenzkosten entspricht. Dies ist genau die Informationsmenge, die ein Individuum, welches hypothetisch sowohl Käufer als auch Verkäufer in sich vereint, sammeln würde.

Diese Überlegungen werden von den Ausführungen *Fleischers* gestützt[535]. Er legt dar, dass die Ausgestaltung von Informationspflichten von mehreren Faktoren beeinflusst werde. Besonders ist hier der Verbraucherschutzgedanke zu nennen. Hiernach sollen Verbraucher über genügend Informationen verfügen, um eine wohl informierte Entscheidung treffen zu können. *Fleischer* betont, dass es eine Menge von speziellen, auf ganz bestimmte Verträge zugeschnittene Informationspflichten gebe, die keine Systematik erkennen ließen. So sei je nach Vertragstyp zu unterschiedlichen Zeitpunkten auf unterschiedliche Art und Weise zu informieren[536]. *Fleischer* erkennt weiterhin richtig, dass die Art des Vertrages die Informationspflichten bestimmen sollte. Dies gilt auch für die von ihm so bezeichneten Interessenwahrnehmungsverträge, wie etwa entgeltliche oder unentgeltliche Geschäftsbesorgungsverträge. An sie sei eine gesteigerte Informationspflicht zu binden, da durch den besser informierten Geschäftsbesorger ein Fremdinteresse vertreten werde. Die für opportunistisches Verhalten anfälligen Hauptverträge seien durch die gesteigerten Informationspflichten zu sichern[537]. Die offenzulegende Information müsse dabei für die zu informierenden Parteien wesentlich sein. Es sei sowohl über vergangene als auch gegenwärtige und zukünftige Sachverhalte zu informieren. Der Informationspflichtige habe dann eine gesteigerte Informationsbeschaffungspflicht, wenn er besondere

---

[535] Vgl. Holger Fleischer: Informationsasymmetrie im Vertragsrecht, München 2001, S. 567 ff. mit umfassenden weiteren Nachweisen.

[536] Vgl. Holger Fleischer: Informationsasymmetrie im Vertragsrecht, München 2001, S. 570 ff.

[537] Vgl. Holger Fleischer: Informationsasymmetrie im Vertragsrecht, München 2001, S. 575.

Fachkunde für sich in Anspruch nehme. Für den Informationsberechtigten gelte in diesem Fall nur eine geringe Pflicht zur Selbstinformation[538].

Für die rechtspolitische Empfehlung folgt daraus, dass der Mittler nicht nur wie bisher die Informationen, die er von den Beteiligten erhält, wahrheitsgetreu weiterzugeben hat, sondern dass er aktiv Informationen sammeln muss, die für die Beurteilung der zu vermakelnden Leistung wesentlich sind. Es muss dem Auftraggeber jedoch freistehen, von sich aus die Informationssammelpflicht des Maklers vertraglich auszuschließen. Dies kann dann sinnvoll sein, wenn der Auftraggeber über ein ähnlich großes oder größeres Wissen wie der Makler verfügt und eine Informationssammelpflicht des Maklers lediglich zu einem doppelten Sammeln der Information führen würde.

Die vom Makler gesammelten Informationen sind umfassend und vollständig an die Hauptvertragsparteien weiterzuleiten. Durch die erweiterte Informationsoffenlegungspflicht ist garantiert, dass der Makler die für die Transaktion relevanten Informationen weitergibt.

6.3.4.3. Die Sorgfaltspflichten des Mittlers

Ein praktikabler Regulierungsvorschlag muss die Sorgfaltspflichten des Vertragsmittlers festlegen. Nur wenn diese eindeutig sind, kann die gewünschte Wirkung der Regulierung erreicht werden. Wie die vorgehende Betrachtung von Handelsvertretern, Zivilmaklern und Handelsmaklern gezeigt hat, sind gerade die Sorgfaltspflichten der Zivilmakler wenig definiert, während sie bei Handelsmaklern genauer festgelegt sind. Als genereller Maßstab werden für letztere die allgemeinen, mit der Tätigkeit eines Kaufmanns verbundenen Pflichten angelegt. So muss auch ein Handelsmakler die im § 347 HGB erwähnte Sorgfalt eines ordentlichen Kaufmanns walten lassen. Auch die Nebenpflichten des Handelsmaklers sind erheblich strenger ausgestaltet als die des Zivilmaklers. Der Handelsmakler hat Informations- und Beratungspflichten zu erfüllen. So muss der Handelsmakler nicht nur über Umstände, die den Auftraggeber positiv oder negativ beim Vertragsabschluss beeinflussen könnten, berichten. Er muss vielmehr den Auftraggeber auch sachkundig beraten[539]. Die Aufklärung und Information durch den Handelsmakler muss dabei der Wahrheit entsprechen und sie muss vollständig und klar sein. Unrichtige Angaben sind zu berichtigen[540].

---

538 Vgl. Holger Fleischer: Informationsasymmetrie im Vertragsrecht, München 2001, S. 576 ff.

539 Vgl. Klaus Hopt, in: Baumbach/Hopt: Handelsgesetzbuch, 31. Auflage, München 2003, § 93, Rn 27 mit weiteren Nachweisen.

540 Vgl. Gerrick von Hoyningen-Huene, in: Münchner Kommentar zum HGB, Band 1, München 1996, § 93, Rn 56 f.

Diese bisher nur für Handelsmakler geltenden Sorgfaltspflichten sind für alle Vertragsvermittler zu übernehmen. Durch die genauere Festlegung wird die Tätigkeit der Vertragsvermittler besser beschrieben und das Potential für opportunistisches Verhalten durch den Mittler eingeschränkt.

6.3.4.4. Folgen der Pflichtverletzung

Verstößt ein Vertragsvermittler gegen seine gesetzlich festgelegten Pflichten, so hat er beiden Hauptvertragsparteien für den durch sein Verschulden entstehenden Schaden zu haften. Diese bereits jetzt für Handelsmakler geltende Regelung des § 98 HGB ist zukünftig auf alle vom Reformvorschlag erfassten Vertragsvermittler anzuwenden. Eine grobe Pflichtverletzung des Vertragsvermittlers kann auch ohne Schaden bei einer der Hauptvertragsparteien zur Verwirkung des von der betroffenen Hauptvertragspartei zu zahlenden Entgeltes führen. Dies stellt eine Verschärfung der momentan geltenden Regelungen dar, die sowohl beim Zivil- als auch beim Handelsmakler eine Verwirkung der Provision nur dann vorsehen, wenn der Mittler seine Pflichten gegenüber dem Auftraggeber grob fahrlässig verletzt. Mit der hier vorgeschlagenen Lösung sind zukünftig auch grobe Pflichtverletzungen gegenüber dem Hauptvertragspartner des Auftraggebers mit Verwirkung des Vermittlerlohns bedroht. Ein Verstoß gegen die Sorgfaltspflichten eines vorvertraglichen Schuldverhältnisses nach § 311 Abs. 2, Nr. 1 BGB führt zur Haftung aus *culpa in contrahendo*. Der vorstehende Sorgfaltsmaßstab ist auch auf das vorvertragliche Schuldverhältnis anzuwenden.

6.4. Zusammenfassung

Die Ausgestaltung von Schadensersatzregeln im Vertragsrecht spielt eine wichtige Rolle für die Effizienz der geschlossenen Verträge. Denn Schadensersatzregelungen sollen sicherstellen, dass Verträge genau dann erfüllt werden, wenn sie zu einer Paretoverbesserung der Vertragsparteien führen. Die Qualität der geschlossenen Verträge hängt vor allem vom Informationsstand der beteiligten Parteien ab. Denn nur wenn beide Seiten wissen welche Risiken möglicherweise aus dem Vertrag erwachsen, sind sie in der Lage, diese *ex ante* zu regeln. Bei asymmetrischer Informationsverteilung zwischen den Vertragsparteien ergibt sich bereits bei der Vertragsgestaltung die Möglichkeit opportunistischen Verhaltens der besser informierten Partei. So könnte sie die Verantwortung für gewisse Risiken durch entsprechende vertragliche Regeln ausschließen oder zumindest begrenzen. Dies ist aber nicht sinnvoll, denn das Vertragsrisiko sollte von derjenigen Partei getragen werden, die dies zu den geringsten Kosten kann. Folglich sollte der besser informierten Partei die Haftungslast übertragen werden. Über die Festlegung eines bestimmten Sorgfaltsstandards lässt sich letztlich bestimmen, wie gewissenhaft die Partei ihre Pflichten erfüllt. Hieraus lässt sich ableiten, dass bei ausgeprägter Informationsasymmetrie der Sorgfaltsstandard der besser informierten Partei höher liegen sollte als in Situationen mit nur schwach ungleich verteilter Information.

Die vorgeschlagenen Regelungen führen zu weniger opportunistischem Verhalten der Informationsmittler. Durch die aktive Informationssammelpflicht liegen alle für die Transaktion wesentlichen Informationen beim Mittler vor. Aufgrund der Informationsoffenlegungspflicht werden die Informationen auch von ihm weitergegeben. Somit wird die Informationsasymmetrie abgebaut. Die Transaktionspartner können folglich eine wohlinformierte Entscheidung treffen. Die vom Transaktionswert unabhängige Honorarzahlung wird regelmäßig von beiden Transaktionsparteien getragen.

Lehnt die dritte Partei eine Doppelmaklertätigkeit ab, ist der Mittler automatisch alleiniger Agent des Auftraggebers. Auch als Agent ist er an die erweiterten Informationssammel- und –offenlegungspflichten gebunden, so dass der Auftraggeber eine wohlinformierte Entscheidung treffen kann, es sei denn, dass einzelvertraglich die Informationssammel- und Informationsoffenlegungspflichten beschränkt werden. Die vom Transaktionswert unabhängige Zahlung wird vom Auftraggeber alleine getragen.

Die gesetzlich festgelegte Norm der Doppelstellung kann durch eine ablehnende Willensäußerung der dritten Partei aufgehoben werden. Diese Ablehnung muss bereits bei Kontaktaufnahme geschehen.

Ein Verstoß des Vertragsvermittlers gegen die festgelegten Pflichten führt gegenüber beiden Hauptvertragsparteien zu einer Haftung in Höhe des durch sein Verschulden entstehenden Schadens. Grobe Pflichtverletzung des Vertragsvermittlers kann auch ohne Schaden zu einem Verlust des Maklerlohns führen. Grobe Pflichtverletzungen gegenüber beiden Hauptvertragsparteien führen zu einem Verlust des gesamten Lohns. Verletzt der Vermittler nur grob die Pflichten gegenüber einer Hauptvertragspartei, geht ihm nur der auf diese entfallende Teil des Lohns verlustig. Ein Verstoß gegen die Sorgfaltspflichten eines vorvertraglichen Schuldverhältnisses führen zur Haftung aus *culpa in contrahendo.* Allgemein gelten für alle Vertragsvermittler die gesteigerten Sorgfaltspflichten eines ordentlichen Kaufmanns.

Im Ergebnis führt die hier in Grundzügen ausgearbeitete Reform zu grundlegenden Änderungen, denn es wird ein einheitlicher Rechtsrahmen für alle Vertragsvermittler vorgeschlagen. Eine zentrale Neuerung des Reformvorschlags ist dabei der Verzicht auf eine transaktionswertabhängige Provision. Ein weiterer wichtiger Punkt ist die Möglichkeit des *teilweisen* Verlustes des Mittlerlohns bei grober Pflichtverletzung auch ohne Schaden. Es wird für alle Vertragsvermittler eine Tätigkeitspflicht eingeführt. Für einen Großteil der Vertragsvermittler werden im Vergleich zur aktuellen Situation nicht nur die Informationspflichten, sondern auch die Sorgfaltspflichten erhöht. Somit werden sowohl für Zivilmakler als auch für mehrere Firmen vertretende Handelsvertreter in weiten Bereichen die Maßstäbe der Handelsmakler angelegt. Das gesetzliche Leitbild des gegenwärtigen Maklervertrags bleibt aber dahingehend erhalten, dass die Bezahlung des Vermittlers erfolgsabhängig ist. Folglich stellt dieser Reformvorschlag auch keinen Versuch da, den Maklervertrag als solches abzuschaffen. Vielmehr geht es darum, die gerade auch in der juristischen Praxis bekannten Schwächen abzuschaffen und damit die Rechtsfigur des Vertragsvermittlers zu stärken.

7. Resümee

Die von der neoklassischen mikroökonomischen Theorie postulierten perfekten Märkte mit vollkommener Information, klar und eindeutig spezifizierten Eigentumsrechten und vollkommenem Wettbewerb sind in der Realität nicht anzutreffen. Vielmehr sind viele Märkte durch Informationsasymmetrien gekennzeichnet, da Verkäufer eines Gutes oder einer Dienstleistung *ex ante* oftmals besser als Käufer über die Qualität informiert sind und Käufer für das Treffen einer wohlinformierten Entscheidung Käufer Kosten aufwenden müssen, um die notwendigen Informationen zu erhalten. Die Informationskosten sind dabei abhängig von der jeweiligen Gutseigenschaft: während die Qualitätsmerkmale einfacher Suchgüter kostengünstig erfasst werden können, steigen die Kosten bei Erfahrungsgütern stark an und werden bei Glaubensgütern prohibitiv. Die Informationskosten sind dabei für verschiedene Parteien unterschiedlich hoch: so wird ein erfahrener, häufig Transaktionen durchführender Käufer niedrigere Informationskosten haben als eine unerfahrene und nur selten am Markt auftretende Partei.

Intermediäre können durch ihr Fachwissen die Informationsasymmetrie zu geringeren Kosten abbauen als dies für eine einzelne Partei möglich wäre. Dies gilt vor allem für Erfahrungsgüter. Intermediäre können folglich für ihre Auftraggeber dadurch Vorteile erzielen, da sie Transaktionskosten senken. Gleichzeitig lindern sie durch ihre Informationsfunktion auch das Problem der durch asymmetrische Information verursachten adversen Selektion und damit letztendlich Marktversagen.

Die Beziehung zwischen einem Intermediär und seinem Auftraggeber ist eine typische Prinzipal-Agent-Situation: Der Auftraggeber delegiert Aufgaben an den Intermediär, kann aber die Qualität der Erfüllung nur unvollständig beurteilen. Der Intermediär als Agent kann sich folglich prä- oder postkontraktuell opportunistisch verhalten. In der mikroökonomischen Theorie werden Anreizbezahlungen als geeignetes Mittel gesehen, die Interessen des Agenten denen des Prinzipals anzugleichen und damit opportunistisches Verhalten zu unterbinden. Dies setzt aber voraus, dass die Auftraggeber der Intermediärsdienstleistung in der Lage sind, die teilweise komplizierten Strukturen der Anreizbezahlungen zu verstehen und in Verträgen umzusetzen. Auch Reputation und wiederholte Transaktionen können nicht sicher opportunistisches Verhalten des Intermediärs unterbinden.

Die zu Beginn allgemein abgeleiteten Aussagen zu den Tätigkeiten der Mittler wurden am Beispiel der Wohnungs- und Immobilienmakler, der Reisemittler und der Schiffsmakler überprüft. Hierbei zeigte sich, dass die Kernkompetenz stets die Weiterleitung von Information ist, die Dritte in die Lage versetzt, miteinander Verträge zu schließen. In Abhängigkeit vom speziellen Marktumfeld ist opportunistisches Verhalten mehr oder weniger wahrscheinlich: wenn die

Informationsmittler und ihre Kunden in wiederholten Transaktionen stehen und eine Qualitätsüberprüfung *ex post* möglich ist, kann durch den Reputationsmechanismus opportunistisches Verhalten weitgehend ausgeschlossen werden. Bei einmaligen Transaktionen hingegen spielt ein möglicher Reputationsverlust durch opportunistisches Verhalten des Informationsmittlers häufig nur eine untergeordnete Rolle. Auch Anreizbezahlungen sind nur bedingt geeignet, das opportunistische Verhalten der Mittler zu unterbinden.

Obwohl die drei betrachteten Mittler aus ökonomischer Sicht vergleichbare Tätigkeiten durchführen, unterliegen sie unterschiedlichen rechtlichen Regelungen. Die Wohnungs- und Immobilienmakler werden als Zivilmakler vor allem durch die §§ 652 ff. des Bürgerlichen Gesetzbuches reguliert. Ihre Pflichten gegenüber dem Kunden sind recht schwach ausgeprägt. Im Gegensatz dazu haben Schiffsmakler als Handelsmakler weitgehende Informations- und Treuepflichten zu erfüllen. Reisemittler sind Handelsvertreter und deswegen direkt an die Interessen ihres Handelsherrn gebunden. Zusätzlich hat die Rechtsprechung umfassende Pflichten gegenüber dem Reisenden definiert.

Die gegenwärtigen gesetzlichen Regelungen sind wenig zufrieden stellend. Denn obwohl systematisch gleiche Probleme vorliegen, sind die rechtlichen Antworten davon abhängig, ob es sich beim Mittler um einen Zivilmakler, einen Handelsmakler oder einen Handelsvertreter handelt. Dies führt zu einer ungleichen Problemlösungsfähigkeit des Rechts.

Aus diesen Schwächen ergibt sich der Ansatz für den hier präsentierten Reformvorschlag. Da die Tätigkeiten der Mittler ökonomisch gesehen unabhängig von ihrer rechtlich definierten Stellung sind, erscheint eine einheitliche Regelung angezeigt. Diese Regelung muss so beschaffen sein, dass sie sowohl die als zentral identifizierte Informationsfunktion des Mittlers sicherstellt als auch opportunistisches Vermittlerverhalten unterbindet.

Im Ergebnis führt die in dieser Arbeit in Grundzügen ausgearbeitete Reform zu grundlegenden Änderungen, denn es wird ein einheitlicher Rechtsrahmen für alle Vertragsvermittler vorgeschlagen. Eine zentrale Neuerung des Reformvorschlags ist dabei der Verzicht auf eine transaktionswertabhängige Provision. Ein weiterer wichtiger Punkt ist die Möglichkeit des *teilweisen* Verlustes des Mittlerlohns bei grober Pflichtverletzung auch ohne Schaden. Es wird für alle Vertragsvermittler eine Tätigkeitspflicht eingeführt. Für einen Großteil der Vertragsvermittler werden im Vergleich zur aktuellen Situation nicht nur die Informationspflichten, sondern auch die Sorgfaltspflichten erhöht. Somit werden sowohl für Zivilmakler als auch für mehrere Firmen vertretende Handelsvertreter in weiten Bereichen die Maßstäbe der Handelsmakler angelegt. Das gesetzliche Leitbild des gegenwärtigen Maklervertrags bleibt aber dahingehend erhalten, dass die Bezahlung des Vermittlers erfolgsabhängig ist. Folglich stellt dieser Reformvorschlag auch keinen Versuch da, den Maklervertrag als solches abzuschaffen. Vielmehr geht es darum, die gerade auch in der juristischen Praxis bekannten Schwächen abzumildern und damit die Rechtsfigur des Vertragsvermittlers zu stärken. Dies stellt sicher, dass seine volkswirtschaftlich wichtige Funktion zum Wohle aller durchgeführt werden kann.

Literaturverzeichnis

Aufsätze und Monographien:

Adams, Michael: Kostenersatzrecht – Ein Prozeßordnungsvergleich aus ökonomischer Sicht, in: Bundesministerium für Justiz, Peter Lewisch, Walter H. Rechberger (Hrsg.): 100 Jahre ZPO: Ökonomische Analyse des Zivilprozesses, Wien 1998, S. 225 ff.

Adams, Michael: Normen, Standards, Rechte, Juristenzeitung 1991, S. 941 ff.

Adams, Michael: Ökonomische Analyse der Produkthaftung, in: Michael Adams: Ökonomische Theorie des Rechts: Konzepte und Anwendungen, 2. Auflage, Frankfurt 2004, S. 183 ff.

Adams, Michael: Ökonomische Analyse der Verschuldens- und Gefährdungshaftung, in: Michael Adams: Ökonomische Theorie des Rechts: Konzepte und Anwendungen, 2. Auflage, Frankfurt 2004, S. 141 ff.

Adams, Michael: Ökonomische Begründung des AGB-Gesetzes: Verträge bei asymmetrischer Information, Betriebsberater 1989, S. 781 ff.

Adams, Michael: Vorstandsvergütungen: Die Fälle Mannesmann und DaimlerChrysler, in: Hans G. Nutzinger (Hrsg.): Regulierung, Wettbewerb und Marktwirtschaft, Festschrift für Carl Christian von Weizsäcker zum 65. Geburtstag, Göttingen 2003, S. 295 ff.

Admatai, A.R. und P. Pfleiderer: Direct and Indirect Sale of Information, Econometrica, Vol. 58, 1990, S. 901 ff.

Akerlof, George A.: The Market for 'Lemons': Quality Uncertainty and the Market Mechanism, Quarterly Journal of Economics Vol. 84 (3), August 1970, S. 488 ff.

Albuquerque, Paula C.: The Traditional Brokers: What are their Chances in the Forex, Journal of Applied Economics, Vol. 6 (2), November 2003, S. 205 ff.

Alchian, Armen A.: Why Money, Journal of Money, Credit and Banking, Vol. 9 (1) Part 2, February 1977, S. 134 ff.

Anckar, Bill und Pirrko Walden: Destination Maui? An Exploratory Assessment of the Efficiacy of Self-Booking in Travel, Electronic Markets, Vol. 10 (2), 2000, S. 110 ff.

Anderson, Randy I., Danielle Lewis und Leonard V. Zumpano: Residential Real Estate Brokerage Efficiency from a Cost and Profit Perspective, Journal of Real Estate Finance and Economics, Vol. 20 (3), 2000, S. 295 ff.

Arrow, Kenneth J.: The Economics of Agency, in: John W. Pratt und Richard Zeckhauser (Hrsg.): Principals and Agents: The Structure of Business, Boston, 1991, S. 46 ff.

Arvin, B. Mak und Robert G. Murphy: A Model of Reputation Acquisition in Real Estate Brokerage, Journal of Housing Economics, Vol. 5, 1996, S. 133 ff.

Baird, Douglas G., Robert H. Gertner und Randal C. Picker: Game Theory and the Law, Cambridge, 1994.

Baron, James N. und David M. Kreps: Strategic Human Ressources: Frameworks for General Managers, New York 1999.

Baryla, Edward A. und Leonard V. Zumpano: Buyer Search Duration in the Residential Real Estate Market: The Role of the Real Estate Agent, Journal of Real Estate Economics, Vol. 10 (1), 1995, S. 1 ff.

Beyer, Tobias: Gewinn von Marsh bricht drastisch ein, Financial Times Deutschland vom 10.11.04.

Beales, Howard, Richard Craswell und Steven C. Salop: The Efficient Regulation of Consumer Information, Journal of Law and Economics, Vol. 24 (3), December 1981, S. 491 ff.

Bemm, Gesa: Die Haftung des Schiffsmaklers, Transportrecht, 1997, S. 6 f.

Bernheim, B. Douglas und Michael D. Whinston: Common Agency, Econometrica, Vol. 54 (4), July 1986, S. 923 ff.

Bethge, Uwe: Maklerrecht in der Praxis, 2. Aufl., Bonn, 1999.

Beukemann, Ulrich: Die Geschichte des Hamburger Mäklerrechts, Heidelberg 1912.

Biglaiser, Gary: Middlemen as Experts, in RAND Journal of Economics, Vol. 24 (2), Summer 1993, S. 212 ff.

Biglaiser, Gary und James W. Friedman: Middlemen as Guarantors of Quality, International Journal of Industrial Organization, Vol. 12 (4), December 1994, S. 509 ff.

Biglaiser, Gary und James W. Friedman: Adverse Selection with Competitive Inspection, Journal of Economics and Management Strategy, Vol. 8 (1), Spring 1999, S. 1 ff.

Bonus, Holger und Heribert Pauk: Der Immobilienmakler in der Dienstleistungsgesellschaft: Gedanken zum Berufsbild des Maklers, Münster, Hamburg 1997.

Brandt, Jürgen G.: Kommt das neue Maklerrecht, in: Zeitschrift für Rechtspolitik, 1978, S. 157 ff.

Breiholdt, Jutta: Der Zivilmakler und sein Provisionsanspruch, in: Erwin Sailer und Hans-Eberhard Langemaack (Hrsg.): Kompendium für Makler, Hausverwalter und Sachverständige, 9. Auflage, Stuttgart 1999, S. 32 f.

Brendon, Piers: Thomas Cook: 150 Years of Popular Tourism, London 1991.

Brickley, James A.: Incentive Conflicts and Contractual Restraints: Evidence from Franchising, in: Journal of Law and Economics, Vol. 42 (2), October 1999, S. 748 ff.

British Invisibles (Hrsg.): City Business Series 1996: Maritime Services, London 1996.

Brofman, Corrine, Kevin McCabe, David Porter, Stephen Rassenti und Vernon Smith: An Experimental Examination of the Walrasian Tâtonnement Mechanism, Rand Journal of Economics, Vol. 27 (4), Winter 1996, S. 681 ff.

Brox, Hans: Allgemeines Schuldrecht, 25. Auflage, München 1998.

Brueckner, Jan K. und W. Tom Whalen: The Price Effects of International Airline Alliances, Journal of Law and Economics, Vol. 43(2), October 2000, S. 503 ff.

Brunner, Karl und Alan H. Melzer: The Uses of Money: Money in the Theory of an Exchange Economy, American Economic Review, Vol. 61 (5), December 1971, S. 786 ff.

Caillaud, Bernard und Bruno Jullien: Chicken and Egg: Competing Matchmakers, RAND Journal of Economics, Vol. 34 (2), Summer 2003, S. 309 ff.

Carlton, Dennis W. und Jeffrey M. Perloff: Modern Industrial Organization, 3rd Edition, Reading 1999.

Chu, Wujin und Woosik Chu: Signaling Quality by Selling through a Reputable Retailer: An Example of Renting the Reputation of Another Agent, Marketing Science, Vol. 13 (2), Spring 1994, S. 177 ff.

Clemons, Eric K., Il-Horn Hann und Lorin M. Hitt: Price Dispersion and Differentiation in Online Travel: An Empirical Investigation, Management Science, Vol. 48 (4), April 2002, S. 534 ff.

Cooter, Robert und Thomas Ulen: Law and Economics, 4th Edition, Reading 2004.

Curti, Henning: Abschreckung durch Strafe: Eine ökonomische Analyse der Kriminalität, Wiesbaden 1999.

Dale-Johnson, David und Stanley W. Hamilton: Housing Market Conditions, Listing Choice and MLS Market Share, in: Real Estate Economics, Vol. 26 (2), Summer 1998, S. 275 ff.

Dana, James D. und Kathryn E. Spier: Expertise and Contingent Fees: The Role of Asymmetric Information in Attorney Compensation, Journal of Law, Economics, and Organization, Vol. 9 (2), October 1993, S. 349 ff.

Darbi, Michael und Edi Karni: Free Competition and the Optimal Amount of Fraud, Journal of Law and Economics, Vol. 16 (1), April 1973, S. 67 ff.

Dehner, Walter: Das Verpflechtungsproblem im Maklerrecht, NJW 1993, S. 2225 f.

Dehner, Walter: Das Maklerrecht – Leitfaden für die Praxis, Heidelberg 2001.

Deutscher Reisebüro und Reiseveranstalter Verband (Hrsg.): Fakten und Zahlen zum deutschen Reisemarkt, Ausgabe 2001.

Deutscher Reisebüro und Reiseveranstalter Verband (Hrsg.): Fakten und Zahlen zum deutschen Reisemarkt, Ausgabe 2002.

Deutscher Reisebüro und Reiseveranstalter Verband (Hrsg.): Fakten und Zahlen zum deutschen Reisemarkt, Ausgabe 2003.

Dewenter, Jörg: Die rechtliche Stellung des Reisebüros, Baden-Baden 2000.

Eilinghoff, Christian: Ökonomische Analyse der Religion: Theoretische Konzepte und rechtspolitische Empfehlungen, Frankfurt 2004.

Elder, Harold W., Leonard V. Zumpano und Edward A. Baryala: Buyer Search Intensity and the Role of the Residential Real Estate Broker, in: Journal of Real Estate Finance and Economics, Vol. 18 (3), 1999, S. 351 ff.

Elder, Harold W., Leonard V. Zumpano und Edward A. Baryala: Buyer Brokers: Do They Make a Difference? Their Influence on Selling Price and Search Duration, Real Estate Economics, Vol. 28 (2), 2000, S. 337 ff.

Emons, Winand: Expertise, Contingent Fees, and Insufficient Attorney Effort, International Review of Law and Economics, Vol. 20 (1), March 2000, S. 21 ff.

Fleischer, Holger: Informationsasymmetrie im Vertragsrecht, München 2001.

Frew, James R. und Donald G. Jud: The Value of a Real Estate Franchise, American Real Estate and Urban Economics Journal, Vol. 14 (2), 1986, S. 374 ff.

Friedman, Batya und Helen Nissenbaum: Bias in Computer Systems, ACM Transactions on Information Systems, Vol. 14 (3), July 1996, S. 330 ff.

Frommer, Sabine: Kundenerwartungen an Reisebüros, in: Walter Freyer und Wilhelm Pompl (Hrsg.): Reisebüromanagement, München 1999, S. 81 ff.

Führich, Ernst: Reiserecht, 4. Auflage, Heidelberg 2002.

FVW Dokumentation: Deutsche Veranstalter 2002, Beilage zur FVW International Nr.32 vom 20.12.2002.

FVW Dokumentation: Reisebüro 2001: Ketten und Kooperationen, Beilage zur FVW International Nr. 13 vom 31.05.02.

FVW Dokumentation: Reisebüro 2002: Ketten und Kooperationen, Beilage zur FVW International Nr. 12 vom 22.05.2003.

FVW Dokumentation: Reisebüro 2003: Ketten und Kooperationen, Beilage zur FVW International Nr. 14 vom 11.06.2004.

Gaskell, Nicholas: Shipbrokers, in: Kurt Grönfors (Hrsg.): Intermediaries in Shipping, Göteborg 1990, S. 45 ff.

Gilles, Peter: Verbraucherpolitische Vertragsrechtsreformen im Bürgerlichen Gesetzbuch: Zu dem Gesetzentwurf über finanzierte Rechtsgeschäfte und Maklerverträge, Zeitschrift für Rechtspolitik 1979, S. 265 ff.

Gorton, Lars, Rolf Ihre und Arne Sandevärn: Shipbroking and Chartering Practice, 4th Edition, London 1995.

Griffin, James M. und Weiwen Xiong: The Incentive to Cheat: An Empirical Analysis of OPEC, in: Journal of Law and Economics, Vol. 40(2), October 1997, S. 289 ff.

Grönroos, Christian: The Marketing of Services, Keith Blois (Hrsg.): The Oxford Textbook of Marketing, Oxford 2000, S. 500 ff.

Gunthermann, Karl L. und Richard L. Smith: Licensing Requirements, Enforcement Effort and Complaints Against Real Estate Agents, Journal of Real Estate Research, Vol. 3 (2), 1988, S. 11 ff.

Hackett, Steven C.: A Comparative Analysis of Merchant and Broker Intermediation, Journal of Economic Behavior and Institutions, Vol. 18 (3), August 1992, S. 301.

Hanlon, Pat: Global Airlines: Competition in a Transnational Industry, Oxford 1996.

Herbig, Paul und John Milewicz: Market Signalling: A Review, Management Decision, Vol. 34 (1), 1996, S. 35 ff.

Holmstrom, Bengt und Paul Milgrom: Multitask Principal-Agent Analyses: Incentive Contracts, Asset Ownership, and Job Design, Journal of Law, Economics, & Organization, Vol. 7 (1), 1991, S. 24 ff.

Hull, John C.: Options, Futures and other Derivatives, 3rd Edition, Upper Saddle River 1997.

IATA (Hrsg.): Travel Agent's Handbook, 2002.

IHK Darmstadt: Immobilienmarkt in Deutschland – Branchenkennzahlen, http://datenfix.darmstadt.ihk.de/dlihk/dlinf072.htm.

Institut für Seeverkehrswirtschaft und Logistik (Hrsg.): Analyse und Prognose der Entwicklung der Bremischen Häfen, Bremen 1998.

Johnson, Linda L. und Christine Loucks: The Effect of State Licensing Regulations on the Real Estate Brokerage Industry, AREUEA Journal, Vol. 14 (4), 1986, S. 567 ff.

Jud, Donald G. und Daniel T. Winkler: A Note on Licensing and the Market for Real Estate Agents, Journal of Real Estate Finance and Economics, Vol. 21 (2), 2000, S. 175 ff.

Jud, Donald G. und Daniel T. Winkler: What do Real Estate Brokers Do? An Examination of Excess Returns in the Housing Market, Journal of Housing Economics, Vol. 3 (4), December 1994, S. 283 ff.

Jüngert, Tobias und Ira Lanz: Flat-Fee-Alarm, FVW International Nr. 17, 13.07.01.

Jüngert, Tobias und Steffen Felger: Lufthansa im Sinkflug Richtung Flat Fee, FVW International Nr. 30, 24.11.00.

Katz, Michael L. und Carl Shapiro: Network Externalities, Competition, and Compatibility, American Economic Review, Vol.75 (3), June 1985, S. 424 ff.

Kettinger, William J. und Choong C. Lee: Pragmatic Perspectives on the Measurement of Information Systems Service Quality, MIS Quarterly, Vol. 21 (2), July 1997, S. 223 ff.

Krane, Michael: Nie war der Kunde so wertvoll, FVW International Nr. 124, 05.10.01.

Kreps, David M.: A Course in Microeconomic Theory, New York 1990.

Kreps, David M.: Corporate Culture and Economic Theory, in: James E. Alt und Kenneth A. Shepsle (Hrsg.): Perspectives on Positive Political Economy, Cambridge 1990, S. 100 ff.

Kreps, David M.: Game Theory and Economic Modelling, Oxford 1990, S. 65 ff.

Krouse, Clement G.: Theory of Industrial Economics, Cambridge 1990.

Kuebtschka, Edgar: Steuerung zieht an, Touristik Report, Extra Marketing und Vertrieb, 2002, S. 76 ff.

Laband, David N.: Advertising as Information: An Empirical Note, Review of Economics and Statistics, Vol. 68(3), August 1986 S. 517 ff.

Laffont, Jean-Jacques und David Martimort: The Theory of Incentives: The Principal-Agent-Model, Princeton, Oxford 2002.

Lafontaine, Francine und Kathryn L. Shaw: The Dynamics of Franchise Contracting: Evidence from Panel Data, in: Journal of Political Economy, Vol. 107 (5), October 1999, S. 1041 ff.

Lanz, Ira und Tobias Jüngert: Provisionsmodelle der drei großen Veranstalter, FVW International Nr. 18, 27.07.01.

Leland, Hayne E.: Quacks, Lemons, and Licensing: A Theory of Minimum Quality Standards, Journal of Political Economy, Vol. 87 (6), December 1979, S. 1328 ff.

Levmore, Saul: Commissions and Conflicts in Agency Arangements: Lawyers, Real Estate Brokers, Underwriters and other Agents' Rewards, Journal of Law and Economics, Vol. 36 (1), April 1993, S. 505 ff.

Lewis, Danielle und Randy Anderson: Residential Real Estate Brokerage Efficiency and the Implications of Franchising: A Baysian Approach, Real Estate Economics, Vol. 27 (3), 1999, S. 543 ff.

Li, Yiting: Money and Middlemen in an Economy with Private Information, Economic Inquiry, Vol. 37 (1), January 1999, S. 1 ff.

Löwe, Walter: Interessenwahrnehmungspflichten bei der Vermittlungstätigkeit durch Reisebüros und Reiseveranstalter, Reiserecht aktuell, 1996, S. 215 f.

Lufthansa Report: Weltnetzwerk: 5 Jahre Star Alliance, Frankfurt 2002.

Magat, Wesley A.: Information Regulation, in: Peter Newman (Hrsg.): The New Palgrave Dictionary of Economics and the Law, Vol. 2, London 1998, S. 3077 ff.

Mak, James und James E. T. Moncur: The Demand for Travel Agents, in: Journal of Transport Economics and Policy, Vol. 14 (2), May 1980. S. 221 ff.

Markese, John: Discount Broker Guide: The Mutual Fund Supermarket, AAII Journal, September 2000, S. 7 ff.

Mas-Colell, Andreu, Michael D. Whinston und Jerry R. Green: Microeconomic Theory, New York, Oxford 1995.

Maßmann, Jens: Nonprofits: Analyse, Entwicklung und Rechtspolitik, Frankfurt 2003.

McDonald, Cynthia G. und V. Carlos Slawson: Reputation in an Internet Auction Market, Economic Inquiry, Vol. 40 (4), October 2002, S. 633 ff.

Medicus, Dieter: Bürgerliches Recht, 19. Auflage, München 2002.

Medicus, Dieter: Schuldrecht: Allgemeiner Teil, 11.Auflage, München 1999.

Menekse, Bülent: Leistungspalette und Kundengruppen in Reisebüros, in: Walter Freyer und Wilhelm Pompl (Hrsg.): Reisebüromanagement, München 1999, S. 61 ff.

Micelli, Thomas J.: Economics of the Law: Torts, Contracts, Property, Litigation, New York, Oxford, 1997.

Milgrom, Paul und John Roberts: Economics, Organization and Management, Englewood Cliffs, 1992.

Miller, Norman G.: Time on the Market and Selling Price, American Real Estate and Urban Economics Journal, Vol. 6 (2), 1978, S. 164 ff.

National Association of Realtors: Field Guide to Franchises vs. Independents, abgerufen am 02.10.2003 unter http://www.realtor.org/libweb.nsf/pages/fg101.

Nelson, Phillip: Information and Consumer Behavior, Journal of Political Economy, Vol. 78(2), March 1970, S. 311 ff.

Nelson, Susan Logan und Theron R. Nelson: RESERV: An Instrument for Measuring Real Estate Brokerage Service Quality, Journal of Real Estate Research, Vol. 10 (1), 1995, S. 99ff.

Niedersächsische Landestreuhandstelle: Wohnungsmarktbarometer 2004, Hannover 2004

Noll, Rainer: Besteht eine Pflicht des Reisevermittlers, den billigsten Reiseveranstalter zu empfehlen?, Reiserecht aktuell, 1996, S. 67 ff.

o.V.: Betriebsbefragung 2001 bei Immobilienmakler in Deutschland zum Geschäftsjahr 2000, Kiel, 2001.

o.V.: Franchise-Chancen für Deutschland: Selbständigmachen als Partner erfolgreicher Unternehmen, Bonn 1998.

Pacces Alessio M.: Financial Intermediation in the Securities Market: Law and Economics of Conduct of Business Regulation, International Review of Law and Economics, Vol. 20 (4), December 2000, S. 479 ff.

Pauk, Heribert: Analyse des Immobilenmaklers: Empirische Analyse und theoretische Interpretation des Immobilienmaklers aus Sicht neuerer ökonomischer Ansätze mit dem Beispiel der Immobilienvermittlung durch Kreditinstitute, Münster, 1994.

Pirrong, Stephen Craig: Contracting Practices in Bulk Shipping Markets: A Transachtions Cost Explanation, Journal of Law and Economics, Vol. 36 (2), October 1993, S. 937 ff.

Pisanias, Nikolaos und Leslie Willcocks: Understanding slow Internet Adoption: ‚Infomediation' in Ship-broking Markets, Journal of Information Technology, Vol. 14, 1999, S. 399 ff.

Polinsky, A. Mitchell und Daniel L. Rubinfeld: A Note on Settlements under the Contingent Fee Method of Compensating Lawyers, International Review of Law and Economics, Vol. 22 (2), August 2002, S. 217 ff.

Pompl, Wilhelm: Touristikmanagement: Qualitäts- Produkt-, Preismanagement, Berlin 1996.

Pompl, Wilhem: Reisebüros – Einführung, in: Walter Freyer und Wilhelm Pompl (Hrsg.): Reisebüromanagement, München 1999, S. 3.

Pompl, Wilhelm: Luftverkehr: Eine ökonomische und politische Einführung, 4. Auflage, Berlin 2002.

Pratt, John W. und Richard Zeckhauser (Hrsg.): Pricipals and Agents: The Structure of Business, Boston 1985.

Reeves, Carol A. und David A. Bednar: Defining Quality: Alternatives and Implications, The Academy of Management Review, Vol. 19 (3), July 1994, S. 419 ff.

Richter, Rudolph und Eirik G. Furubotn: Neue Institutionenökonomik, 3. Auflage, Tübingen 2003.

Rozijn, Michael: Der Unternehmensmaklervertrag: Zur Anwendung des allgemeinen Maklervertargsrechts auf Mergers-&-Acqusitions-Dienstleistungen, Frankfurt 2001.

Rubinstein, Ariel und Asher Wolinsky: Middlemen, Quarterly Journal of Economics, Vol. 102 (3), August 1987, S. 581 ff.

Sailer, Erwin: Akquisition und Durchführung von Aufträgen im Maklergeschäft, in: Erwin Sailer und Hans-Eberhard Langemaack (Hrsg.): Kompendium für Makler, Hausverwalter und Sachverständige, 9. Auflage, Stuttgart 1999.

Salles, Barry Rogliano (Hrsg.): Shipping and Shipbuilding Markets 2003, Paris 2003.

Schmid, Ronald: Die Tätigkeiten des Reisebüros aus dem Blickwinkel des Rechts, in: Walter Freyer und Wilhelm Pompl (Hrsg.): Reisebüromanagement, München 1999, S. 267 ff.

Schmidt, Karsten und Andreas Blaschczok: Schiffsmaklerhaftung und Schiffsagentenhaftung im Spiegel der Rechtsprechung, Versicherungsrecht 1981, S. 393 ff.

Schmidt, Karsten: Handelsrecht, 5. Auflage, Köln 1999.

Schmidt, Karsten: Gesellschaftsrecht, 4. Auflage, Köln 2002.

Schrand, Axel: Operatives Marketing: Der Einsatz und die Gestaltung der Marketinginstrumente im Reisebüro, in: Walter Freyer und Wilhelm Pompl (Hrsg.): Reisebüromanagement, München 1999, S. 210 ff.

Schulz, Axel: Potentialmanagement, in: Walter Freyer und Wilhelm Pompl (Hrsg.): Reisebüromanagement, München 1999, S. 141 ff.

Seidenberg, Kyra: Die notwendige Neuordnung des Wohnungs- und Immobilienmaklerrechts und seine Integration in das BGB, Frankfurt 2000.

Shapiro, Carl: Premiums for High Quality Products as Returns to Reputations, Quarterly Journal of Economics, Vol. 98 (4), November 1983, S. 659 ff.

Shavell Steven: Foundations of Economic Analysis of Law, Cambridge 2004

Shilling, James D. und C. F. Sirmans: The Effects of Occupational Licensing on Complaints Against Real Estate Agents, Journal of Real Estate Research, Vol. 3 (2), 1988, S. 1 ff.

Slack, Brian, Claude Comtois und Robert McCalla: Strategic Alliances in the Container Shipping Industry: A Global Perspective, Maritime Policy & Management, Vol. 29 (1), 2002, S. 65 ff.

Smith, Vernon: Rational Choice: The Contrast between Economics and Psychology, Journal of Political Economy, Vol. 99 (4), August 1991, S. 877ff.

Spence, Michael: Job Market Signaling, Quarterly Journal of Economics, Vol. 87, 1973, S. 355 ff.

Spulber, Daniel F.: Market Microstructure and Intermediation, Journal of Economic Perspectives, Vol. 10 (3), Summer 1996, S. 136 ff.

Spulber, Daniel F.: Market Microstructure: Intermediaries and the Theory of the Firm, Cambridge 1999.

Statistik Austria: Statistisches Jahrbuch Österreichs 2004.

Statistisches Bundesamt: Dienstleistungsstatistik 2001, Fachserie 9, Reihe 2, Wiesbaden 2002.

Statistisches Bundesamt: Fachserie 14, Reihe 8, Tabelle 2.3, Wiesbaden 2003.

Statistisches Bundesamt: Statistisches Jahrbuch 2003 für die Bundesrepublik Deutschland, Wiesbaden 2003.

Stigler, George: The Economics of Information, Journal of Political Economy, Vol. 69, 1961, S. 213 ff.

Stiglitz, Joseph E.: Market Socialism and Neoclassical Economics, in: Pranab K. Bardham (Hrsg.): Market Socialism: The Current Debate, New York 1993, S. 21 ff.

Stopford, Martin: Maritime Economics, 2nd Edition, London 1997.

Strandenes, Siri Pettersen: The Shipbroking Function and Market Efficiency, International Journal of Maritime Economics, Vol. 2 (1), 2000, S. 17 ff.

Sülberg, Werner: Entwicklungsgeschichte der Reisebüros in Deutschland, in: Walter Freyer und Wilhelm Pompl (Hrsg.): Reisebüromanagement, München 1999, S. 31 f.

Sykes, Alan O.: Some Thoughts on the Real Estate Puzzle: Comment on Levmore, "Commissions and Conflicts in Agency Arrangements: Lawyers, Real Estate Brokers, Underwriters, and other Agents' Rewards", Journal of Law and Economics, Vol. 36 (1) Pt. 2, April 1993, S. 541 ff.

Tadelis, Steven: What's in a Name? Reputation as a Tradeable Asset, American Economic Review, Vol. 89 (3), June 1999, S. 548 ff.

Taylor, Curtis A.: Time-on-the-Market as a Sign of Quality, Review of Economic Studies, Vol. 66 (3), July 1999, S. 555 ff.

Tempel, Otto: Informationspflichten bei Pauschalreisen, NJW 1996, S. 1625 ff.

Tempel, Otto: Die Pflichten des vermittelnden Reisebüros, NJW 1999, S. 3660.

Tonner Klaus: Zur Neuordnung des Maklerrechts im BGB, Zeitschrift für Miet- und Raumrecht, 1979, S. 1 ff.

Tonner, Klaus: Die Reform des Maklervertragsrechts, Betriebsberater 1984, S. 241 ff.

U.S. Department of Transportation, Bureau of Transportation Statistics, Maritime Administration, U.S. Coast Guard: Maritime Trade and Transportation 2002, Washington 2002.

UNCTAD: Review of Maritime Transport, Genf 1998.

UNCTAD: Review of Maritime Transport, Genf 2001.

UNCTAD: Review of Maritime Transport, Genf 2003.

Van Gent, Henk: On the Stability of Shipping Conferences, Amsterdam, 1984.

Vereinigung Hamburger Schiffsmakler und Schiffsagenten (Hrsg.): 100 Jahre Vereinigung Hamburger Schiffsmakler und Schiffsagenten e.V., Bad Segeberg 1998.

Von Halle, Ernst: Zur Geschichte des Maklerwesens in Hamburg, Hamburg 1897.

Webb, James R.: An Inquiry into the Professional Self Image of Real Estate Agents, Journal of Real Estate Research, Vol. 20, No. 1, 2000, S. 153 ff.

Wegener, Ulrich, Erwin Sailer und Stephan W. Raab: Der Makler und sein Auftraggeber, 5. Aufl., Stuttgart 1997.

Wells, Alexander T.: Air Transportation: A Management Perspective, 3rd Edition, Belmont 1993.

Wilbers, Andreas: Partner Reisebüro: Richtige Auswahl, moderne Vergütung, München 2000.

Williamson, Oliver E.: Markets and Hierarchies: Analysis and Antitrust Implications, New York 1975.

Wimmer, Bradley S. und Brian Chezum: An Empirical Examination of Quality Certification in a "Lemons Market", Economic Inquiry, Vol. 41 (2), April 2003, S. 279 ff.

Wimmer, Bradley S., Anthony M. Townsend und Brian E. Chezum: Information Technologies and the Middleman: The Changing Role of Information Intermediaries in an Information-Rich Economy, Journal of Labor Research, Vol. 21 (3), Summer 2000, S. 407 ff.

Wolf, Ernst: Kein Abschied vom BGB, Zeitschrift für Rechtspolitik 1982, S. 1 ff.

Wolter, Uwe: Vermittlung und Vorbereitung notarieller Kaufverträge, in: Erwin Sailer und Hans-Eberhard Langemaack (Hrsg.): Kompendium für Makler, Hausverwalter und Sachverständige, 9. Auflage, Stuttgart 1999, S. 183 ff.

World Travel&Tourism Council: The 2003 Travel&Tourism Economic Research, London 2003.

Yang, Shiawee X. und Abdullah Yavas: Bigger is not Better: Brokerage and Time on the Market, Journal of Real Estate Research, Vol. 10 (1), 1995, S. 23 ff.

Yavas, Abdullah: Matching Buyers and Sellers by Brokers: A Comparison of Alternative Commission Structures, Real Estate Economics, Vol. 24 (1), 1996, S. 97 ff.

Yavas, Abdullah: Middlemen in Bilateral Search markets, Journal of Labor Economics, Vol. 12 (3), 1994, S. 406 ff.

Zentralverband der deutschen Seehafenbetriebe: Bericht 2001/2002, Hamburg 2002.

Zorn, Thomas S. und James E. Larsen: The Incentive Effects of Flat-Fee and Percentage Commissions for Real Estate Brokers, American Real Estate and Urban Economics Journal, Vol. 14 (1), 1986, S. 24 ff.

Zumpano, Leonard V. und Harold W. Elder: Economies of Scope and Density in the Market for Real Estate Brokerage Services, Journal of the American Real Estate and Urban Economics Association, Vol. 22 (3), 1994, S. 497 ff.

Kommentare:

Baumbach, Adolph und Klaus Hopt: Handelsgesetzbuch, 31. Auflage, München 2003.

Bürgerliches Gesetzbuch – Handkommentar, herausgegeben von Heinrich Dörner, Ina Ebert, Jörn Eckert, Thomas Hoeren, Rainer Kemper, Ingo Saenger, Hans Schulte-Nölke, Reiner Schulze und Ansgar Staudinger, 2. Auflage, Baden-Baden 2002.

Friauf, Karl Heinrich (Hrsg.): Kommentar zur Gewerbeordnung – GewO, Gewerberechtlicher Teil, Neuwied, Stand August 2004.

Heymann, Ernst: Handelsgesetzbuch: Kommentar, Berlin 1995.

Hopt, Klaus: Handelsvertreterrecht, 3. Auflage, München 2003.

Landmann, Robert von und Gustav Rohmer: Gewerbeordnung und ergänzende Vorschriften, München, Stand Februar 2004.

Münchener Kommentar zum Bürgerlichen Gesetzbuch, herausgegeben von Kurt Rebmann und Franz Jürgen Säcker, 2. Auflage, München 1986.

Münchner Kommentar zum HGB, herausgegeben von Karsten Schmidt, Band 1, München 1996

Palandt, Otto: Bürgerliches Gesetzbuch, 63. Auflage, München 2004.

Staudinger, Julius von: Kommentar zum Bürgerlichen Gesetzbuch, 13. Auflage, Berlin 1995

Schriftenreihe Ökonomische Analyse des Rechts
Law and Economics

Herausgegeben von Michael Adams

Band	1	Michael Adams: Ökonomische Theorie des Rechts. Konzepte und Anwendungen. 2., korrigierte und ergänzte Auflage. 2004.
Band	2	Till Tolkemitt: Die deutsche Glücksspielindustrie. Eine wirtschaftswissenschaftliche Analyse mit rechtspolitischen Schlussfolgerungen. 2002.
Band	3	Jens Maßmann: Nonproftis. Analyse, Entwicklung und Rechtspolitik. 2003.
Band	4	Claus C. Roggatz: Informationspflichten von Investmentgesellschaften. Analyse der gesetzlichen Publizitätsvorschriften zur Verbesserung der investmentrechtlichen Transparenz und des Anlegerschutzes. 2003.
Band	5	Maja Kraas: Produkthaftung und Warnhinweise. Eine rechtsökonomische Analyse am Beispiel von Coca-Cola. 2004.
Band	6	Christian Eilinghoff: Ökonomische Analyse der Religion. Theoretische Konzepte und rechtspolitische Empfehlungen. 2004.
Band	7	Henning Curti: Vertragsvermittler und opportunistisches Verhalten. Ein Lösungsvorschlag aus Sicht der ökonomischen Analyse des Rechts. 2005.

www.peterlang.de

Michael Adams

Ökonomische Theorie des Rechts

Konzepte und Anwendungen
2., korrigierte und ergänzte Auflage

Frankfurt am Main, Berlin, Bern, Bruxelles, New York, Oxford, Wien, 2004.
553 S., zahlr. Abb. und Tab.
Schriftenreihe Ökonomische Analyse des Rechts.
Herausgegeben von Michael Adams. Bd. 1
ISBN 3-631-52347-5 · br. € 35.–*

Diese Arbeit stellt in einzelnen Aufsätzen praxisnahe Anwendungen der ökonomischen Theorie des Rechts dar. Die Aufsätze wurden so gewählt, dass die Fülle der möglichen Anwendungen und zugleich ihr unmittelbarer rechtspolitischer Nutzen deutlich werden. So werden Analysen und rechtspolitische Vorschläge zur Zerstörung der Rauschgiftmärkte, der Struktur von Zivilprozessen, der Kontrolle der Unternehmensverwaltung und deren Vergütung, zur Wahl effizienter Haftungssysteme, der Abschreckung von Straftaten und der Regulierung der Glücksspielindustrie vorgelegt. Im Rahmen von Anwendungen werden auch die Konzepte der mit dem Nobelpreis ausgezeichneten Autoren des Fachgebietes wie Coase, Becker, Stigler, Akerlof, North und Kahneman dargestellt und erläutert. Sie machen die innovative Kraft und die Zukunftsfestigkeit der dargelegten Konzepte deutlich und belegen ihren Nutzen für die Praxis der Jurisprudenz.

Aus dem Inhalt: Grundfragen · Vertragsrecht · Haftungsrecht · Unternehmensrecht und Corporate Governance · Prozessrecht · Versicherungen · Glücksspiele · Strafrecht

FSC
www.fsc.org
MIX
Papier | Fördert
gute Waldnutzung
FSC® C083411

Kolibri 360 GmbH
Ferdinand-Jühlke-Straße 7
99095 Erfurt, Deutschland
produktsicherheit@kolibri360.de

Druck:
CPI Druckdienstleistungen GmbH
im Auftrag der
Kolibri 360 GmbH
Ferdinand-Jühlke-Str. 7
99095 Erfurt